新世紀社会と人間の再生

北村　寧
佐久間孝正　編著
藤山嘉夫

八朔社

はじめに

　21世紀を迎えた。新世紀は私たちにとってどのような時代，どのような社会になるのであろうか。そして，どのような時代，どのような社会にしていくべきであろうか。これは新世紀の初頭にいる私たちの誰もがもつ関心であろう。本書は，20世紀において近代社会が未曾有の発展を遂げつつも，深刻な「行き詰まり」に遭遇しているとの認識に立って，「近代」の諸価値の批判的継承と人間の再生という視点から，新世紀における人間・社会・国家のあり方を展望しようとしたものである。

　私たちはここ20年近く「社会理論研究会」のメンバーとして研究活動を行なってきたのであるが，本書はこのメンバーを執筆者とする「論文集」である。しかし，個々バラバラの論文の寄せ集めではなく，共通の問題意識をもって執筆している。それについて3点にまとめて述べておこう。

　第一は，近代社会およびそれを支えていた諸価値を見直す，という視点である。20世紀は時代の「転換期」といわれているが，その場合，問われているのは何であり，何から何への「転換」であろうか。この点については竹内啓の見解が参考になる。

　「一つの『文明』としての近代は，16-17世紀，宗教改革期の西欧に始まり，19世紀以降，世界中に進出し，20世紀にはほぼ全世界を覆うに至った。それを『近代科学技術文明』と呼ぶとすれば，それは『近代科学』の論理に基づく『近代科学技術』を基礎とし，経済的には工業を中心とする産業資本主義システム，政治的には民族主義国家，社会的には市民社会，思想的には合理主義と自由主義を原則とし，そして化石燃料を中心とする自然資源を最大限に利用して，成長と発展をはかるダイナミックなシステムであった。しかしそれは本質的に膨張主義的であり，つねに量的拡大を目指している。その結果，人類社会は19世紀から20世紀にかけて未曾有の発展を遂げたが，しかし今やこれ以上盲目的な拡大を続けることは破滅に向かうことが，しだいに明らかになりつつある」（『高度技術社会と人間』岩波書店，1996年，13ページ）。

竹内は，20世紀で問われているのは「一つの『文明』としての近代」＝「近代科学技術文明」であり，「『近代科学技術文明』に代わる新しい『文明』を構想」（前掲書，17ページ）し，「近代科学技術文明」から「新しい文明」へ転換することが21世紀へ向けての課題だと述べている。問われているのが「一つの『文明』としての近代」であるという見解については，私たちも基本的に同意したい。このような20世紀的「近代」の見直しの上に，新世紀の社会を展望する必要があろう。

　第二に，近代社会およびそれを支えていた諸価値はさまざまな矛盾・限界をもっているとはいえ，単純に否定されるべきではない，ということである。「近代」の成果としての人間の尊厳，自由，平等，人権，民主主義などの諸価値を批判的に継承し，21世紀の社会の現実を踏まえて新しい質を与えねばならない。「国連ミレニアム宣言」（1999年9月採択）の一節に「私たちは，一定の基本的な価値が21世紀の国際関係に不可欠であると考える」とあり，具体的に，①自由，②平等，③連帯，④寛容，⑤自然の尊重，⑥責任の分担，という六つを挙げている（『世界』2001年1月号，103-104ページ）。このうち，少なくとも①から④は近代社会が生んだ諸価値であり，これらが新世紀においても「不可欠」とされている。

　第三に，「人間の再生」が本書の基本的視点だということである。これを「人間尊重」と言い換えてもよい。人間はそれぞれがかけがえのない（一回限りの）「いのち」をもち，独特の人格性をそなえた「個」として存在している。人間とはこのような固有性をもつ存在であり，人間を尊重するとは互いに相手の固有性を認めあうことであろう。「人間の再生」とは現今の人間の画一化・序列化・手段化に抗し，固有性の相互承認にもとづく社会関係・社会的連帯を形成することを意味している。

　以上のような共通の問題意識のもとに，本書は全体として3部から構成されている。第1部「生と人間」では，生活と生命という人間存在の根本のところから，人間と社会のあり方を問うている。第2部「個と共同性」では，市民社会，家族，コミュニケーションのレベルから，社会的連帯のあり方を問うている。第3部「グローバリゼーションと国民国家」では，「近代」の産物である国民国家が揺らいでいる現実やエスニシティ，グローバリゼーシ

ョンの問題の解明を目指している。なお，各部の冒頭にその部の趣旨ないし問題意識を記した文章を配しているので，参照していただきたい。

　前述のように「人間の再生」が本書の基本的視点であるが，21世紀初頭の日本社会においては「市場主義」が席捲し，人々は生活のあらゆる場面において「競争」に引き込まれ，「能力主義」・「効率主義」のもと，人間の画一化・序列化・手段化に拍車がかかっている。こうした現実を乗り越え，新世紀の社会は各人がその固有性（個性と能力）を全面的に発揮できるような社会にしたいものである。こうした「願い」とともに，本書を世に送り出したいと思う。本書に対する忌憚のないご意見を期待している。

　　2001年1月15日

　　　　　　　　　　　　　　　　　　　　　　　　　　　　編　　者

新世紀社会と人間の再生──目次

はじめに

第1部　生と人間

第1章　生命と相互主体……3

はじめに…3
第1節　関係主義の「生命発現」論…4
第2節　生の円環運動…8
第3節　諸個人の生の二重化…10
第4節　諸個人の生の固有性と相互性…14
おわりに…18

第2章　人権と生命……23
現代の生命操作の現場から

はじめに…23
第1節　人権思想の歴史的意義と限界…24
第2節　ロマン主義的生命概念の歴史的意義…26
第3節　生命と「個体性」概念…30
第4節　人権思想の止揚と生命権…33
おわりに…38

第3章　いのちの共鳴……41
人権の根を掘る

第1節　自己決定の権利をめぐって…41
第2節　人権の普遍性をめぐって…44
第3節　権利に先立つ無条件の義務…47
第4節　人権のヨーロッパ的な根──愛…52
第5節　生き苦しむものへの共感
　　　　──ルソーの「憐れみの情」(pitié)…53
第6節　一味(いちみ)の雨…56
第7節　人権への文化交差的なアプローチ…59

第4章　資本の時間秩序と生命活動...64
　　はじめに...64
　　第1節　時間の歴史性...65
　　第2節　生命活動と社会の時間...66
　　第3節　マルクスの近代的時間論...70
　　おわりに...75

第2部　個と共同性

第5章　新世紀社会における個人の自立と人間的連帯........81
　　　　市民社会論とアソシエーション論を手がかりにして

　　はじめに...81
　　第1節　内田義彦の市民社会論...82
　　第2節　平田清明の市民社会論...85
　　第3節　マルクスのアソシエーション論...91
　　おわりに...97

第6章　農家から家族を考える...100
　　第1節　現代家族と農家...100
　　第2節　生活と農家...102
　　第3節　農家経営と生活...104
　　第4節　農家と現代家族...109

第7章　語りの「個と共同性」...116
　　　　リサーチ行為とイデオロギー研究への一視角

　　第1節　問題のありか...116
　　第2節　回答は何に対する反応なのか...118
　　第3節　相互作用としてのインタビュー...119
　　第4節　シンボリック相互作用論
　　　　　　「第二前提」の再検討...121

第5節 「レトリック・アプローチ」
　　　 が描くイメージ…123
第6節 評価と示唆…125
第7節 さらなる課題…127
第8節 まとめにかえて…129

第8章 現代日本における反倫理的行為の背景……………134
　　　 「人格」意識の変容と「人格分裂」肯定言説
第1節 青少年犯罪に関する一般的な説明の限界…134
第2節 反倫理的行為の噴出…136
第3節 演出と操作の対象としての「私」…138
第4節 現代日本の「人格分裂」肯定言説…141
第5節 モラトリアム人間論…143
第6節 電子メディアによる「精神空間」の変容…145

第3部　グローバリゼーションと国民国家

第9章 欧州統合と「地域主義」の台頭……………………153
　　　 「ウェールズ議会」の設置とイギリスの「分解」
第1節 問題の所在…153
第2節 「分権」論興隆の背景…154
第3節 ウェールズ「民族問題」の起源…156
第4節 ウェールズの独自議会設置の背景…158
第5節 ウェールズの「地域主義」の実態…162
第6節 イングランド領域へのインパクト…164
第7節 イギリスは「分解」するか？…167

第10章 グローバリゼーションとフランス………………173
　　　 ネオ・リベラリズム批判
第1節 三つの「グローバリゼーション」と
　　　 二つの「国際化」…173

　　　　第2節　日本におけるグローバリゼーション批判...175
　　　　第3節　トゥレーヌのネオ・リベラリズム批判...180
　　　　第4節　ブルデューのネオ・リベラリズム批判...184

第11章　グローバリゼーションと労働の未来......................193
　　　　ドイツの経験を参考にして
　　　　はじめに...193
　　　　第1節　グローバリゼーションと国民国家...194
　　　　第2節　グローバリゼーションと「労働の終焉」...198
　　　　第3節　労働社会の彼方に...200
　　　　おわりに...206

第12章　社会知における個別性・多様性・普遍性と
　　　　学問や民族・国家の領域意識..................................209
　　　　第1節　問題の所在...209
　　　　第2節　「社会知」の積算効果...210
　　　　第3節　人類史の変化の加速度と危機的問題...212
　　　　第4節　ワット・タイラーの乱と"society"...213
　　　　第5節　日本語の「社会」の問題...215
　　　　第6節　「意識とことば」における「伝統と革新」...216
　　　　第7節　動的意味論と学問分類論...219
　　　　第8節　知識の場の分類...223
　　　　第9節　社会学の役割...225

　　　　　　　　おわりに
　　　　　　　　索　引
　　　　　　　　執筆者一覧

　　　　　　　　　　　　　　　　　装幀　高須賀　優

第Ⅰ部

生と人間

「19世紀資本主義」が「20世紀資本主義」へと移行する過程で資本主義はその相貌を大きく変化させてきた。消費を，つまりは諸個人の生活そのものを再生産の一契機として構造的に包摂するに至ったのである。とはいえ，諸個人の生活の包摂を資本主義諸国に共通の性格として本格化させるのは第二次世界大戦の終了を待ってのことである。
　大戦後から1970年代中葉に至る資本主義諸国のこの時代は，「黄金の四半世紀」と呼び習わされている。この「黄金の四半世紀」に展開された資本主義の爛熟がもたらした正と負の要因は，1970年代後半以降の20世紀後半後期において，人類が真っ向から向きあうべき諸問題を差し出すことになった。それらは多様であるが，生活と生命をめぐる諸問題が回避しえない問題のひとつとして立ち現れてきた。生命操作，地球環境問題の深刻化，子殺しや尊属殺，子どもたちの不登校，「少年犯罪」，精神疾患や自殺，等々。時代診断として，20世紀後半の後期を「生命の時代の四半世紀」と称してみることもあながち無理ではないであろう。21世紀は生命をめぐる諸問題を人類史的課題として引きつぐことになったのである。
　生活と生命が人類にとって避けて通ることのできない問題として前面に浮上してきたということは何を意味するのだろうか。まず指摘できることは，近代社会が自明でかつ至上の命題としてきた成果至上主義あるいは道具主義的な行為原理を根底から問いなおしてみる必要性が提起されてきたということである。つぎに指摘されてよいことは，生命操作や地球環境問題の性格がよく示しているように，それらの事態においては，自己完結的で個別的な個体の次元に閉じたかたちでは問題が終結しえないという点である。つまり，ここには近代社会が自明の原理としつづけてきたモナド的個を社会の構成原理とする思考様式に再考を加えるという課題が提起されてきているのである。
　実のところ，これら二つの側面は，自己完結的な個が成果至上主義的に行為するというかたちで相乗的なひとつの原理として機能してきたといってよいであろう。したがって，生活と生命という人間存在の根基から人間と社会を捉え返すこの課題は，近代の社会構成と人々の行為様式の原理を根底からつかみなおす作業と一体のものなのである。

（藤山嘉夫）

第1章　生命と相互主体

はじめに

　近代社会は，効率性の確保とそれを実質的に担いうる自己完結したモナド的な個を社会構成の基本原理として展開してきた。女，子ども，老人，障害者などの社会的弱者，彼らはこの効率性を自己完結的に担いえぬものとして原理的に周辺化されてきた。功利というこの社会の基本原理は，「役立つ」/「役立たない」，「有能」/「無能」，「できる」/「できない」等々といった二項対立的な，いわばデジタル的思考様式を人間評価の軸として一般化してきた。重度の障害をもった娘，星子と共に生きる最首の次の発言は極めて重い。「私たちがもし，抑圧や差別に意を払うのであれば，私たちはまず有用性から離れることを要請されているのである。なぜなら，有用性は必ず区分や比較を，その中にくみこんでいるからである」[最首,1998,59-60]。

　だがしかし，最首のこのような適切な主張に反し，効率性の追求を背景としたデジタル的思考とそれに基づく行動様式は現代においていよいよ強く人々を捉えている。現代人は，自分の外に形成され再生産されるこの効率主義的な社会的価値を自己の思想と行動の基準とし，それにますます多く依存するようになってきている。そして，このことは，のちに詳しく示すが，アナログ性を本質とする人間の生命活動と根底において深刻な矛盾を呈してきている。この矛盾は，一方では例えば，登校を「拒絶する能力」を発揮できる子どもの誕生［森岡,1999,88］などとして，他方では，少年たちによる他者の生命の抹殺などという否定的なかたちで現れ出てきている。

　本章では，現代社会における合理化・効率化の凝縮された展開を念頭におきつつ，この事態の人間的な含意を「生命」という人間存在の根源的な水準

から捉え返す。そのうえで，他者への道具主義的関わりを原理的な前提とする近代の主体－客体関係，これをいかにして主体－主体という諸個人の伸びやかで底意のない脱近代的な相互主体的「関係」形成へと転成しうるか，その可能性如何を解明しようと試みるものである。

第1節　関係主義の「生命発現」論

1　「生命発現」の思想

　このような効率至上主義を基本原理とする近代社会の展開過程のただなかに身を置きつつ，しかし，効率至上主義とそれに連動する思考に対極的な思想を提示し，これを生命という根源的な次元から批判的に提起する思想があった。19世紀中葉のドイツにその足跡を残すL.フォイエルバッハである。彼は，その問題の立て方の根源性からして，現代に至っても無視しえない思想家である。否，むしろ，効率至上主義的価値とそれにもとづく行為様式を著しく亢進させている現代においてこそ改めて重視されるべき哲学者だといってよい。フォイエルバッハは，自己完結的な個人という近代において自明なものとして慣れ親しんだ実体論的な思考潮流の側からは貶価されつづけてきた。だが，まさに実体論と自己完結的個人という近代的思考様式に対して彼が自覚的にとる距離においてこそ，フォイエルバッハの思想は再評価されてよいと思われるのである。

　まず，実体論的思考に関していうならば，彼はこれに対蹠的な関係主義の立場に明確に立っている。「人間は対象がなければ何物でもない。……主観が本質的必然的に自己を関係させる対象とは，この主観自身の……本質以外の何物でもない」［Feuerbach,1959a,5＝邦訳,上,52-53］。フォイエルバッハがこのように述べるとき，存在とはそもそも対象との「関係」においてのみ存在なのであり，それは「関係」においてのみ規定できることが主張されているのである。

　ついで，自己完結的な近代的個人という論点に関していうならば，彼は，自然的存在としての諸個人が，「時間性や場所性の制限」［Feuerbach,1959a,

47＝邦訳,上,111］のもとにあり，「個体性や身体性」［Feuerbach,1959a,44＝邦訳,上,10］を備えた有限な固有の存在であることを強調している。このことがまず注目されてよい。フォイエルバッハは，「個体は欠如をもっており，不完全であり，虚弱であり，貧弱である」［Feuerbach,1959a,188＝邦訳,上,317］と述べている。このような欠如態としての個ゆえに諸個人の相互主体性が必然的であり，人間は，広義の対象（自然および他者）との関係において，同時に「自己関係的な存在」［Feuerbach,1959c,297＝邦訳,69］なのである。このようなフォイエルバッハの個人観は，自己完結的で「強い」個を自明のものとしつづけてきた近代の個人観に照らすと瞠目すべきものであろう。

　そして，フォイエルバッハにあっては，このような関係性を現実的に成立させる力動的原理，それが「発現」を本質とする生命において，つまり，「生命発現」（Lebensäußerung）において捉えられる。「あなたにとって生きるとは生命を発現させる（äußern）ことを意味し，情感するとは諸感情を発現させることを意味する」［Feuerbach,1959b,344＝邦訳,198］と，彼は述べている。欠如態の相互主体性，我と汝の「相互作用の秘密を解くものはただ感性だけである。ただ感性的な諸存在だけが互いに作用しあう。……感性のみがこの結合の必然性をもつ」［Feuerbach,1959c,297＝邦訳,69］，のである。

　木村が「知なら，他人の知をコピーすることができる。しかし他人の感性をコピーすることは端的に不可能である」［木村,1995,237］と言うとき，ここでは，二項対立的に刻みを入れることのできない感性的「発現」のアナログ的性格が指摘されていると考えてよいであろう。「生命発現」，これを感性の「発現」を根源に据えて把握し，それをもって諸個人の相互性を可能とする力動的原理と考えるフォイエルバッハの生命論は，生命のアナログ性を強調するものとなっている。感性の「発現」としての「生命発現」，このようなフォイエルバッハの主張は，「発現」という活動そのものが「関係」としてあり，この活動における「関係」がそれ自体感覚的であるという論理だてとなっていることに注意しておきたい。フォイエルバッハのアナログ的な感性的「発現」としての「生命発現」は，まさに感覚と関係を相即的に把握するという意味においても，関係主義の構えに立っているのである。

2 受苦的存在としての欠如態の相互性

　フォイエルバッハの生命論においては感性的な「発現」が強調されている。だが，この感性「発現」の根拠，それは彼によってどのように理解されているのであろうか。それは，人間を自然的な存在であると把握することによって，まずは根拠づけられる。つまり，人間は人間以外の生命体同様に諸感覚器官を介して感覚を機能させる存在である。しかし，人間は「最も厳密な意味での意識」[Feuerbach,1959a,1＝邦訳,上,35] をもった特殊な自然存在であり，それゆえに，そのような存在として感性を働かせる。フォイエルバッハの感性「発現」の最基層にはこのような思考が据えられている。

　と同時に，人間的感性の「発現」の根拠は，人間を受苦的存在として捉えることで補強されている。フォイエルバッハによれば，実存するということは，そもそも規定を受けた質的存在としてしかありえない。つまり，人間は制限を被ってあることによってしか実存しえないと考えるのである。彼は，「限界もなく時間もなく窮迫もないところには，また，質もなくエネルギーもなく情熱もなく愛もない」[Feuerbach,1959d,234＝邦訳,110] と述べている。

　情感を「発現」する「感情人」の対極に「純粋な悟性人」なるものを想定しつつ，フォイエルバッハは，「純粋な悟性人」は，なるほど「感情人がもっている心情上の苦悩や情熱や耽溺からは免れている」，がしかし，「どんな有限な……対象にも情熱的に夢中になることがない」[Feuerbach,1959a,42＝邦訳,上105]，と言う。

　このようにしてフォイエルバッハは，感性の次元を極めて重視する。しかし，素朴な感性主義者フォイエルバッハ，というよく見られるフォイエルバッハ批判は的を射ていない。彼は，理性と感性とを二元論的に分断したうえで，感性を一方的に称揚し理性を否定しているわけではない。フォイエルバッハは言っている。「思想は感性によって自分を確証」せねばならないのであり，「開かれている頭脳にとってのみ世界は開かれており，頭脳の窓はただ感覚だけである」[Feuerbach,1959c,314＝邦訳,90]。

　こうしてみると，フォイエルバッハの提起する「新しい哲学」は，感性から切り離されて抽象的に自立させられた「理性」に対する批判として提出さ

れていたことが強調されてよいであろう。感性的経験を基底に据え，その蓄積に裏打ちされた思考を重視しているのである。今日の生のデジタル化がアナログな感性的経験の欠乏を傾向的に促迫していることを考えると，フォイエルバッハの感性への軸足の踏まえ方は改めて注目されてしかるべきであろう。
(2)

「不完全」で「虚弱」で「貧弱」な欠如態としての諸個人は，欠如態として対等であるがゆえに，受苦的存在として感情を交わしあい「情感」を感じとりながら相互的に向きあう。このような欠如態相互の関係においては，感性の相互的「発現」を媒介にするのだから，それは主体と客体との操作的な関係ではありえない。それは，アナログ的に連続する「生命発現」としての相互的「関係」であり，主体と主体の相互主体的，したがって，相互受動的関係である。フォイエルバッハは，このような諸個人の脱近代的な相互的「関係」の様式を論じていたのである。

3 〈大文字の社会〉の欠落

ここまでフォイエルバッハの思想の一端を垣間見てきたのだが，そのような素描のみからでも，彼の思想は，近代社会を批判しうる視点を豊かに用意していることが首肯できる。フォイエルバッハは，人と人とが応答しあい「情感」を交わしあう関係世界を問題化していた。個の有限性，欠如態としての他者の固有性，受苦的存在，相互主体性の主張など人間の生命の本質に根ざした根源性が指摘されていた。さらにはまた，苦悩や憎悪や有限性への恐れなど，社会構造の変更によっては自動的に消滅することはありえない人間的生命の根源的な諸特質への現実主義的な冷めた眼差しをも認めることができる。のちにさらに言及するが，このようにフォイエルバッハには今日改めて参照されるべき多くの問題群が豊かに内包されているのである。

しかし，同時にここでは一点のみ，彼の思想における欠落を急ぎ足で指摘しておく必要があろう。それは，フォイエルバッハにおいては歴史的な視点を導入することに関しては自覚的ではないという点である。彼の場合，諸個人の個別的な意志を超えて厳然として存在する歴史的な社会関係（〈大文字の社会〉）への視点が希薄だという欠落を有する。フォイエルバッハの重視

する，諸個人が視線を相互に交わしあうような〈小文字の社会〉は，そ̇れ̇固̇
有̇の̇論̇理̇を保持しつつ，同時に，現実には〈大文字の社会〉の論理に媒介さ
れることで歴史的に具体的な存在形態をとるのである［藤山,2000,102］。のち
に日本社会の社会的現実を表象しつつフォイエルバッハの論理に言及するが，
その際，このことが重要となるであろう。

さて，見てきたようなフォイエルバッハの生命論を批判的に踏まえて，現
代社会における人間の存在形態を解明する視点を確保するうえで，丸山圭三
郎の唱える「生の円環運動」という主張はわれわれに少なからぬ示唆を与え
るものだと思われる。

第2節　生の円環運動

1　生命と過剰

丸山によれば，人間も動物も「対象をある意味として構成する限りで存在
せしめている」［丸山,1997,13］。それは，種ごとの「外界のカテゴリー化であ
り，身の出現とともに外界が地と図の意味分化を呈する環境世界」である。
動物の環境世界は意味として現れ，動物の身体も環境世界との関わりにおい
て分節される。丸山は，そのようにして「構成された種独自の世界」を〈身
分け構造〉と呼んでいる。人間も含めた動物は，そこでは「生存のために有
用／無用，有害／無害，等々を弁別し，安全な道を選びとっている」［丸山,
1997,14］。丸山によれば，このようないわばデジタル的な分節化が，ヒトと
いう生命の存在様式においても不可避である。

ところで，人間は，本能図式に加えて〈言分け構造〉という「もう一つの
ゲシュタルトを過剰物としてもってしまった」。人間の「文化」は，身を環
境から解放するとともに，「身の方もこれらに組みこまれて支配され拘束さ
れる，という両義性をもっている」。「人間の身体は，常̇に̇，す̇で̇に̇，〈言分
けられた身〉でしかない」［丸山,1997,15］。

丸山によれば，人間は「文化」をもったことによって，人間の外界を人間
に順応させることになり，人間の内なる自然を退化させることになる。人間

は，文化をもつことによってすでにホモ・パツィエンスとして心身の病を不可避のものとしてもったのである。しかし，「文化をもったことが〝ヒト〟という動物にとっての不幸」なのではなくて，「真の問題は，本来の流動的文化が硬直し物化され，それが私たちの生きる喜びを奪うところにある」［丸山,1997,48］，と丸山は言う。

　ここで私は，〈言分け構造〉を徹底的に重視するその丸山が，しかし「アナログ的な生命」に言及していることに注目したい。丸山によれば，「文化とは，表面こそ秩序と制度からなるディジタルな二項対立の信号の世界であっても，同時にアナログ的な生命の象徴の宇宙でもある」［丸山,1997,47］。だから，人間は，「表層意識においてこそ物象化した〈実体論〉的なものの見方」に拘束されているが，「深層意識にあっては常に流動し裁ち直し可能な〈関係の網〉の世界に向かって開かれている身体を生きている」［丸山,1997, 46］。だが，近代哲学は表層の意識に固執することで「人間の情念や深層意識といった影の部分を非合理的なマイナスの価値として切り捨ててきた」［丸山,1997,48］。丸山は，一方では，このような近代哲学の一面性を批判しつつ，しかし他方では，文化を実体的に二分化したうえで「深層の流動的文化に還れ」とのみ主張するのもまた一面的だと言う。ここに，丸山によって，情念や深層意識における流動性の「停滞の打破」，「永続的〈解体構築〉」［丸山,1997,49］としての〈生の円環運動〉が提起されることになるのである。

2　カタルシスと生の円環運動

　丸山は，「〈言分けられた身〉の網の目によっては掬いきれない生のエネルギーとしての〈欲動〉」［丸山,1997,175］を「カオス」と表現し，「コトバによって浸食された身ゆえに生じた」［丸山,1997,170］この「カオス」を「再び言分ける，始源も究極もないヒト特有の生の円環運動がある」としている。この循環的な〈言分け〉の過程において「心的エネルギー」は「現実原則」にしたがって統御・拘束される。「しかし当然にも，表層意識のコトバ（言語）の本質であるディジタルな疑似信号性は，私たちの潜在的欲望とズレを生じ」不安定な状態になる。したがって，「自我は，もろもろの欲望を抑圧し，不安信号をいち早く察知して防衛機制を働かせねばならない」［丸山,1997,

179]。この欲望の抑圧がストレスを惹起することになる。そこで,「〈言分けられた身〉は,通常〈カタルシス〉という手段によってその解消をはかる。つまり意識の表層と深層の間の円環的往復運動を保とうとする」[丸山,1997,180]。

先に見たように,丸山は,「文化」は,表面においては「秩序と制度からなるディジタルな二項対立的世界」だが,同時にそれは「アナログ的な生命の象徴の世界」であるとしていた。そして,この言分けのデジタル性と生命エネルギーのアナログ性を「生の円環運動」において「止揚なき弁証法」[丸山,1997,49]として捉えようとしているのである。

第3節　諸個人の生の二重化

1　「規定された生」と「人格としての生」

丸山は,一方で,〈言分け構造〉を強調することで「文化」をもったヒトという生命の根源的なデジタル性を主張するとともに,「ヒト特有のデフォルメされた生のエネルギー」としての〈欲動〉の存在,つまり,「連続体としてのカオス」[丸山,1997,174]を措定しつつ「生の円環運動」を説いていた。

他方,フォイエルバッハには,彼が生きた時代的背景ゆえに無理からぬことなのだが,人間存在のデジタル性を言語論的に説く視点はなく,むしろ,感性的な「生命発現」を強調することで,「生命発現」のアナログ性を全面に出す構成をとっている。[3]

たしかに,丸山は〈言分け構造〉に徹底して軸足をおくことで自己の立論を展開している。しかし,私はその丸山がまさにそれゆえに「連続体としてのカオス」「生のエネルギー」を,つまり,アナログとしての生の部分を措定せざるをえなかった事実の側面こそを注目してみたい。フォイエルバッハと丸山は,決定的といっても過言ではない異なる立脚点に立つ。がしかし,視点の差異こそあれ生のアナログ性への眼差しを両者の思考に共通に認めることができる,という点こそを注目したいのである。

フォイエルバッハが「意識」において,そして,丸山が「言分け」におい

て指し示したように，人間の生命は動物の生命と決定的に区別されて歴史を貫徹する本質をもっている。と同時に，この歴史貫通的な人間の本質は，特殊歴史的諸条件のもとでのみ具体的に立ち現れてくることにも注意されねばなるまい。もちろん，すでに指摘したように，このように述べることは人間的生命の本質を特殊歴史的諸条件に一義的・機械的に還元してよいことを意味しない。このこともまた充分に注意されねばならない。

　フォイエルバッハには〈大文字の社会〉が欠落していることにはすでにふれた。さらに，「生の円環運動」を説く丸山は，「汎時的（＝時代と地域を超えた）視点」［丸山,1990,11］をむしろ自覚的に強調する立場をとっている。したがって，以下に展開する試みは両者のそれぞれの強調点に反することになるやも知れぬが，しかし，それぞれの主張に異なる角度から現代的な光を照射しうると思われる。つまり，人間の生命を特殊歴史的な諸条件に還元しないという先に論じた限定をつけたうえでなのだが，特殊歴史的な諸条件をも踏まえて考察されるとき，フォイエルバッハと丸山の議論は改めて現代的な意義をもつものとして立ち現れてくると思われるのである。

　特殊歴史的というとき，特殊近代的および特殊日本的という二つの側面から捉えることができよう。ここではまず，特殊歴史性の第一の側面，つまり特殊近代的な視点で諸個人の生を捉えるうえで見落としがたい思考をとり上げておくことにしよう。それは，マルクスとエンゲルスが彼らの思想の切磋琢磨の過程で提出してきた思考である。『ドイツ・イデオロギー』において，エンゲルス筆記の文言のなかで，次のように述べている。分業による社会的諸関係の自立によって，「諸個人の生のあいだの区別，すなわち，人格であるかぎりでの生と，労働のなんらかの部門およびそれに付属する諸条件のもとに従属させられているかぎりでの生とのあいだの区別が現れる」［Marx/Engels,1974,120＝邦訳,128,148］。私は，ここでの指摘を資本制社会における「人格としての生」と「規定された生」への「諸個人の生の二重化」と規定し直しておきたい［藤山,2000,181］。

　『ドイツ・イデオロギー』以降のより成熟したマルクスの思想を踏まえるならば次のように言うことができよう。資本制社会に生きる労働主体としての諸個人は，より高い価値をもつ労働力商品として売れるように自己形成せ

ねば生き抜けない。資本制社会において諸個人は、そのような「規定された生」に圧倒的に浸透されつつ、同時に、それに包摂され尽くされえない「人格としての生」、この生の二重性を矛盾的に生きるのである。この労働力商品は、人格と切り離しえず、また、「価値創造である一商品」、つまり「独自な商品」（『資本論』）であるがゆえに、労働主体としての諸個人は、ここにおける「生命発現」の二重化を苦悩として「自己関係」的に受けとめざるをえない存在なのである。

このようにして、近代においては諸個人は、「規定された生」という側面で、「役立つ」/「役立たない」、「有能」/「無能」、「できる」/「できない」等々の効用性を分割線とする二項対立的なデジタル的な生を一方で強いられつつ、他方、それに包摂し切られない「人格としての生」を矛盾的に生きる。それは、人格と切り離しえない労働力をも商品と化す近代社会の特殊歴史性が、各人の〈自由な営み〉であるはずの諸個人の生に回避しえない刻印を与えていることを示している。

2 生のデジタル化

さて、特殊歴史的規定性の第二の側面として、現代日本社会の現実に即して考察するならば、この「諸個人の生の二重化」は一層深刻なものとして立ち現れてくる。かつて、綿貫は大衆社会論を類型化して、C.W. ミルズに代表的な「快適な平穏と消費の気分」に注目したアメリカ型、および、K. マンハイムに代表される「絶望的な非合理的激情の噴出」に注目したヨーロッパ型の二類型を指摘したことがある [綿貫,1957]。

今日の特殊日本的な大衆社会状況は、効率価値の決定的支配という一点においてこの二つの大衆社会状況が重畳して立ち現れているといってよいであろう。一方では、大衆消費社会状況における「快適な平穏と消費の気分」の展開は、「持つ」/「持たない」という二項対立的な価値を自明のものとし、諸個人の生においてデジタル的な効率価値を圧倒的に浸透させている。他方、わが国においてはナチズムのもとでのように「非合理的激情」の「吸収基盤」としての「中間集団」それ自体が解体されているわけではない。しかし、例えば家族などにおいてもデジタルな効率価値が浸透し、社会や親が無意識

のうちに子どもに対し有用性の視点からデジタルな線を入れこみ他と比較してしまう結果，子どもたちの身体の内部において「非合理的激情」が傾向的に奥深く潜行している。その意味では，マンハイムの主張した「中間集団」のもつ「非合理的激情」の「吸収基盤」としての機能は事実上大きく後退してきている，といってよいだろう。　このようにして，「規定された生」は，現代日本においてはマルクスの時代とは比較にならぬほどの展開を見せ，諸個人の精神構造を深部から規定しているといえよう。

　効率価値によってデジタルな線を入れられた諸個人の生においては，道具主義的で因果系列的な行為が自明のものとして措定される。それは，先の見え切ってしまった生を帰結する。だが，〈先の見え切ってしまった因果系列的な生〉とはすでに一つの形容矛盾である。生は不断の「自己超出」を本質的契機としていることに改めて注意しておきたい(4)。このこととの関わりで，竹田が次のように述べていることは傾聴に値するだろう。「欲望の理由が，因果的な系列として全部理解されたら，世界は……すべてが必然の世界になってしまう。そこでは選ぶことが無意味になる」[竹田,1992,86]。

　人間的生の本質的な一契機を「選ぶこと」において理解する竹田の思考は，V.フランクルの考察と重なる部分があるといってよいだろう。フランクルは次のように述べている。「人間は決断する存在であり，どの瞬間にも決断している。そしてその瞬間，瞬間に彼らが決断しているものは，その次の瞬間に彼がそれに成るものである」[Frankl,1950,92]。「人間はけっして『ある』のではなく，常にまず『成る』のである」[Frankl,1950,97]。竹田とフランクルの主張をつなげながら指摘すると，「規定された生」における生のデジタル化は，自然科学的因果世界を現出することで，「選ぶ」ことにおいて「成る」ことの困難を増幅し，生の自己超出的性格を抑圧するのである。

　「規定された生」と「人格としての生」への「諸個人の生の二重化」は現代日本において底深く進行しつつある。諸個人は，こうした根源的な矛盾を「自己関係」的に生きている。しかし，生の自己超出性を抑圧する生のデジタル化は，丸山が「生の円環運動」の契機として指摘していた「カタルシス」を得がたいほどに展開される状況をも生みだしている。効率価値をここで仮に「偏差値」でシンボライズできるとすれば，「偏差値」によってデジ

タルな線を入れられた子どもたちは,「期待されるよい子」を演じることで大人からの「承認」［斉藤・田中・藤田,1997,71］をひとまずは得られる。がしかし,「選び」のない生は彼らの「人格としての生」への激しい抑圧でもある。彼らのアナログな生のエネルギーは底深く内攻する。「少年犯罪」は,「カタルシス」を獲得できない生のエネルギーの表出と無縁だといえるであろうか。[5]

「カタルシス」といってもその存在様式はさまざまあり, 大旨はそのいずれもが軽視されてはならないだろう。しかし, 子どもたちのおかれている今日的状況を踏まえるならば, 自己の存在が認められ「カタルシス」を許されるような安心できる底意のない人間「関係」の存在がなによりも不可欠であろう。そして, それは子どもたちのみならず現代に生きるすべての諸個人にとっての痛切な問題となっているのである。そうした新たな「関係」のあり方を模索することは, 同時に, 目的合理性を前提にすることで道具主義的な行為として組まれてきた近代的な諸個人の「関係」のあり方を反省的に考察することと表裏をなす作業だと思われるのである。

第4節　諸個人の生の固有性と相互性

1　他者性の尊重

　小浜は, 人間の関係性のあり方を「情緒そのものを中心軸」［小浜,2000,73］にするものとそうではないものとして大きく二つに分け,「エロス的関係」と「社会的関係」とを指摘している。情緒を中心軸とする「エロス的関係」とは,「個別的に限定された関係, 相手の人格自体を直接にめがけ, また相手によって自分の人格自体を直接にめがけられる関係である」［小浜,2000,74］。恋人, 夫婦, 親子, 兄弟姉妹, 友人などの関係である。これは, フォイエルバッハに関して私が〈小文字の社会〉と称したものに対応している。小浜の言う「社会的関係」とは,「情緒を中心とせず, 利害や権力を中心軸」［小浜,2000,74］とする関係である。

　そして, 小浜によれば, この「エロス的関係」が「第一次的」だとされる。

第1章　生命と相互主体

それは,「情緒的な交流それ自体を目的としているからである」。そして,「エロス的関係においては,その理念上の本質からして,相手をなにかの手段とはけっして考えない」[小浜,2000,75]と小浜は言う。

　フォイエルバッハが主題的に問題としたのもこうした「親密圏」であったといってよい。小浜が指摘しているように,ここにおいては,情緒の「発現」が中心となっており,まさに「生命発現」の相互性が実現しうる関係である。だから,「理念上の本質」では他者を「手段」とする関係は成り立たないということもできる。

　だがしかし,「エロス的関係」においては,親密な関係性ゆえに陥る陥穽の可能性と常に背中あわせでもあることには注意しておく必要があろう。念頭にあるのは,この圏域においては親密な諸個人が相互の了解を完全に得られるものとのア・プリオリな前提に立って,「共同体主義」[古茂田,1995a,152]的に関わる場合が少なくないという事態である。『わかりあえるはずだ』主義」を無自覚にとる場合,この関係においては往々にして他者の他者性を自己の側に籠絡してしまうことがある[古茂田,1995b,177]。その場合,この「愛」によって支えられる関係は,意図せざる結果として,近代的な目的合理性にもとづく道具主義的な行為として遂行されていることになる。その意味では,この場合には,諸個人の「関係」構成の近代的な論理を共有することになる。

　古茂田は,「言葉」は,デジタルな「差異の体系」であり,「言葉」で表現する観念はアナログ的だと指摘している。たとえば,悲しみや喜びなどの感情は,「言葉」の「差異」を次々に細かく刻みつづけていってもそれによって掬い切ることはできない。これは,感情のみならず色彩や臭いや味の感覚などについても同様である。これらを「言葉」によって伝え切ることは困難である。さらには,「ある同じモノが同じ刺激を二人の人に与えた場合,その両者の心の中に生じる印象が同じであるかどうかは,原理的には確かめることができない」[古茂田,1995b,174]。このような伝統的な他我問題の困難も存在している。だから,古茂田によれば,「分かる」ということは,「この『分からなさ』を承認したうえでの『分かる』ということでなければならない」[古茂田,1995b,177]。

ところで，このような古茂田の主張の真意は，「言葉」の役割を貶価したものでは決してないであろう。そうではなくてむしろ，他者性を真に相互承認したうえでのコミュニケーションの意義をこそ主張したものといえよう。[6] 他者性を前提としないコミュニケーションとは形容矛盾であるといわねばなるまい。[7]

マルクスは，「生命発現」の固有性において諸個人の「自己性」を見ている。「人間は自己的である。彼の目，彼の耳等々は自己的である。人間のいかなる本質諸力も自己性という特質をもっている」[Marx,1982,406＝邦訳,201]。「自己性」を保持する他者との相互関係とは，主体‐客体関係とは異なり，主体‐主体関係であり，「生命発現」の相互的応答の過程であることに注意したい。ここでは他者という異質によって働きかけられる受動の相互性を指摘しうる。この関係の相互性においてこそ諸個人は自らの実存を実感しつつ不断の自己超出を可能とするのである。小浜がいうように，「関係性を揺り動かすこと（関係性に揺り動かされること）によって，人は，自分が活動していることを実感でき，またそこから新しい生きる意欲も生まれてくるのである」[小浜,2000,71]。他者性を尊重したこの相互性は，教師と学生，親と子などの力関係の異なる関係においてこそ意識的に追求されるべきであろう。権力的に優位にある者が他者を籠絡しないことが，少なくとも「自律」の本質的一要件を構成しているといわねばならないであろう。

2　欠如的諸個人の相互性

さて，このように見てくると，諸個体が有限で部分的な存在だという自覚に立つがゆえに，諸個体間の相互補完的な共同関係の形成が可能なのだ，というフォイエルバッハの先に見た主張は，極めて先駆的なものとして立ち現れてくる。「不完全」で「虚弱」で「貧弱」[Feuerbach,1959a,188＝邦訳,上,317]な欠如態としてのそのような相互性を主張するとき，その相互性を媒介する力動的な原理が，フォイエルバッハによって，相互の「生命発現」に求められていたことがここで改めて注意されてよいであろう。「われわれはただもろもろの木石だけを情感するのではなく，われわれは情感する存在と握手する，または接吻することによって感情をも情感するのである」

[Feuerbach,1959c,304＝邦訳,77]。このようにして欠如的な諸個人の相互性は，「情感」の「発現」が強調される「生命発現」において展開されるのである。

ここでは，二つのことが強調されてよいであろう。第一に，フォイエルバッハが諸個人を欠如をもった「不完全」で「虚弱」で「貧困」な存在として捉え，それゆえに，諸個人が相互に対等であるものとして遇されていることである。これは，諸個人に「有用」/「無用」などの二項対立的なデジタルな線を入れ，「強者」の論理をもって「弱者」を周辺化してきた近代の伝統的思考様式に注目するならば，瞠目すべき主張である。第二に強調されてよいのは，アナログな「生命発現」の相において欠如的諸個人の相互性を把握していることである。見てきたように「規定された生」として効率価値に促迫されつつ，生のデジタル化が奥深く進行しつつある現代において，これまた極めて先駆的な視点であろう。

フォイエルバッハのこのような思考から時日を経ること久しいが，近年，この欠如態の相互性の思考に直接に連接すると思われる極めて注目すべき主張が現れている。それは現代の困難な社会的現実にしっかりと軸足を据えつつ，この現実との格闘のなかから自前の思考を駆使することによって立ち現れてきた次のような主張である。

「わたしもあなたも，ピープルは危うい存在である。えらそうにしていても，悪への誘惑に負けたり，人を傷つけることをなんとも思わなかったり，人の顔色をうかがったり，そうかと思うと傲慢に見下したり，嫉妬や憎しみから逃れられなかったりする存在である。

そういう悪と加害の可能性にからみつかれた危うい存在としての自己把握とお互いがそうだという同等の意識が，『ピープル』であることの内容として必要である」[花崎,1993,268]。

「危うい存在としての自己把握」という花崎の指摘の延長として，ここまで論じてきた論点との関わりで一点だけ敷衍しておきたい。それは，「規定された生」において促迫される効率主義的価値の浸透による生のデジタル化を批判する者もその現実から完全には自由ではありえない[8]，ということである。したがって，生のデジタル化に批判的なスタンスを自覚的にとろうとする論者においても，主観的には他者性を蹂躙しない「関係」性を模索しつつ

も,「有用」/「無用」などの二項対立的な効率価値の線を他者に刻み込み他者性を蹂躙するなにがしかの可能性は常に存在する。このようなリアルな現実把握が不可欠であろう。花崎の主張の重要な点は,この「危うい存在としての自己把握」のうえに立ち,さらに,お互いがそのような存在なのだという「同等の意識」の重要性を説いていること,「加害可能性を隠さないこと,おたがいにナニサマでもない者であることへの自覚,そこがピープルの連帯の出発点」[花崎,1993,269]だとしていることだろう。

　このような欠如態であるという自己認識に立脚したうえでの諸個人の相互主体の可能性を論じることは,極めて重要な指摘だと思うのである。と同時に,私がさらにあわせて強調しておきたいことは,このような欠如態としての諸個人における欠如のありようが,各人それぞれに異なっているという点である。諸個人はそれぞれに異なった欠如態としてそれぞれの仕方で世界をわがものとしている。人は,常に誤り,欠損をもち,停滞する可能性のもとにおかれている。とすれば,自分とは異なる仕方で世界をわがものとしている他者との関わりにおいてこそ,誤りを訂正し,欠損をうめ,停滞からの脱却をはかりうる。したがって,欠如態としての異なる他者は相互に自己を豊穣化しうる主体として在るのである。

おわりに

　欠如態としての諸個人の相互性を論じてきて,欠如態としての自己認識とその地平に立脚した諸個人の同等性認識が,相互主体性の前提となることを確認できたと思う。また,欠如態が相互に異なる欠如をもつがゆえに,他者とは,自己の誤謬を正し自己を不断に豊穣化するうえでの不可欠の存在であった。最後に,この点を踏まえて,「親密圏」ゆえに他者を蹂躙する可能性を潜在させる親子の関係性に一言しておこう。「規定された生」において,親が,「できる」/「できない」というデジタルな線を子どもに刻み込み,子どもの「生命発現」の固有の全体性を解体し,その刻みの視線でのみ子どもを自分の側に籠絡する今日的な傾向性を指摘できよう。子どもの側からすると「学校的な基準に合致しないあらゆる情念を抑圧・解離している」[竹内,

1998,111]，ということになる。そこでは，子どもの他者性は蹂躙され，アナログ的な生命の流動性が停滞される危機に日常的に逢着している。

　子どもたちの成長にとって，彼らそれぞれに固有でアナログ的な「生命発現」の全体性がそれ自体として承認されるという経験の蓄積が極めて重要であろう。青木が指摘するように，「あるがままの自己を表現してそれを身近な他者（特に親）から無条件で肯定されるという体験の『蓄積』は，自己感情の形成と他者への基本的な信頼感を築いていく上で，欠くことのできない条件と言える」[青木,2000,83]。だが，現在の子どもたちは，このような自己肯定の経験を著しく喪失してしまっているといわねばなるまい。家族成員が，「危うい存在としての自己把握」に立脚しつつ，それぞれがその限りで同等な人格的関係が展開される場となれば，家族関係は，子どもにとってのみでなく親にとっても「カタルシス」を許される底意のない関係となりうるだろう。

　とりわけ，力関係に明らかに差のある関係としての教師と生徒や親と子などの関係においては，権力的に優勢な教師や親の側が欠如を有する存在だという自己認識に立ち，自らが生徒や子という他者の「生命発現」の全体からいかにして学びうるか，そのような応答の姿勢が不可欠となっているのではないだろうか。

　先に，一般論として，「自律」の本質的な契機のひとつとして，権力的に優位にある側の者が他者を自己の側へと籠絡しない能力の必要性を指摘した。さらに普遍化して指摘するならば，社会的な強者が弱者を自己の側に一方的に籠絡しない自己相対化が「自律」の一要件だといってよいであろう。その意味では，ここでの「自律」とは他者の他者性を前提とした関係的な概念として主張できよう。現代は，自己完結的なモナド的個を前提としてこれを繋ぐという近代的な「関係」構成原理の原理的な変更を要する時代に参入しているといえよう。そのような主体－主体関係の成立は，さまざまな欲望への「強すぎる抑圧」[丸山,1990,90]による自我防衛ゆえに生じる生の停滞，これに対する不可欠のカタルシスとして機能しうるであろう。

　このような新たな質をもった「関係」形成において，自己を欠如態として相互に自覚しつつ効率至上主義的価値観からの距離を多少なりとも確保する

こと，これがそのための前提として不可欠である。とすれば，今日を遡ること150年前，個体の欠如性の主張を展開したフォイエルバッハの思想は今日改めて現代的な意義をもって立ち現れてくるといえるであろう。

注
（1） このようなフォイエルバッハの視点は，行為そのものをとおしての世界との結合が感覚的な結合としてのみあるという把握に連なる。「行為と感覚は切り離して考えられるような別々の機能ではなく，行為がそのまま感覚でもあり感覚がそのまま行為でもあるという仕方で，われわれの生命活動の全体をなしている」［木村,1995,20］。なお，感性に人間の創造性や動きの根源を読みとろうとするものとしては，マイネル［1998］を参照。
（2） 感性の理性に対する関係については中村［1999］，情動の感性や理性に対する根源的な位置の指摘については坂元［2000］を参照のこと。
（3） もちろんフォイエルバッハは，意識を極めて重視している。人間は，「厳密な意味での意識」をもつことでその「全本質の質的変化」［Feuerbach, 1959a,3＝邦訳,上,50］を遂げている存在だと捉え，宗教の本質をこの人間が意識的存在であるという規定の深みから把握していることには注意しておきたい［藤山,2000,42］。
（4） 「生命の流れのどの一点においても，自己はそのつど自己としてのかたちを解体しながら，これを直ちに再生産することによって，自己自身を維持できる」［木村,1995,133］。
（5） 丸山の次のような主張は今日的な問題状況を考えるうえで極めて示唆的であろう。「私たちは抑圧に失敗したために神経症になるのでもなければ，棄却に失敗したために精神病になるとだけは言いきれない。その正反対に，これらが成功しすぎたために，つまりは，強すぎる抑圧によって自我を防御し，深層意識にあるさまざまな欲望が日常の表層意識に回帰不能となったために，さらには深層意識の核となるはずだった原初的イメージをも棄却・排除してしまったために狂気に陥るとも言えるのではないだろうか」［丸山,1990,90］。
（6） 青木は，子どもたちの現場を見据えながら，次のように述べている。「いずれにしても，人それぞれがその内面に抱える多様性は，画一的な尺度で推し量ることができるほど単純で平板なものではないだろう。だから，他者を理解しようとすることには，理解することの『不可能性』を熟知した上での厳しい謙抑性が求められるのだと思う」［青木,2000,21］。
（7） 「他者に独特の生体験の核心に，暗黙のうちに合一化することによって他者に達した（と信じる）ならば，そのとき他者は他者であることを止めてしまうであろう」［湯浅,1992,27］。

(8) 私は，ルカーチに論及しつつ，次のように述べたことがある［藤山，1993］。「物象化のただなかに物象化を完全に超出したピュアな主体を実体的に想定することは現実的でない。これはルカーチの陥った隘路であった。……物象化を互いに免れ得ていない主体として，したがって，同じ高さの目線を相互に保持して人々の関係が形成されること……フォイエルバッハ的に言えば，欠如態としての自覚に立った諸個人の相互性こそが必要で今日的に可能なあり方だろう」［藤山，2000,232］。

文献

青木信人，2000『子どもたちと犯罪』岩波書店

Feuerbach, L., 1959a Das Wesen des Christenthums, , *Sämtliche Werke*（以下*SW*）, Bd. IV. 船山信一訳『キリスト教の本質』上，下，岩波書店，1970年

———, 1959b Wider den Dualismus von Leib und Seele, Fleisch und Geist, *SW*, Bd. II. 船山信一訳「肉体と霊魂・肉と精神の二元性に抗して」『フォイエルバッハ全集』第2巻，福村出版，1974年

———, 1959c Grundsätze der Philosophie der Zukunft , *SW*, Bd. II. 村松一人・和田楽訳「将来の哲学の根本命題」『将来の哲学の根本命題』岩波文庫，1969年

———, 1959d Vorläufige Thesen zur Reform der Philosophie, *SW*, B. II. 松村一人・和田楽訳「哲学改革のための暫定的命題」『将来の哲学の根本命題』岩波文庫，1969年

Frankl, V., 1950 *Homo Patiens. Versuch einer Pathodizee*. 真行寺功訳『苦悩の存在論』新泉社，1998年

藤山嘉夫，2000『諸個人の生と近代批判の思想』学文社

———，1993「物象化論的階級論と現代」,『社会学研究』第59号，東北社会学研究会

花崎皋平，1993『アイデンティティと共生の哲学』筑摩書房

木村敏，1995『生命のかたち／かたちの生命』青土社

小浜逸郎，2000『なぜ人を殺してはいけないのか』洋泉社

古茂田宏，1995a「コミュニケーションと他者」，尾関周二・種村完司・古茂田宏・清眞人・伊藤宏一・佐藤春吉『思想としてのコミュニケーション』大月書店

———，1995b『醒める夢冷めない夢』はるか書房

丸山圭三郎，1990『言葉・狂気・エロス』講談社

———，1997『欲動』弘文堂

Marx, K., 1982 Ökonomisch-philosophische Manuskripte, *K. Marx/F. Engels Gesamtausgabe*, I－2. 城塚登・田中吉六訳『経済学・哲学草稿』岩

第1部 生と人間

波文庫，1964年

K.Marx/F.Engels, 1974 *Die deutsche Ideologie*, hrsg. von Wataru Hiromatsu, Kawadeshobo-shinsha, Tokio. 廣松渉篇訳『ドイツ・イデオロギー』河出書房新社，1974年。渋谷正篇訳『草稿完全復刻版　ドイツ・イデオロギー』新日本出版社，1998年

森岡正博，1999『現代文明は生命をどう変えるか』法蔵館

マイネル，クルト，1998『動きの感性学――マイネル遺稿――』金子明友編訳，大修館書店

中村秀吉，1989『哲学入門』青木書店

最首悟，1998『星子が居る』世織書房

斉藤茂男・田中孝彦・藤田和也，1997「〈鼎談〉今日の子どもの『荒れ』と攻撃性をどうみるか」『教育』第621号

坂元忠芳，2000『情動と感情の教育学』大月書店

竹内常一，1998『子どもの自分くずし，その後』太郎次郎社

竹田青嗣，1992『「自分」を生きるための思想入門』芸文社

綿貫譲治，1957「大衆社会における社会心理の構造」『講座・社会学』第7巻，東京大学出版会

湯浅博雄，1992『他者と共同体』未来社

第2章　人権と生命
――現代の生命操作の現場から――

はじめに

　われわれはポスト・モダンという時代のなかに生きながら，しかしモダンの時代傾向を引きずっている。噴出する近代社会の矛盾に直面しながらも，同時に近代的な原理としての〈自我〉への執着を断ち切れてはいない。科学技術のもたらした自然破壊に遭遇しながら，無際限な欲望を相変わらず捨て切れてはいない。それが現代という時代のイロニー的構図なのだ。

　近代の科学技術は自然をくまなく解明し，自然を操作して人間の欲望を実現しようとしてきた。そして現代の科学技術は，宇宙から生命領域へとその対象を相対的にシフトしつつ，「生命操作」へと乗り出している。地球外生命を宇宙に探査するとともに，この地球上の生命の，そして人間自身の生命の組成を解読し操作することが，いまや21世紀に向かう科学技術の最大の関心事になりつつある。

　人間生命への科学技術のかかわり方がますます深まりつつある。生殖技術は不妊治療の枠を大きく踏み出して，夫婦以外の精子と卵子の組み合わせ，代理母による妊娠の代行，さらにはヒト・クローンの創出やヒト胚性幹細胞（ＥＳ細胞）の医療資源化，キメラ胚などによる遺伝子操作などが現実のものになりつつある。また死の操作技術についても，脳死状態の人工的創出とそれに伴う生きた臓器の摘出という事態を生み出している。

　人間存在の理解の両義性が，生命操作の現場でせめぎあっている。人間は生物学的側面から見れば生命体でありながら，同時に，法的・社会的側面から見れば人権を有する個人でもある。しかしながら，人権を盾に個人の欲望を実現しようとすることが，生命体としての人間存在と必ずしも一致するわ

けではないのである。

　近代的な発想では，人間は人権を有する個人であるという側面が前面に打ち出されてきた。それは旧体制からの個人の解放という積極的な面をもってはいたが，同時に，個人の欲望の無限拡張をも含み込んだものであった。もう一方で人間個体は，生命体として見ると，生物種としてのヒトの一員である[1]。人間生命は全体としての生命プロセスのうちにある。〈生命法則〉があるとすれば，それはあらゆる生命体を，そして人間生命をも生み出しながら，人間の歴史を超えて働く根本法則である。それは，人為的な操作によって攪乱してはならない自然の摂理である。しかし人間の欲望は，生命法則をも自らの支配下におき，生命を自由に操作し，自らを実現しようとするのである。

　本章は，現代の生命操作の現状を考察しながら，生命法則に人権がどのようにかかわりうるのか，人間の欲望が生命法則のもとにいかに制御されるべきかという問題を問うことにしたい。

第1節　人権思想の歴史的意義と限界

1　人権思想と科学技術

　まずはじめに，近代的な原理の中核をなす「人権」思想の歴史的由来とその意義，そしてまたその限界について明らかにしておきたい。

　近代の人権思想は，フランスの人権宣言が絶対君主制の横暴にたいする抵抗から生まれたように，侵害された自然権の復権として自覚化された。身分制に基づく封建社会は，人間の自然状態からすると，諸個人を鉄鎖によって束縛する奴隷状態の社会として表象された。これとの対比で，人間のもともとの自然状態は，諸個人が自由で平等な関係にあったとされるのである。こうした自然状態を不自然な封建社会の打破によって実現すること，これが近代革命の理念である。近代革命が掲げた基本的人権の保障，信仰・思想・言論・身体の自由といった課題は，抑圧や拘束からの解放にとどまらず，個人の欲望の自由な実現という側面を含んでいる。

　こうした人権思想の哲学的基礎づけは，すでに近代哲学における〈自我〉

概念によってなされたと見ることができよう。すなわち，デカルトにおいて「エゴ・コギタンス」（思惟する自我）が疑いえない原理として確立され，そしてその延長線上に，カントの超越論的自我もまた位置づけられる。その系譜を貫いているのは，自然に対する理性的自我の超越性である。すなわち自我は自然から分離されて特権化され，逆に自我が自然のあり方を根拠づけるのである。こうして自然に対する理性的自我の支配という構図が確立し，自然は理性によって自由に操作することのできる機械として位置づけられた。

　理性的自我の超越論的な理解に対応するのは，自然の機械論である。それは自然を因果法則に還元し，人間の身体をも機械的な因果法則に従う自然物体とする。デカルトの理性知によって構成された自然学は，啓蒙思想によって実用的な科学技術として普及していくことになる。こうした近代の科学技術は，人間生命をも例外的な対象とするものではなく，現代の生命操作の時代へとつながっているのである。

2　科学技術と人間の欲望

　科学的知は時代を超越した中立的で普遍的な知として形成されたわけではない。もともと科学とその実用化である技術は，現世的な利害と結びつきながら，人間の欲望を推進力として発達してきた。デカルトの身体＝機械論が解剖学の臨床に応用されたように，科学は地上の実践的関心と結合して技術として実現される。こうして科学技術は，人間の欲望実現の手段とされるのである。

　現代における生命科学は，生命現象の解読を対象にしながら，同時に，生命操作の技術と結びついて，諸個人の欲望を実現しようとする。むしろ個人の欲望を掘り起こし，その欲望を無限に拡張しつつデフォルメ化するともいえようか。例えば，不妊という一定の割合で生じる自然の摂理に，生殖操作の技術（人工授精・体外受精）が介入し，妊娠を人工的に実現する。こうした不妊治療は，子供をもちたいという夫婦の「自然な」願望に発しながら，しかし自然にはありえない生殖操作へと入ってゆく。体外受精においては，顕微受精や余剰胚の冷凍保存と解凍，代理母の利用など，妊娠の自然プロセスから逸脱する生殖技術へと変貌しつつある。それを推進するのは生殖医療

であるとともに，個人の願望であり欲望である。こうした欲望は，個人に帰属する自己決定権という名の人権によって正当化されるのである。

確かに不妊は夫婦の子供願望を阻害する要因であり，不妊治療は患者の権利に属するであろうし，不妊治療を禁止する権利は誰にも帰属してはいないだろう。それでは未婚の女性が，子供願望ゆえに匿名の男性の精液によって，人工授精を受ける場合はどうであろうか。こうしたシングルマザーは，すでにアメリカなどでは女性の自己決定権の枠内で社会的な認知が与えられている。しかし例えば，シングルの男性が，子供願望ゆえに自分のクローンを作ることは許されるであろうか。クローン技術は，女性の体外に取り出された未受精卵の核を除去し，そこに男性の体細胞の核を移植して細胞分裂させ，それを代理母の子宮に着床させてクローンを出産させるという手順を踏むものである。こうした生殖技術が現実のものになりつつあるところに，自然生命から乖離する医療と欲望の相補関係が浮き彫りになる。このような技術のもつ，そもそも自然生殖にはありえない人為性もさることながら，他の遺伝子の混じらない「純粋な」子供が欲しいという密かな欲望は，生命法則を撹乱するものとして規制されてしかるべきであろう。

第2節　ロマン主義的生命概念の歴史的意義

1　科学技術批判と汎神論

近代革命と科学技術の進展は，共同体の崩壊と欲望の無際限な拡張をもたらした。科学技術は市民社会の欲望を推進力にして，都市を改造・拡大し，自然を浸食してきた。これまで科学技術は近代理性の勝利として正当化され，広く世界を席巻してきたのである。

ところで近代という時代へと再び目を向けなおしてみると，われわれはすでに18世紀末のヨーロッパに，科学技術文明を批判するロマン主義の潮流を見いだすことができる。この潮流の予兆は，すでに啓蒙思想のなかから逸早く自然への回帰を打ち出したJ. J. ルソーの思想に見られる。またロマン主義の積極的な主張は，産業都市から自然への脱出を図ったイギリスの湖水地

方の詩人たち（ワーズワースやコウルリッジ），さらには人間と自然生命との合一を称揚したドイツのロマン主義者や自然哲学者のうちに見ることができる。

　科学技術的な知のあり方を同じ近代という時代のなかで批判的に問題にしたのが，ロマン主義の運動である。それは科学技術のもたらす矛盾に敏感に反応したもう一つの近代思想であるということができよう。一般にロマン主義は近代から中世に退行する復古思想であるとする先入見があるが，しかし少なくともその形成期には，中世回帰という復古主義的な傾向をもってはいなかった。過去への眼差しがあったとすれば，それはキリスト教とはそもそも異質な，ある意味で非キリスト教的な文化を発掘しようするものである。キリスト教のなかに取り込まれ変形されてはいるが，しかし命脈を保ち続けてきた〈自然の知恵〉こそ，ロマン主義が回帰しようとした知のあり方である。かつてキリスト教の神によって，そして実証科学によって駆逐されてきた自然についての豊かな知恵が，地下水脈が再び湧き出すように想起される。それは近代の機械文明が放逐してきた神秘的とも見える自然の豊饒な生命力なのである。

　近代の科学技術はその機械論的枠組みによって，自然に本来備わった生命力を，人間理性を越えた超自然現象として考察の埒外に置いてきた。こうした自然の生命力をロマン主義が近代に甦らせるのに依拠したのが，「神すなわち自然」とするスピノザの汎神論である。スピノザはユダヤ教から破門され，その後は「無神論」の死せる犬として忌避されてきたが，近代という時代のなかで彼の汎神論が復活することになる。それは神を超越的存在とするのではなく，自然にあまねく存在する実体とすることによってその超越性を否定する。こうして自然のうちに神的な創造原理が認められ，神の創造活動が自然そのものに備わった自己産出活動に置き換えられるのである。

　イェーナに花開いた初期ロマン主義は，このようなスピノザの汎神論的な自然観を共有していた。例えばノヴァーリスは『ザイスの弟子たち』のなかで，太古の自然の知恵を復興しようと試みている。それによると，近代の自然研究者が「鋭利なメスで自然を部分に切り分け(2)」たことによって，「あの親しげな自然は死んでしま」った。しかしもともと自然は，「人間の友であ

り，慰め手であり，司祭であり，奇跡を行うものであった」という。このような太古の時代にあった「生命の炎」を再び燃え上がらせ，「自然の荒廃と混乱」からもう一度自然を再生しなければならないというのである。そして荒廃した自然の再生を可能にするのは，「自然に対するわれわれの共感」であり，自然の霊を顕現させるポエジーである。人間はポエジーという「感情を媒介として」自然と交わり，感情を通して人間の心は自然宇宙と一体になることができるというのである。このようなノヴァーリスの自然に対する態度には，近代的な科学技術の枠組みを崩そうとする環境倫理の芽生えを看取することができる。

2　ロマン主義的自然哲学の理念

ロマン主義的な自然回帰の志向に哲学的な根拠づけを与えたのが，ドイツの自然哲学である。自然哲学のモチーフは，近代的な自我主義と自然＝機械論に対する批判という両側面から浮き彫りにすることができる。

自我主義はデカルトからカントに至る自我の超越論として，近代哲学の主観性原理をなしてきたものである。それは自然に対する理性的自我の優位を主張し，ひいては自然の支配と科学技術を推進する哲学的背景にもなってきた。18世紀末という時代は，科学技術の普及とともに，その矛盾が吹き出し始めた時期でもある。産業革命の進行するイギリスの都市では，蒸気機関を動力として産業構造の革新が進行する一方で，石炭燃焼による大気汚染や労働者の悲惨な状態が現出しつつあった。

ドイツから採鉱技術を習得するために渡英したF.バーダーは，汚染された大気に鬱屈した感情をもって帰国し，「空気」を神的原理とする自然哲学を創出する。彼にとって〈自我〉は決して独立して存在するものではなく，自然元素としての「空気」を呼吸し，「大地」から生命力を得ている。火・空気・水・地の四元素によって成り立つ自然のうちに，人間身体が位置づけられる。とりわけ空気には，身体にエネルギー（活力）を喚起する元素として，重要な役割が与えられている。こうして身体は，燃焼エネルギーの力によって自律的な活動をすることができるのであり，「自発性」をその本質としているというわけである。したがって身体は，デカルトによって定式化さ

れたような外的な力によって運動する機械ではなくて,「生命の根源力エネルギー」を得て活動する生命主体である。自我の機能もまた,こうした身体の生命活動のうちに織り込まれたものとして考えられるのである。

　フィヒテの自我哲学に心酔していた初期シェリングは,〈自我〉に対する〈非我〉を自然と読み換え,その自然のうちに生命の力を見ようとした。このようなシェリングの自然哲学は,スピノザ汎神論からの強いインパクトを受けて形成された。スピノザ汎神論を受け入れたシェリングにとって,神はすなわち自然であるとともに,自然は生命力を秘めた神聖な存在である。欲望によって支配されてきた自然のうちに,神的な創造力ともいうべき生命の自己産出力が認められなければならない。自然は決して自我の利己的な欲望を満足させる手段としてあるのではなくて,それ自身を目的とする有機的構造をなしている。人間の精神もまた,有機的な自然のうちに高いポテンツをもって,しかし自然を支配するのではなく,生命の流動性のなかに等しく織り込まれているのである。

　シェリングの自然哲学には,盲目的な欲望を〈悪〉とする倫理的意識が投影されている。彼にとって近代的な〈自我〉原理は,その無限な欲望(「我意」)として人間の不幸の元凶なのだ。伝統的な旧体制からの解放の原理であったはずの〈自我〉は,いまや自然を支配し利用しようとする利己的な欲望の原理に転じている。このような無際限に拡張する〈自我〉を相対化する哲学的枠組みこそ,「自然哲学」のモチーフであったともいえよう。こうして示された枠組みは,自然そのものに内在する生命力を認めようとするものである。「生命は生命そのものから理解すべき」[3]なのだ。生命あるものは,自我によって措定されるのではなくて,生命あるものとしてそれ自体で存在する。生命は自分自身を産み出す有機体として,自然であるとともに精神でもある。精神は自然から分離された特権的な存在ではなくて,むしろ生命として働き,生命もまた精神から分離された機械などではなくて,むしろ宇宙霊という「大きな自然」のうちに息づいている。光や響き,水の戯れ,植物や動物の生命など,自然のあらゆる存在は人間の身体につながり,人間の身体は自然の有機的全体のなかでのみ生命を得ることができるのである。

第3節　生命と「個体性」概念

1　ロマン主義の限界と個体性

　ロマン主義的な自然哲学は，近代的な自我に対する批判を媒介にして形成されてきたという経緯からして，自我からの脱却というテーマを据えていた。そこには，近代的自我がもつ本来の積極的な契機，すなわち人権思想を無に解消しようという傾向がはらまれているのである。こうした思想的傾向は，ロマン主義者の多くがカトリシズムへの宗教上の改宗や伝統的な国家主義への回帰に行き着いたという事実からも推察することができる。

　ロマン主義の盛衰のなかで，最初は生き生きとしていたロマン主義的な生命論も次第に内実を欠いた形式主義に陥る一方，自然の諸概念をファンタジーで結合するなど幻想性を強めていく。生命＝有機体という全体性は，個体性との緊張を欠いて，混沌とした神秘の領域になる。国家もまた有機体と解されて，その全体性のなかに個人を解消する復古的な傾向が強くなる。このように後期ロマン主義は，全体として神秘的な傾向を強め，中世回帰という一般に流布されたロマン主義のイメージを強めていったのである。

　一方，19世紀前半における「自然哲学」の敗北と実証主義の勝利は，実証的な自然科学の命題を真理とし，それに基づいた技術の正当性を主張していく。しかしながら細分化する自然諸科学は，自然への全体的な視野，そしてまた人間の自然に対する倫理的な観点を欠いたまま，ますます専門性を強めていく。ロマン主義的な自然哲学が陥った神秘主義と自然科学の狭隘な実証主義は，こうして相互に離反しあいながら，統合への通路を塞がれたのである。

　ロマン主義的な自然哲学の初発のモチーフを引き継ぎつつ，同時に神秘化への歯止めをかけようとしたのがヘーゲルである。彼は哲学形成期にシェリングの自然哲学を受容しながら，その限界を自らの体系形成を通して乗り越えようとした。その乗り越えを遂行するにあたって，中心をなした概念が「個体性」である。ヘーゲルは個体性の希薄化というロマン主義の弱点を見

抜き，生命論に独自の方向性を与えることになる。彼の「個体性」をめぐる議論のなかに，人権と生命との関連というテーマの再検討に有効な理論的手掛かりを見いだすことができるであろう。

　ヘーゲルの生命＝有機体論は，確かにロマン主義的な自然哲学の系譜のなかで形成されたことから，基本的に共通する部分が少なくない。しかしその理論は，生命＝有機体を全体概念としながら，その有機的全体が〈個体性〉を不可欠の媒介として成立する構造になっている。すなわち有機体の運動は，個体性の「自己」へと収斂する目的論的プロセスとして構成されている。「非有機的なものはまさに有機的なものにおいて自分自身へと還帰するのであって，それは一つの自己である。この個別性はしかしまさにここにおいて自ら普遍的なものである」[Hegel,1805/06,109]。非有機的な自然が有機体のうちに組み込まれることによって，有機体は「自己」へと収斂していくという。ここで言われている「自己」は，われわれが近代的な発想で表象する〈この私〉ではなくて，生命＝有機体とつながりながら生命活動を営む個体性を意味している。それは独立に生存するという意味で「個別性」であるが，同時にその個別性は，生命に汎通する「普遍的なもの」としても考えられている。このように自然哲学上の概念としての「個体性」は，法的人格としての抽象的な個人からは区別され，生命プロセスを基盤とする有機的存在として考えられているのである。

　自己へと収斂する生命体は，動物の感覚的意識というレヴェルから人間の「精神」へと形成されていくものとして構想されている。したがって自己形成のプロセスは，動物の意識から人間の精神へと連続的に理解されていて，精神に超越論的自我は前提されてはいない。人間の意識は外的感覚に発しながらも，脳中枢の発達によって動物的意識から次第に分化し，外界への直接的な依存関係から解放されていく。直接的な感覚は「記憶」として保存され，持続化する記憶は記号としての「言語」によって，普遍的な意味を帯びて人間の意識間を流通する。生命＝有機体のなかから形成された人間の個体性は，このように生命プロセスを基盤としながら，言語的コミュニケーションによって精神的存在として普遍化されるのである。

2 死と類的意識の生成

　ロマン主義医学においては病気や死はもっぱら生理学的な視点から考察され，有機体全体の流動性が阻害されることに原因が求められる。したがって病気は健康な有機体の阻害要因として，否定的にのみ見られる。これに対してヘーゲルにおいて〈病気と死〉は，単に個体生命の消滅という否定的意味に解消されるのではなくて，共同体のなかでの類的意識の生成という社会的視点から，積極的契機として捉え返されるのである。「病気は〔生命の〕プロセスの継続である。有機体は，病気に耐えることができない。病気に対立して，普遍的なものである類が現れる。――動物は死ぬ。動物の死は〔人間の〕意識の生成である」[Hegel,1805/06,172]。動物個体の死が人間の類的意識の形成へとつながっていくというわけである。

　人間が人間として他の動物から区別される指標のひとつに，共同体の儀式があろう。とりわけ誕生や病気・死という個体生命そのものにかかわる出来事に，共同体の成員が協同してかかわるのである。原始社会では病人に共同体の長が呪術をもって対処し，死者には共同体がこぞって弔いの儀式を行なう。その儀式は，共同体が個体性（個人）の死を媒介にして結束する場面でもある。共同体は個人の死を集団的な儀式で弔うことによって，死者の霊を記憶にとどめる。現代では死が共同体から隔離されて，個人的な出来事になったとはいえ，それでもやはり死を弔う儀式は家族や親族のなかで大きな比重を占めている。個人の死は現代においてもなお，家族的共同体の意識を喚起するのである。

　死を通して生成する人間の意識は，本来的に類的である。個体の消滅という死の恐怖を前にして，個体意識は自らを共同体的な紐帯へと結びつけようとする。個体意識がこのように類的であるとすると，意識はもともと自我の内面で根拠づけられるものとしてではなくて，意識と意識との間の相互関係的なあり方として理解されなければならない。ヘーゲルにとって「自己意識」は，それだけで単独に存在する意識ではなくて，他の自己意識との関係性のなかでしか成立しえないのである。

　このような「自己意識」についてのヘーゲルの独自な理解は，自然生命に

対する欲望の関係プロセスを通して提示される。それによると，欲望は自然の生命あるものを食料として，それを食べることによって満足を得ることができる。しかし欲望がこのような自然食料を無際限に食い尽くしてしまえば，満足そのものが得られなくなる。こうして欲望は，生命あるものを思いのままに自由に支配していると思っていても，実際には自らが自然生命そのものに逆に依存していることを露呈してしまうのである。このような逆転現象を通して欲望が経験するのは，自らの存立そのものが実は自然生命によって支えられているということである。欲望は自然生命を基盤としているのであって，自然の生命循環という全体性こそが独立した存在だということである。

欲望がこうした経験を通して自覚するのは，自然生命を自律的な存在として認めること，そして無際限な欲望を自己制御するということである。このような自己制御を自覚的に身に付けることによって，欲望はようやく人間的な「自己意識」になるというのが，ヘーゲルの描く欲望論の筋書きである。〈欲望の自己制御〉という考え方が，ヘーゲルの自己意識論の理論的背景になっている。「自己意識」の形成とは，人間が野蛮で利己的な欲望であることを脱却して，ようやく個体意識が他者を承認しかつ他者によって承認されるという〈相互承認〉の原理を確立することを意味している。

第4節　人権思想の止揚と生命権

1　現代における死の操作と人権

近代的な人権概念は，個人を単位として，しかも意識を有する人格に帰属する権利として認められてきた。そのことは裏返して言えば，意識を欠いた状態の人間については，権利を喪失するということにもなりかねない。ここで，意識を欠いているけれども生命活動は継続している植物状態や脳死状態の人について人権が認められるのかどうか，これまでの論述を踏まえて考察を進めることにしたい。

個人を主体とする近代的な人権思想は，個人に意識があることを前提にしている。その前提に立つと，個体の生命活動は人権の条件にはなりえないこ

とになろう。こうした近代的な人権概念の限界を露呈したのが、いわゆる「脳死者」に対する扱いである。「脳死」とは、脳幹を含む全脳の機能が不可逆的に停止しながら、人工呼吸器によるにせよ心臓の活動がまだ継続している状態をいう。こうした脳死を人の死とするかどうかについて、日本でも議論が戦わされてきたが、いまだ国民的合意が形成されたとはいいがたい[(4)]。もともと脳死を人の死とするかどうかについて議論を重ねてきた「脳死臨調」の最終答申においても、脳死を人の死とする多数意見に並べて、少数ながら人の死と認めない意見が併記される結果となったことは、脳死についての規定の難しさを示している。

　脳を身体全体の有機的統合の中心として考えれば、全脳の機能停止をもって人間の死とする考え方も成り立ちうる。しかし脳を身体の有機的統合の中心とする見方は、理性（思考能力）に人間の本質を還元する近代哲学の特殊な枠組みに根拠を求めるもので、必ずしも伝統的な人間観とは一致しない。心臓を身体全体の中心に見るアリストテレスの人間観を引き合いに出すまでもなく、心臓よりも脳が身体の有機的統合において優位を占めるという論拠が、必ずしも普遍的であるわけではない。脳機能が停止しても心臓の活動が一定時間継続することから、心臓には生命維持の自律的機能が備わっているとみることができる。他方で、心臓の活動が停止すれば自ずと脳の機能停止に連続することを考えてみると、脳は心臓を中心とした生命活動に依存しているということもできるのである。こうしてみると、人間の身体は心臓を中心とした循環系の機能を基礎として、神経系もまた循環系と有機的に統合されて、全体として生命活動を営んでいるという方が、むしろ人間の生命をより包括的に、したがってまた人間の死をより明確に表現することができるであろう。

　ところで脳死身体に対して人権はどこまで及びうるのだろうか。この問題を考えるために、1998年に制定された「臓器移植法」が参照されなければならない。臓器移植法は、「移植に必要な臓器を死体から摘出することを規定し、移植医療が適正に実施されること」を目的とし、そしてこの「死体」のなかに「脳死した者の身体」を含めている。ここで言われている脳死身体とは、「脳幹を含む全脳の機能が不可逆的に停止するに至ったと判定された者

の身体」であって,その判定のための条件として,「臓器提供の意思表示に併せて判定に従う意思を書面で表示」していることが必要とされている。したがって,脳死判定と臓器移植が適正に行なわれるために,その「意思表示」が本人によって事前に書面でなされていなければならない。その意味で,脳死判定と臓器摘出を認否する権利は,個人に帰属していると考えられているわけである。われわれはその権利を,「脳死状態」をあらかじめ想定した法的な権利,すなわち「死」についての本人の〈先行的な自己決定〉権として理解することができよう。

　脳死判定を承諾して「死」とされた身体は,人権を喪失する。すなわち脳死判定が下された時点で,「脳死者」は人間としての法的な権利が消失し,人格のない死者として扱われる。近代的な「人格」概念が意識を前提にしていることから,脳死者は全脳の機能喪失によってもはや人格とは見なされず,人権を失うことになる。脳死判定によって死を宣告された「脳死者」は,その時点で社会的地位も,また財産の所有権もなくなる。脳死状態の女性を暴行した犯人は,暴行罪ではなく器物損壊罪しか適用されないという事態も生じる。フランスで脳死者に毒ガスの吸引実験が行なわれたり,脳死患者を血液製造資源にすることが計画されたりするのも,脳死者を医療資源としての死体とみなすからにほかならない。しかし脳死者が「死者」となったとしても,その尊厳は守られなければならないであろう。

　脳死者は,生命活動を人為的に継続させられながら,人権を有しない死者として扱われるという矛盾した存在である。移植医療から見れば,脳死状態にあるかぎりでの身体,すなわち全脳の機能が消失していながら「生きている心臓」と「新鮮な臓器」を有する身体こそが関心の的になる。脳死判定の段階において,人工呼吸器を一定時間外して自発呼吸の停止を確認するなど,人為的な「死」が作り出される。こうして脳死身体は蘇生を尽くすべき治療の対象としてではなく,臓器摘出のための医療資源として,極めて過酷な状態におかれるのである。しかし少なくとも現行の臓器移植法では,脳死判定と臓器摘出の受諾を本人が意思表明しない場合には臓器摘出には至らないのであるから,そのかぎり脳死身体は人権の及ぶ状態であると考えられている。[5]

　現行の「臓器移植法」では本人の意思表示とともに,家族の同意が脳死判

定と臓器移植の条件となっている。一方アメリカでは，これまで確かに「移植医療の先進国」として数多くの臓器移植がなされてきたが，その背景には，臓器摘出を家族の意思で足りるとしてきた制度がある。脳を中心に据える近代西欧の人間観は，意識を人権の前提条件とするために，脳死身体をその個人の人権の及ばない物体と見なしがちである。しかしこのような脳死身体を「死体」とみなす人間観は，家族の感情への配慮を欠く傾向があったといわなければならない。最近になってアメリカでは，ドナーの家族が臓器提供の選択を後になって後悔したり，精神的なケアを必要とするケースが生じるなどの問題が生じている。脳死状態になってもまだ心臓が動いている人を，宗教や文化の違いによるとはいえ，家族は死者として認められないのが共通した実感であろう。脳死判定を受けても心臓の活動の継続する脳死者は，家族にとってまだ生きている存在であり，家族の一員であり続けている。移植された臓器もまた，部品交換された機械の一部ではなくて，個人の生命の一部であり続けるのである。それは，宗教や文化の違いを超えた生命感覚に根ざすものであるといえよう。

2 人権と生命権の再構築

これまで確認してきたように，近代的な人権概念は意識をもつ個人を前提にしてきた。このような概念は，脳死状態におけるように，先行的な意思によって自らの死を決定する権利をも含みうるものである。しかし，意識をいまだもっていない生命個体（胎児）や意識がすでに消滅している状態の個人（脳死者）に，はたして人権は認められないのかという問題は未解決である。人権を個人単位で考えた場合，このような人権概念はすぐさま限界にぶつかってしまうのである。権利主体としての個人は，意識をもっているかぎりの個体であり，生命の連続性から切り取られた抽象でしかない。一方，個人を生命体という視点からみた場合，誕生から死に至る一個の生命個体として，生命プロセスの連続性のうちにある。人間個人は，意識をもつと同時に生命体でもある。生命活動によって個体性が成り立っているとすれば，人権とは生命を基盤にしているといわなければならない。

個体性を成り立たせているのは，生命の連続性であり，その連続性を保証

しているのは遺伝的つながりである。親の世代から子の世代へと継承される遺伝情報（ヒトゲノム）は，個体性にのみ帰属するものではありえない。そうだとすると，個人は自分だけの私的領域に限局されるのではなくて，むしろ生命の連続性に，すなわちヒトとしての種の連続性に開かれているのである。したがって近代的な人権概念の枠組みを越えて，生命に固有の領域と法則性が認められなければならない。その法則性の特徴は，自然を機械的な因果律に還元しようとする近代的な発想とは異なる原理に求められる。生命体は，まず第一に種の恒常性を保持しようとする。種は他の種と容易に混じりあうことのないアイデンティティを保ちながら，個体としてもまた自然環境を同化しホメオスタシスを維持しようとするのである。第二にまた生命体は，自らを絶えず自己産出する力を有している。種はそれに備わった生殖力によって新たな個体を産み出し，そして産み出された個体は自己増殖によって種全体を更新するのである。さらにまた第三に，生命体は環境に適合すべく自らを変容させるメタモルフォーゼの力を有している。すなわち種は，自然環境の変化に適応する個体群の形態変化によって進化を遂げていくのである。

　生命あるものにはこのような自律的な法則性が貫かれており，それをわれわれは〈生命法則〉と呼ぶことができよう。こうした生命法則を侵害する権利は，人間に与えられてはいない。もし人間が生命法則を攪乱するとすれば，それは人間の欲望の思い上がった横暴であり，人権に対して生命体には〈生命権〉ともいうべき権利が認められてしかるべきである。しかし人間固有の言語的コミュニケーション能力をもたない生命体は，そのような権利の主張をなしえないのであるから，人間自らが生命体の権利を配慮しなければならないのである。

　人間の権利といえども，それは自然の生命プロセスを基盤にして成り立っており，また人間生命もまたそのなかに編み込まれているのであるから，生命法則を承認しかつ自然の生命権を常に配慮するものでなければならない。そのように考えると，近代的な人権概念の限界を明らかにし，その組み替えが必要になるであろう。すなわち人権の主体を意識をもった個人とする近代的な枠組みから，根源的な生命活動を基礎にした種としての，つまり自然生命とつながったヒトとしての包括的生命権へと，権利概念を原理的に組み換

えることが必要とされるのである。このような包括的生命権が成立するためには、自然そのものにも生命権を認め、かつ人間自らに欲望を自己制御する知恵が求められることはいうまでもない。

おわりに

　近代的な人権概念は、意識をもつ個人（自我）を基礎にした概念であることによって、積極的な側面とともに歴史的な限界を有している。人権は近代においては「普遍的」な原理でありながら、生命法則という視点からすると、その歴史的特殊性を問い直す必要に迫られている。自我の無際限な欲望を背景に膨張してきた現代の科学技術文明の矛盾によって、〈自我〉概念はその限界を露呈しつつある。自我はその自己同一性のうちに、排他性の契機を含んでいる。しかし自我はそれだけで存立する超越論的な存在ではなくて、他者との関係のなかで初めて存立しうるものなのだ。その場合の他者は、他の自我でもあれば、また自然でもある。自我は欲望の満足のために自然を支配し利用しようとするが、その欲望の満足のためには自然の存立が不可欠の条件をなしている。自然環境が破壊されれば、人間自身の生命そのものが危機に陥る。現代という時代はこのような背理に直面しているのである。こうして人間自身の自然すなわち人間生命の存続のためには、自然環境そのものに人間自身が配慮しなければならない。

　人間はその生命の基盤である自然そのものを、自らの生命活動維持のために保護しなければならない。そのことは同時に、自我の無際限な欲望を生命法則の下に服属させるべく倫理的に制御することを意味している。こうして人権概念もまた、生命法則に準拠した倫理的規制を自らに課すものとして再構築されなければならないのである。そのためには、生命全体に対する倫理的かかわりという視点が必要となろう。それは破壊された自然環境の生態系をできるかぎり修復して次世代に引き継ぐという課題であると同時に、ヒトの遺伝子をむやみに攪乱することなく、生命法則に従って次世代に引き継ぐという課題でもある。現代の科学技術がまさに生命の設計図ともいうべき遺伝子を操作する時代にあって、〈人権と生命〉はまさに種としてのヒトの視

点から，その関係を再構築すべき段階に入っている。

注
(1) 「個人」は主に人格としての社会的存在を，また「個体」や「個体性」は主に生命体としての生物学的存在を表示するために，区別して用いている。
(2) ノヴァーリス［1983］，258ページ。
(3) シェリング［1993］，419ページ。
(4) 臓器移植法が成立してから3年目になるが，脳死と臓器移植について総理府が行なった「臓器移植に関する世論調査」（2000年8月26日発表）によると，自分が脳死と判定された場合，臓器提供をしたいとする人は回答者2157人のうち32.6％と3分の1であるが，しかし実際にドナー・カードを所持している人は9.4％（前回1998年は2.6％）に止まっている。このうち臓器提供の有無を記入している人は47％で半数以下，しかも常時携帯している人は4％しかいない。そもそもカードをもっていない人の理由は「臓器移植に抵抗感がある」が36.9％と最も多く，脳死を死とし臓器を摘出することにはまだ抵抗感が強いことを示している。
(5) 現行の臓器移植法では，本人の意思表示がないかぎり脳死判定に入ることはできないので，医学的に脳死状態であるからといって法的に「死者」として扱われることはない。したがって脳死身体は，事前の意思表示によって，その人権が保障されている。しかし厚生省が2000年秋に向けて進めている臓器移植法の改定案は，「年齢にかかわらず本人が提供拒否を意思表示していない場合，家族が書面で提供に同意すれば臓器を摘出できる」よう提案している。これは，脳死判定と臓器摘出を本人の意思表示に基づかせる現行法を根本的に変更するものである。これが認められれば，15歳以上で本人が拒否の意思表示をしていないかぎり，家族の代理意思で脳死判定と臓器摘出が行なわれることになる。またこれまで脳死判定から除外されてきた15歳未満の子供についても，親の意思に臓器摘出の選択が委ねられることになる。しかし先の総理府の世論調査では，家族の承諾だけで臓器を提供してもよいとする人は2％しかおらず，改定案はこのような国民世論からまったく乖離しているといわざるをえない。臓器移植法が改訂され，臓器摘出が家族の代理意思に委ねられるとすると，臓器摘出を本人が拒否したいのであれば，脳死状態になったときのことを想定して，あらかじめその意思を表示しておく以外ないことになる。

文献

Hegel, G.W.F., 1805/6 *Gesammelte Werke*, Bd.8, hrsg. von der Rheinisch-Westfälischen Akademie der Wissenschaften, Düsseldorf, 1976.

第1部　生と人間

　ノヴァーリス，1983　「ザイスの弟子たち」，今泉文子訳『ドイツ・ロマン派』第2巻，国書刊行会
　シェリング，1993「クララとの対話」，中井章子訳『キリスト教神秘主義著作集』第16巻，教文館

第3章　いのちの共鳴
——人権の根を掘る——

第1節　自己決定の権利をめぐって

　私が私の人生の脚本家であり主役でありたい。これはおそらくわれわれが人間としてもっている本源的な要求であり、これを正面から否定できるひとはいないだろう。この要求が近年「自己決定権」や「プライバシー権」という表現をとって、さまざまな領域で認められてきている。個人の自己実現要求の承認として肯定的に受けとめるべきことであろう。だが近年とりわけいのちを扱う局面で、自己決定権原則はさまざまな問題にぶつかり、これに対する疑問や批判がいっせいに噴き出してきた。第2章で見たように、生命操作時代を迎え、「自己決定権」という名の人権はいま問い直しを迫られている。

　自己決定権は「他人に迷惑をかけなければ、自分のことは自分で決めていい権利」と表現される。19世紀のリベラリズム、とりわけミルの『自由論』にその源がある。ミルのねらいは、権力が個人の自由に介入しうる限界を定めることにあった。すなわち「文明社会のどのメンバーに対しても、彼の意に反して、正当に権力を行使することができる唯一の目的は、他人に危害がおよぶのを防止することだけである」[Mill,1859,14＝邦訳,224]。では権力や法が禁止していないことであれば、何をしてもいいのか？　法的にはもちろんかまわない。しかし倫理的に何を選択すべきかは独自の議論としてありうるであろう。近年、社会倫理学の重要性が高まるなかで、倫理学が社会的な規制や法制化や政策決定などの倫理的な根拠という問題に積極的にコミットするようになった。それ自体は倫理学としての社会的使命に応えることである。けれども、法的レベルの議論に引きずられて法中心主義に傾いてはいな

いであろうか。指針や規制をどうするかというとき，他の類似事例との整合性が求められる。そのため既成の事態にどうしても引っ張られる。例えばAID（非配偶者間人工授精）はわが国ではすでに1948年に，いわば敗戦後のどさくさのなかで始まり，すでに1万人以上がこれによって誕生している。「他人の精子を使ったAIDがすでに社会的に認知されているのに，体外授精の場合はどうして夫婦間に限らなければならないのか」という疑問が出てくる。あるいは「他人の精子は許されているのだから，他人の卵子を用いることも許されるべきだ」という主張も出てくる。厚生科学審議会の生殖医療に関する専門委員会では，この二つともを認める旨の報告書をまとめた（2000年12月）。「同じものには同じ扱いを」という正義原則，規制の整合性という観点からすれば，それなりの合理性がある。しかし，この新たな法的枠組みのなかで何を選択するかは各人に任されている。そこにはさまざまな倫理的な判断がありうる。いまのようなリベラルな時代には，生活のすみずみまで事細かく規制され法の網がかぶせられた息苦しい社会の再来を，誰も望まないであろう。ミルがいう権力行使の限界を取り払って，規制を強める必要はない。だが，法の規制はないが，その範囲で何を倫理的に選択すべきかという問いはまた別である。たしかにこの世の中は権利や法によって動いているように見える。だが法は最小限のルールを定めたものなのだ。トマス・アクィナスがすでにこう述べていた。

「人定法は，その大多数が徳において完全でないような人々の集団のために制定されるものである。それゆえ，有徳な人々が避けるようなすべての悪徳が人定法によって禁止されるのではなく，人民の大部分が避けうるようなより重大な悪徳，とりわけ，それを禁止しなくては人間社会が保持できないような，他人に害悪を及ぼすような悪徳（例えば殺人，盗みなど）を禁止するのである」[トマス・アクィナス,1977,118]。

これはすでにミルの原則をはるか以前に先取りするものだ。「永遠法を分有する自然法」は高いレベルの倫理を求めている。それを万人に求めるわけにはいかないので，最小限度の倫理を人定法で定める。これがトマスの立場である。前者が倫理の本来の領域である。このことを忘れて「法律がすべて」という法律中心主義に陥れば，倫理的な対話空間は狭い貧弱なものにな

ってしまうであろう。

　対話を断絶させるものに,「私のことに口を出さないでほしい」という言い方がある。「〝私には権利があります〟あるいは〝あなたにはそんなことを言う権利はない〟といった言葉には,なにか固い,はね返すようなものが感じられる」という反省が法学者からも出されている［棚瀬,1997,7］。これまで権利への懐疑を語ることはいつも政治的な保守主義とみなされてきた。けれども,能動的な権利要求が日常的な人間関係やコミュニケーションの流れを断ち切り,社会関係に緊張をもたらしているという面への反省は必要である。とりわけ個人中心主義的な自己決定権の言説は社会的なものを構想する力をそいでいるように思われる［同上,7-9］。

　「私は,他人に危害を与えたり迷惑をかけたりしないかぎり,私のものや私のことを,自分で決める権利がある。そのことに他人は口をはさむな」という主張の根底にはアトミズム的な存在観がある。これには特に次のような疑問がわく。[2]

1　「私のことや私のもの」と言うけれども,例えば「私のいのち」ははたして「私のもの」と言えるのか(第2章参照)。
2　「私が決める」と言うが,はたして本当に私が決めているのか？　社会的な風潮やまわりからのプレッシャーに影響されてはいないか？　そもそも私とは誰か？
3　「他人に危害や迷惑を与えない」と言うが,「他人に何の影響も与えない,他人にいっさい迷惑をかけない」と言い切れる行為ははたしてあるのか？

　この世界はあらゆるものが連関し合っている。存在の全体的な連関,そのなかでの私という存在の関係性ということを考えたとき,そもそも「自己決定」なるものが成り立つのかという根本的な疑問さえ生じる。自己決定権をさまざまな場面で個別的に検討した研究はすでに複数出ていること[3]でもあり,ここではこうした個別の検討をするつもりはない。むしろ,自己決定権のさらにもとにある人権について再考してみたい。自己決定権という考え方は19世紀のミルを待たずとも,すでにフランスの人権宣言（1789年）のなかにあったからだ。

　第4条　自由は,他人を害しないすべてをなし得ることに存する。その

結果，各人の自然権の行使は，社会の他の構成員にこれら同種の権利の享有を確保すること以外の限界をもたない。

第5条　法は社会に有害な行為でなければ，禁止する権利をもたない。法により禁止されないすべてのことは，妨げることができず，また何人も法の命じないことをなすように強制されることがない［高木ほか編,1951,131］。

　第5条には恣意的な検挙，拘禁，拷問などを禁止するという歴史的な意義があった。これがのちに，強制はできるだけ少ないほうがいいというリベラリズムへと発展していく。自己決定権の問題を掘り下げていくと，結局，人権とはなにかという問題にぶつかる。以下においてまず「人権は欧米のヨーロッパ型国民国家と一体のイデオロギーだ」とする言説を見た上で（第2節），人権が普遍的なものだとすれば，それがいかなる根拠の上に成り立ちうるかを問うてみたい。その際ヨーロッパにおける義務論の伝統に立ち還って，権利を根底において支える義務という考えを考察する（第3節）。そのような考えはヨーロッパにおいてはキリスト教の「愛」によって支えられてきた（第4節）。さらに，その根底にあるものをルソーは生き苦しむものへの「憐れみの情」として摑んだ（第5節）。他の文化圏においても，このような人権思想の根にあたるものがあるはずである。その一例を大乗仏教の慈悲のなかに探り（第6節），人権への文化交差的アプローチの可能性を展望する（第7節）。

第2節　人権の普遍性をめぐって

　国際化・多文化化の進展のなかで，いま人権の普遍性をめぐって大きな論争が起こっている。例えば1993年ウィーンで開催された「国連世界人権会議」では，「人権の普遍性」に対してさまざまな批判が噴出した。人権という美しい理念も所詮は欧米列強のイデオロギーにすぎず，この押し付けを拒否するという立場を，とりわけアジアの途上国が主張した［江橋,1996;大沼,1998,17］。アメリカの「人権外交」という戦略は，自国内において黒人などのマイノリティを差別していながら他国に対して人権の尊重を求めるという

欺瞞的なものだという反発が根強くある。これらの批判は,「先進国」による人権主張のタテマエとホンネの使い分けを衝くものであり,輝かしい人権思想の裏面にあるものへと眼を向けさせる。例えば,いま国際社会に対して人権の保障を要求している難民・亡命者たちは,「国民国家中心の現在の国際社会が,人権と民主主義の原理に対していかに不忠実であるかを鋭く告発している」[花崎,1993,23]。わが国における在日外国人に対する扱い(指紋押捺の強制や参政権をめぐる問題)も同じ性格を含んでいる。これらの事態に対して,「人権の本来の理念はすばらしいが,これに矛盾する施策が問題だ」と批判することは可能であろう。事実そのような言説が現状を変革するだけの力を発揮してきたのも確かだ。しかしもう少し掘り下げて見れば,そもそも人権思想はヨーロッパ近代の「国民国家」と不可分のものとして成立したという歴史的な経緯にぶつかる。「難民の世紀」の始まりとなった第一次世界大戦の結果は,人権を包んでいた美しい装飾を剝ぎとり,人権の「出生の秘密」を明かした。そこにさらけ出された冷酷な枠組みを被抑圧者の視点から鋭く衝いたのはハンナ・アーレントであった。第一次大戦は「国家なき者」「故郷なき者」を大量に輩出した。彼らは世界に対して,「譲渡しえない人権,つまりいかなる特殊な政治的身分とも関わりなく人間であるという単なる事実にのみ由来する権利などというものがそもそもあるのか」という問いを突きつけた。ヨーロッパに生まれた国民国家は,「同質的な住民」を前提とし成り立っていた。国家公民としての資格をもたない者は,事実上「権利なき」「人間の屑」として扱われた。「人権」とはけっして「生まれながらにして与えられた譲渡不可能な権利」などではなく,或る特定の国家への帰属(国籍)を前提とするものである。大戦後の経験はそれを白日の下にさらしてしまった,というのが彼女の見方である[アーレント,1951,第5章]。

　特定の国民国家の成員でない者は人権の主体から排除された。このことは古代アテナイの民主制にまで遡る。アテナイでは,奴隷や女性や外国人はポリスの政治から排除されていた。ヨーロッパ民主主義には,その出発点においてすでに「同質的な住民」という均質的なものが想定されていた。近代の人権思想は古代にあった自由民と奴隷との差別を否定したところに成立したはずである。だが国民国家は事実上,人権の主体を「同質的な」国家成員に

限定し，異質な者（外国人，マイノリティなど）を排除・差別してきた。「自律した市民」というタテマエの歴史的実態（ホンネ）は，他の人間の他律化にあった。

　「人権の普遍性」が実際は「普遍的でない」という事態には，このような歴史的な根拠がある。ここからも，人権思想はヨーロッパに固有の思想でありアジアにはこれとは別の価値があるという「アジア的価値論」［クアンユー,1993;マハティール＆石原,1994］が正当性をもつようにも見える。しかしながら，「人権はヨーロッパ国民国家のイデオロギーにすぎない」という言説には別の欺瞞がある。井上達夫氏がこの欺瞞性を鋭く衝いている。従来の狭い「人権」理解があらゆる意味で越境的な現代社会には通用しなくなっているのは明らかだ。「だからヨーロッパ的人権ではなくアジア的な価値を」という議論では，ヨーロッパ中心主義の反転像を対置するだけに終わると氏は批判する。むしろ，人権思想の真の実現はアジアにとってだけではなくヨーロッパにとっても今なお「未完のプロジェクト」であるととらえた方がよりラジカルであると言う［井上,2000,23,35］。

　人権思想が近現代にヨーロッパのみならず広く世界において偉大な解放をもたらしたことは，否定できない歴史の事実である。われわれはもはや人権以前に還ることはできない。人権思想はヨーロッパに生まれ近代の国民国家と一体化して展開してきた。いまではアメリカ的な個人中心主義と文化的帝国主義の偏りのなかで，さまざまな問題を先鋭化させてきてもいる。むしろいま求められているのは，その欧米的な表現と実現形態がもっている狭さと偏りから「人権」本来の理念をすくい上げることではないだろうか［花崎,1993,19］。そのことは，妥協の産物とされるウィーン宣言が「人権を地球的規模で取り扱わなければならない」と述べていることを，言葉の真の意味で遂行することになろう。人権をめぐってこれだけさまざまな議論が噴出し複雑な様相を呈しているいま，人権というものの「根」がどこにあるか掘りさげる作業が必要であろう。

第3節　権利に先立つ無条件の義務

　人権の根を掘り当てるには,「権利」概念よりもむしろ, 権利の対立概念と考えられている義務から攻めた方がいい。そもそも権利を第一原理とする倫理学や社会哲学が展開されるようになったのは, 近代になってからである。それまでは義務が人間の社会関係を律する第一原理であった。その代表的な著作はキケロー (Marcus Tullius Cicero,106-43 B.C.) の『義務について』(44年執筆) である。キケローは「義務を大切にすれば人生のすべてが立派なものになり, なおざりにすれば恥ずべきものとなる」[キケロー,44,130] として, 義務を第一原理に据えて徳論を展開した。彼が重視するのは「人間社会相互の連帯, つまり人生の共同体とも言うべきものを維持する理念」である。その一つは正義である。正義の根本理念には第一に「誰にも害をなさない」, 第二に「公共の利便を守る」という二つが含まれる。第一の「不正による加害者とならないという正義を達成していて」も, 同胞への配慮を欠き「見守らねばならない人々を見捨てている」とすれば, 不正に陥っているとキケローは言う [同上,143-145]。つまり, ミルの言う「他者危害〔を避ける〕原則」だけでは十分ではなく, 他者への配慮 (ケア) をもって初めて義務を果たしたと言いうる。この他者への配慮を「余計なお節介」と拒否するのがミルの自由主義だが, キケローの場合は, そのようにして「善意が相互に交わされ感謝されている限り, 善意を交換する人々の間に堅固な社会的な連帯が保たれる」とする [同上,161]。

　この著作はその後の思想家に大きな影響を与え続けた。個の権利から出発する近代自然法思想ではこのような義務論はいったんは否定されるが, カントにおいては義務を第一原理とした自律的な倫理学が再構築される。カントの次の言葉からは, キケローに還るという自覚が窺われる。

　「なぜ道徳論は通常 (とくにキケローにおいて) 義務論と名づけられ, 権利論とは名づけられないのであろうか？……その理由はこうだ。一切の道徳的な諸法則も, 一切の権利および義務も自分自身の自由から生じてくるが, この自由をわれわれが知るのは, ただ道徳的命法によってである。この命法

は義務を命じる命題であり，この命題を基礎にして，他人を義務づける能力すなわち権利の概念が後から展開されるからだ」[Kant,1797,45]。

まず初めに自分自身を義務づける道徳的命法があり，そこから，「他人を義務づける能力すなわち権利の概念」が導かれる。カントは近代的な権利概念を義務論の伝統のなかに包摂しようとした。

新カント派の流れに立つラートブルフ（Gustav Radbruch,1878-1949）の法哲学も権利よりも義務を優先している。

「個々人が道徳的な義務をより善く果たすことができるために，法は個々人にもろもろの権利を与える」[Radbruch,1932,44＝邦訳,64]。

まず権利がアプリオリにあり，その権利を行使することで，もろもろの義務が生じてくるというのではない。義務の履行を促進するためにこそ権利は与えられているというのだ。権利と義務との逆転がまず一つのポイントである。次に，法は義務を課すことで義務の履行を促進するのではないというのが，もう一つのポイントである。義務の履行は本来自発的なものであるから，法によって義務を定めることで道徳的行為を促進するのではなく，権利を保障することによって道徳に奉仕すべきだ，とラートブルフは考える。つまり権利はたんに個人の幸福追求のためにのみ行使されるのではなく，「公益への奉仕」のために行使される。

「私の権利は根本において，私の道徳的な義務をなす権利である。……ひとはおのれの権利において，おのれの義務〔を果たす〕ために闘い，おのれの道徳的な人格性〔を高める〕ために闘う」[ibid.,45＝邦訳,64]。

義務を果たすために権利がある。これは今日ほとんど忘れかけられている視点であり，個人の幸福追求のためにこそ権利があると考えられている。これが一面的であることを，いったん義務論の伝統に立ち還って自覚しなければならない。

シモンヌ・ヴェーユも権利の根を義務のなかに求めようとする。ヴェーユは「義務の観念が権利の観念に優先する」[Weil,1948,9＝邦訳,21]と言う。権利はいくらその人が主張しても，他人が認めなければ，成り立たない。権利は，その人をひとりの人間として遇する義務があると他の人々が認めることに支えられて初めて成立する。その意味で権利はこの条件に依存するが，

かかる義務は無条件に成り立つ。この「義務はいっさいの条件を超えた領域，この世を超えたところに位置している」［ibid.,9＝邦訳,22］。「この世を超えたところ」というのは，個々のさまざまな条件に左右されない絶対的な義務を表現する言葉であるが，その背景に彼女のカトリック信仰，さらにはユダヤ的な精神とのつながりをも連想させる。実際ヴェーユは「権利に先立つ無条件の義務」を具体的にイメージさせるものとして，「マタイ伝」の一節を引いている。

　「キリスト教徒はいつの日かキリスト自身によって『お前たちは私が飢えているときに食べさせず，喉が渇いたときに飲ませなかった』（マタイ伝第25章42－46節）と問われる危険にさらされていることを知っている。……だれひとりとして，ある人間があり余る食糧を所有しながら，いままさに飢えて死のうとしている者が戸口に現れたとき，なにも与えずにやりすごしてしまったとしたら，その人間を無実だとは考えないはずだ。したがって，自分に相手を救ってやる機会がある場合，その人間の飢えの苦しみを放置しないことは，人間に対する永遠の義務の一つである」［Weil,1948,11-12＝邦訳,24］。

　このような義務を人間が内発的に感じ救いの手をさしのべることによって，初めて権利というものが存在しうる。ここで言う「義務」は，権利—義務の相互関係のなかの義務を言うのではない。通常の権利—義務関係を超越しつつそれを基礎づけるものでもあるから，私はこれを〈超越論的な〉義務と呼びたい。このような義務こそが無条件的であり，永遠であって，これに対して権利はこの条件が存在するときにのみ成り立つから条件的である，とヴェーユは言う。これは権利—義務についての近代的な考え方を逆転させる発想である。権利をいくら主張しても権利は保障されない。他者が権利を認めてくれることによって権利が成り立つ。権利を認め合えるような関係を保つ社会，ひとりひとりの人間が人間として他の者から敬意を受けることのできる社会を保持することにこそ心を砕くべきなのだ。権利が絶対的なのではなく，かかる義務こそが絶対的なのだ。ところがフランス革命は逆に絶対的な権利を掲げた。そこに今日まで続く混乱の源があるとヴェーユは言う。

　「1789年の人々は，〔義務が位置しているこの世を超えた〕かかる領域が実在することを認めず，人間的事柄の実在のみを認め，そのため権利の観念か

ら出発し，絶対的な原理を定礎しようとした。この矛盾が彼らを言語と思想の混乱のなかへ陥れた。その混乱は現在の政治的社会的混乱のなかにも尾をひいている」[ibid.,9-10＝邦訳,22]。

　キケロー以来義務を第一原理とする倫理学・社会哲学の伝統は近代自然法思想によってくつがえされた。ロックは封建的な義務観念からの解放を基礎づけるために，義務の先天的な原理を否定した [Locke,1689,74＝邦訳,1-84]。19世紀のリベラリズムのなかでは，「他者への配慮」はパターナリズムとして退けられ，「公益への貢献」という視点が後退した。カントの義務倫理学，ラートブルフの「義務を果たすための権利」，ヴェーユの「権利の根としての永遠の義務」という発想は，キケロー的な伝統への復帰と見ることができる。今日あまりにも個人中心主義的にとらえられがちな自己決定権から「人権」を救い上げようとするとき，立ち還るべきところは，この「義務」ではなかろうか。

　最首悟は重複障害の娘，星子と苦楽を共に生きる日々のなかでヴェーユの『根をもつこと』を読み込み，そこから一般の義務とは異なる「内発的な義務」という観念を摑みとった。氏は言う。「星子はこの先も，自分に権利があると自己主張することはない」。「しかし力を添えなくては生を全うするのに困難なことがあると親（他人）のこの私が思ったとたんに」，つまり「星子に対して何かをしなければならぬと義務を投げかけているかぎり，星子には権利が発生している」[最首,1998,158,430]。「星子の権利」は自立した個が生まれながらにしてもっている権利という理念からは導き出せないという実感を，氏は抱いている。

　「自己決定権」は「自己決定能力をもつ主体」を前提とする。それは障害者からは「健常者によって考えられた概念」に見える [小佐野/小倉,1998,79]。自立が不可能な者の自己決定権はどうなるのか？　小佐野は，健常者が考えるような「初めに自立ありき」という議論の狭さを感じて，こう述べている。「自立は社会的なものであって，どんな人でも，まわりにいる他の人との関係のなかで，そこにいることに意味があるということが認めあえる。それが自立だ」。それは，「突き詰めて言うと，自分は水が飲めるけれども，目の前にそれができない人がいる，それでいいのか？　自分はそれでいいの

第3章　いのちの共鳴

か？　という相手との共感の問題だ」[同上,80]。自分で水が飲めない人に水を差し出す。あなたはここに居ることに意味があると感じてもらう。これはヴェーユが引用したマタイ伝第25章のイエスの言葉を「神に仕える義務」と受けとめたマザー・テレサの活動を想起させる。マザー・テレサはインドの最貧層のなかで，最も惨めな姿に身をやつしたイエスに仕えた。「自分は誰からも必要とされていない」と感じながらボロきれのようになっていま息を引き取ろうとしている人にガンジス河の水で死に水を取らせた。

　自立は初めからあるのではない。自立は，他者の自立を互いに尊重し支え合うことによって，初めて成り立つ。「自立した個」という近代的な人間像から出発する議論は，強者の論理に陥りやすい。すでにみんなが自立していることを前提にした権利論では一面的になる。子供や障害者や介護を要する老人に対して自立を援助するような関係性の構築がますます必要になってきている。「自律という目標と，豊かな関係性を築いていくという目標とを，連結する議論が必要」なのだ[ミノウ,1992,50]。「自立した個」という自然法的虚構のアトミズムから脱しなければならない。人間は，肉体的にも精神的にも傷つきやすく壊れやすい，か弱き存在なのだ（レヴィナス）。「人間＝このか弱き存在」から出発する倫理学・社会理論の構築がいま求められているのではなかろうか。

　傷つきやすいのは人間だけではない。現代の巨大な技術力の前に自然も十分に傷つきやすい。ヨーナスは「自然を傷つきやすい至高の信託財産として保存することを最高の義務」だと言う。彼の世代間倫理も義務論である。一般に考えられているように，未来世代の権利のために現代世代は我慢せよ[シュレイダー＝フレチェット,1981,210-213]というのではない。現代世代と未来世代とが権利をめぐって争っても，勝負は初めからついている。いや，そもそも未来世代がまだ存在しない以上，権利をめぐる調整は成り立たない。ヨーナスは「われわれが気遣わなければならないのは将来の人間の権利ではなく，むしろ義務である」と言う[Jonas,1979＝邦訳,74]。未来世代が「真に人間として存在するという義務を……引き受ける能力が彼らに具わるように気遣ってやらなければならない。これが人類の未来に対するわれわれの根本的な義務である」[ibid.＝同上]。未来世代が「人間としての義務」を果たせ

る条件を守り続けること。これがヨーナスの言う世代間倫理なのだ。

第4節　人権のヨーロッパ的な根──愛

　人権思想はヨーロッパ近代の初頭に反宗教の闘争のなかで勝ち取られたと考えられているむきがある。たしかに，市民革命の典型と見なされるフランス革命では，当時のカトリック教会への反発から，反キリスト教，反宗教の傾向が前面に打ち出された。けれども，近代の自然権思想の根底にはキリスト教の精神がある。ロック（1632-1704）も「すべての人は平等で独立しているのだから，だれも他人の生命や健康，自由，所有物をそこねるべきではない」ということの理由を，「なぜなら人間はだれもが，全能にして限りない智恵をそなえた造物主（Maker）の苦心の作（workmanship）であり，……神が望む間（during His pleasure　神の慈悲深い希望が続く限り）生き永らえるように創られているからだ」と説明している［Locke,1689,119-120＝邦訳,162］。人権思想の源はキリスト教の愛の教えにあった。イエスは社会の底辺で最も虐げられている人々に向かって，あなた方こそ神の救いを受けるにふさわしいと励まし，そのような人々を癒した。すべての人が等しく神の救いにあずかることができる。これがヨーロッパの人権思想の根底にあったものだ。近代の民主主義社会はキリスト教の原理が現実世界のなかに実現したものと見ることができる。宗教の「世俗化」（Säkularisierung）とは，本来このことをいうのであって，俗化や世俗主義（Säkularismus）とは違う［Gogarten,1958;金子,1999,182-186］。

　この世俗化の本質をよくとらえていたのはヘーゲルである。ヘーゲルは言う。「人間は人間として自由である」という近代の人権思想の起源は，「すべての人間が神の前で自由であり，キリストは人間を解放した」というキリスト教の普遍性のなかにある（1820年「哲学史」講義序論）［Hegel,1994,36］。それゆえ，「キリスト教は，それが現実のものとなっているかぎり，奴隷制をもつことができないはずだ」（1822/23年「世界史の哲学」講義）［Hegel,1996,433］。もともと自由の原理はキリスト教のなかで芽生えた。それゆえヘーゲルは自由の原理を「キリスト教の原理」とさえ呼ぶ［山﨑,1995,201-

204〕。

　現代の哲学者ローティもリベラリズムや功利主義，さらにはプラグマティズムをもキリスト教の世俗化の成果であると見て，こう述べている。

　「ジェームズやミルの作品を貫いている平等主義とは，人々が愛の親切さでもって互いを遇することが神の意志であり，あらゆる人間は兄弟であり，愛が第一の戒律である，と何世紀にもわたって語られてきた文化においてのみ開花しえた道徳的態度なのである。〔黒人か白人か，男性か女性か，キリスト教徒か異教徒か等々を問わず〕，誰もが敬意を払われ顧慮されるに値する権利を有しているという考えは，ヨーロッパとアメリカにおいては，キリスト教の伝統にあるアガペーの潮流に訴えることによって伝統的に支えられてきた考えなのである」〔ローティー，1999,19〕。

　人権思想の根がキリスト教の「愛」の教えにあるというのは，そのとおりであろう。では，キリスト教的な宗教文化のないところには人権思想は根づかないといえるであろうか？　この問いに，「根づかない」と答えるとすれば，人権は欧米の「専売特許」ということになる。そしてこの押しつけに反発して「アジア的な価値」を対置したくもなろう。しかし私は「人権思想の根としてのキリスト教の愛」というのも，ヨーロッパ的な一つの表現形態であって，さらにその根があると考えたい。それぞれの文化には，ヨーロッパ的表現で「人権」と呼ばれるものを支えるそれ固有の文化を発展させてきたはずである。そうでなければ，ここまで人権は普及しなかったであろう。そもそも人類は今日まで存続しえなかったであろう。その根源的な「根」をいのちの共鳴というところに求めたい。

第5節　生き苦しむものへの共感——ルソーの「憐れみの情」(pitié)

　キリスト教の愛も「何か」を表現する一つにすぎない。その何かとは，他の人あるいは他の生き物の苦しみをわが苦しみと感じる「いのちの共苦，共鳴」ではないのか。ヨーロッパ近代において，これを感じとったのは「狂気の聖者」ルソーであった。近代的な権利の原型を打ち出した「ホッブズが少しも気づかなかったもう一つの原理」として，ルソーは「憐れみの情」

(pitié) を挙げている。それは「人間の自尊心（amour propre）の激しさや自己保存の欲求を和らげるために人間に与えられた原理，人間をして同胞が苦しむのを見ることを嫌わせる生得の感情」である。

「この憐れみの情こそ，われわれのように弱くていろんな不幸に陥りやすい存在にはふさわしい素質である。それは人間が用いるあらゆる反省に先立つものであるだけに，いっそう普遍的で人間にとって有用な徳であり，時には禽獣でさえもその著しい徴候を示すほど自然的な徳である。母親が子供の危険を救うために冒す危険については言うまでもなく，馬が生きたからだを足で踏むのを嫌うことは毎日観察されている。動物は同じ種のものの死体のそばを通るときには必ず不安を覚える」[Rousseau,1754,154＝邦訳,71]。

憐れみの情は人間的自然（人間性）に具わるものであるが，人間への愛にとどまらず，ひろく「生きとし生けるもの」への共鳴である。ここには今日の「動物の権利」論を先取りするものがある。

「動物は自然法を認識できないが，しかし動物もかれらが授かっている感性によって，ある程度われわれの自然に関わりがあるので，かれらもまた自然法に加わるはずである。そして人間はかれらに対して何らかの種類の義務（devoirs）を負っていると判断されるだろう。実際，私が同胞に対してどんな悪をもしてはならない義務がある（obligé）としたら，それはかれが理性的存在であるからというよりは，むしろ感性的存在（un être sensible）であるからだと思われる。この特質は動物と人間とに共通であるから，これが，動物が人間によって無益に虐待されないという権利を動物に与えている」[ibid.,126＝邦訳,31]。

ここにも，権利に先立つ義務によって権利が支えられるという発想が見られる。しかもルソーは，義務へと向かわせるものが理性ではなく感性であるとし，そこに人間と動物とを架橋するものを見ている。ルソーの自然主義は〈いのちの共鳴〉を拠り所とする根源的生命主義ということができる。

この思想の現代的な意義を強調したのはレヴィ＝ストロースであった。彼はルソーの pitié を「生きとし生けるあらゆる他者への同一化から生じる感情」と受けとめ，「感覚的存在として人間と動物とを包括的に理解するところに，この同一化が成立する」ととらえる [レヴィ＝ストロース,1962,104]。ヨ

第3章　いのちの共鳴

ーロッパの近代哲学は自我と他者との敵対関係を煽り立ててきたが，こうした敵対関係を脱して本来の統一性を回復させるものこそ，この同一化の感情である。その意味で，ルソーのこの大胆な解決の提示は，「コギトの終焉」(la fin de Cogito) を宣言するものであり，「ユマニスム (humanisme 人間中心主義) の欠陥をあばきたてる」ものでもあるとレヴィ゠ストロースは評価する。(6)

「われわれはまず自然から人間を切り離し，人間を至上の王国に据えてしまった。かくして人間の最も否定しようもない性格を，すなわち人間はまずもって生ける存在 (un être vivant) なのだという性格を消し去ったと思い込んだ。この共通特性にあくまで眼をつむることによって，ありとあらゆる弊害をはびこらせたのだ。われわれの歴史の過去4世紀以来今日ほど西欧人にこのことがよく理解できたことはなかった。人間性を動物性から徹底的に切り離す権利を手に入れ，一方に他方から奪ったものをことごとく与えることによって，西欧人は悪循環を切り拓いた。〔人間と他の動物との間に引かれた〕同じ境界線はたえず後退して行き，人間を他の人間から遠ざけることに役立つであろう。また，ますます限定される少数者の利益のために，生まれるが早いか堕落してしまったユマニスムの権利を要求するのに役立つであろう」［同上, 109］。

理性を規準に人間と他の動物との間にいったん分割線を引けば，その線はどんどん狭まっていく。黒人に対して白人が優位に立ち，白人のなかでも身分の高いもの，あるいはＩＱの高いものが優位に立つ。差別構造はとめどなく深まっていく。西欧ユマニスムは誕生すると同時にエゴイズムに堕してしまったが，「ひとりルソーのみがこのエゴイズムに抗議し」そこから脱却する道を示したとレヴィ゠ストロースは続ける。

「われわれ一人一人が同胞からけだもの扱いされない唯一の希望は，あらゆる同胞が直ちにみずからを苦悩する存在と感じ心のなかに憐れみの情への能力を養うことだ。憐れみの情は，自然状態では『法，習俗，道徳』の代わりをしているが，この情を他に及ぼさなければ，社会状態においても，法も習俗も道徳もありえないということを，われわれは理解し始めている。それゆえ，最も貧しい者を初めとする生命のあらゆる形態への同一化は，人間に

55

郷愁の逃げ場として差し出されるどころか，ルソーの声を通して今日の人類にあらゆる知恵とあらゆる集団行動を提示する。混雑のために互いの思いやりがますます困難に，いやますます必要になっている世界にあって，この原理だけが，共に生き調和ある未来を建設することを人間に許してくれる。おそらくこうした教訓はすでに極東の偉大な諸宗教のなかには含まれていた。しかし，人間は他の生き物と同様に生きかつ苦悩する存在（un être vivant et souffrant）だという自明の理をごまかすことができると信じてきた西欧の伝統にむかって，ルソー以外の誰がこの教訓を与えてくれたことであろうか？」[同上,110]。

　社会状態において法や道徳を支えているのは憐れみの情である。ルソーのこの思想は，彼が同時代に直接あたえた影響（とくにフランス革命に大きな影響を与えた政治思想）の陰に忘れられがちである。これにレヴィ゠ストロースは注意を向け，「ルソーの思想がこの上ない豊かさを獲得し広がりを見せるようになったのは」，たぶん人間にとってかつてなく過酷なこの世界に生きるわれわれに対してであろうと述べている [同上,108]。

第6節　一味（いちみ）の雨

　人権思想家ルソーは同時に，西欧ヒューマニズムの限界を突破する原理を提示していた。この原理にしか西欧文明が生き延びる道はない。しかも，それが「すでに極東の偉大な諸宗教のなかには含まれていた」とレヴィ゠ストロースは言っている。それらがなにを指すのかは明言されていないが，中国や日本で隆盛となった大乗仏教や日本古来の諸宗教を念頭に置いているのかもしれない。

　わが国にとって，人権というのは明治以降にヨーロッパから輸入された思想だが，この思想を支える基盤となるものを，西洋文明伝来以前の思想のなかに見いだすことは可能だ。例えば，人間のみならず「生きとし生けるもの」すべてが救われるとする仏教の慈悲の考え方などである。ブッダの次のような言葉が伝えられている。

　「一切の生きとし生けるものよ，幸福であれ，安泰であれ，安楽であれ。

……互いに他人に苦痛を与えることを望んではならない。あたかも母が己が独り子を身命を賭して護るように，一切の生きとし生けるものどもに対しても，無量の（慈しみの）心を起こすべし」［スッタニパータ,1958,145-149］。

この慈悲の精神は大乗仏教のなかで花開く。大乗の中心的な経典である『法華経』（1－2世紀）は，すべての人々を真の幸福に導こうとする釈尊の強い願いを「一切衆生(いっさいしゅじょう)」の救済として切々と説いている［中村,1984,51］。『法華経』は最澄，日蓮，道元，さらには宮沢賢治にいたるまで，わが国の仏教および精神世界にはかりしれない影響を及ぼした。一切の衆生は仏と同じ立派な性質をもち本来平等であり，すべてのひとは仏になることができるという「一切衆生悉皆成仏(いっさいしゅじょうしつかいじょうぶつ)」の思想もそこから生まれた［同上,73-75］。

ここではとくに『梁塵秘抄』のなかに，『法華経』が平安時代の民衆に与えた影響を見てみる。『梁塵秘抄』は後白河法皇が編んだ今様(いまよう)集であるが，実際に今様を作ったのは下層の民衆であって，平安時代の民衆の心性を推し量る上で「他をもって換え難い」貴重な史料と見られているからだ［加藤周一,1986,7-17］。

法華は仏(ほとけ)の真如なり　万法無二(まんぽうむに)の旨を述べ
一乗妙法　聞く人の　仏に成らぬはなかりけり　　　　［『梁塵秘抄』69］

『法華経』は悟りの世界へ導く乗り物の区別を否定して，「仏の乗り物はまぎれもなく一つ」（一乗）であるとし，絶対平等を説いている。あらゆる事物は本来無差別平等であるという『法華経』の真実の教えを聞く人は，ひとり残らず仏に成りうる。この今様には救済への強い願望が込められている。

『法華経』は女性にも成仏の道を与えずにはおかない。今のフェミニズムから見れば許し難いことではあるが，当時，女は穢れたもので五障(ごしょう)によって成仏できないとされていた。されどサーガラ竜王の娘は男子に変じて悟りに達した［『法華経』1976,中219-225］。変成男子(へんじょうなんし)による女人(にょにん)成仏。この話に当時の女性がどんなに慰められ，救いへの希望を託したかを語る歌が次の一首である。

女人　五つの障り有り　　無垢の浄土は疎けれど
蓮華し濁りに開くれば　　龍女も仏に成りにけり　　　　　　　　［同上,116］

（どうせ女は五障とて穢れなき浄土とは縁が薄いが，泥水から蓮華が美しい花を咲かせるように，龍女でさえも成仏したではないかいな）。

　法華経を貫く大慈悲心は壮大な生命観に根ざしている。あらゆるものが他のつながりのなかにあり，同じ一つの根源のいのちを生き，生かされている平等のいのちだという絶対平等の世界観・生命観である［中村,1984,115］。これが下層の民衆のなかにも浸透し，救いへの希望をかき立てていたことが，これらの今様から窺える。

釈迦の御法は唯一つ　　一味の雨にぞ似たりける
三草二木は品々に　　花咲き実生るぞあわれなる　　　　　　　　［同上,79］

われらは薄地の凡夫なり　　善根勤むる道知らず
一味の雨に潤ひて　　などか仏に成らざらん　　　　　　　　　　［同上,82］

　この二首は「薬草喩品」［『法華経』1976,上267-299］をふまえた歌である。「薬草喩品」には壮大な宇宙観・生命観と如来の絶対慈悲が説かれている。この三千大世界には，さまざまな色をした数多くの種類の雑草や灌木や薬草などが山や渓谷に生い茂っている。それらの上には膨大な水を含んだ雲が立ちのぼり，三千大世界のすべてを覆いつくし，到るところに一時に雨を降らせたとしよう。雨はこれらさまざまな草木にあまねく降りそそぎ，大中小の薬草（三草）と大小の薬木（二木），その大きさは違っても，それらを一様（一味）に潤す。それぞれの草木はそれぞれの力に応じ，それぞれの成育の場所に応じて，同じ雲から降りそそいだ同じ味の水を吸い上げ，それぞれの個性に応じて成長し花を咲かせ，実を結ぶ。これと同じように，如来が説く教えもすべて同じ味であって，一切衆生をもろもろの苦悩から解脱させ，仏の智慧に達することを究極の目的としている。雲が水をあたり一面に降らせるように，如来が語った教えには差別がない。如来はただ一つの教えを説くが，水滴のように種々さまざまな説明をし，人々はそれぞれの能力に応じ

て受けとめ，無数の花を咲かせる。われらはかくも下劣な愚か者なれば，善根積むすべも知らない。されど如来の教えの分け隔てない恵みの雨に浴して，どうして成仏しないことがあろうか。

　あらゆるいのちが「同じ味の雨」の恵みを受けつつ，それぞれが個性ゆたかに花を咲かせ実をつける。あらゆるものが仏性をそなえ救われるという絶対平等の世界における「生きものたちの賑わい」。慈悲は，ひとの苦しみを取り除いて幸福にしてあげたいと願う思いやりである。それは義務とは語感を異にするが，ヴェーユが「権利に先立つ義務」と名ざすものと内容的には同じものであろう。西欧的「人権」の成立過程とは歴史的な文脈を異にするとはいえ，人権思想の根となりうるものを，そこに認めることができるのではなかろうか。「義務に支えられた権利」論の基礎になりうる同類の思想は，これ以外にもアジアや日本の他の諸宗教にも見いだされるはずである。ただしそれは，西洋にはなくて東洋にあるといったものではない。ルソーの「憐れみの情」がそれに近いものであることはレヴィ＝ストロースが指摘したとおりである。また『法華経』の宇宙・生命観は，例えばパラケルスス（Paracelsus, 1493/94-1541）の思想に通じるものがある。パラケルススは，人間という小宇宙（ミクロコスモス）のなかに縮刷された形で大宇宙（マクロコスモス）が映し出されていると見た［ゴルトアンマー, 1986］。このような自然神秘主義の考えは，近代の分析的な思考法と対立する形で，西洋思想のなかに深い水脈として流れ続け［金子, 2000］，ロマン主義の生命観のなかにも現れてくる（第2章）。

第7節　人権への文化交差的なアプローチ

　「人権」はその誕生以来200年以上にわたって巨大な威力を発揮してきた。しかしいま，一方で個人主義化の先鋭化，他方で人権の基本的な価値をめぐる地球的規模における分裂［大沼, 1998, 8］という事態に直面している。新世紀社会は人権の理念をより深いところから摑み直す必要に迫られている。欧米文化中心主義的な人権の理解を押しつけることも，非西欧的価値を楯に人権を拒否することも，不毛な対立を長引かせるだけであろう。「さまざまな

文化的伝統をもつ人々が互いに同意できるような，人権についての文化交差的（cross-cultural）な正統性を探究し，人権について広く深い普遍的な合意を形成すること」［An-Na'im,1992,21］が求められている。人権を成り立たせている〈超越論的〉義務に立ち還って，それぞれの文化における「人権の根を掘る」作業がこれに貢献するであろう。

　われわれは再び，この世界の大きな連関を見据えなければならない。現代科学は一方でゲノム解析に見られるようなアトミズムを究めながら，他方で，例えば46億年の地球生命誌という巨大な連関の解明に挑戦している。このような「とてつもなく偉大なもの」は，これまでは宗教のなかで，例えば「薬草喩品(やくそうゆほん)」のようなイメージで，あるいは哲学的な直観として語られてきた。宗教の言説であれば，信仰の有無によって，それを共有することは不可能である。けれども新世紀科学はいま「とてつもなく偉大なもの」について知性によって共有できる知見をわれわれに与えつつある。生命操作技術を「自己決定権」の名の下に自分自身の便宜のために用いるだけではなく，生命科学がもたらしつつある壮大ないのちのドラマから新世紀社会にふさわしい生命観を学びとる道が残されている。

注
- （1）　例えばミース［1993］のように，「産む産まないは女の権利」と主張してきたフェミニズムの側からも批判が出ている。
- （2）　これについては加藤尚武［1997］第11章で詳しく分析されている。
- （3）　例えば，このテーマではすでに「古典」になりつつある山田［1987］，および「自己決定と法」［松本・西谷,1997所収］などがある。
- （4）　近年のこうした流れを加藤尚武［1997b,2000］は「不完全義務の完全義務化」ととらえる。完全義務／不完全義務の区別は倫理学史のなかでかなり錯綜したものになってしまっているが，「不完全義務」を，いかなる事情の下でも従わなければならないほどではないが従えば功績と見なされる義務ととらえた場合，ヴェーユ，レヴィナス，マザー・テレサなどはいずれも不完全義務を絶対的な義務と受けとめていると見ることができる。
- （5）　内発的義務から権利をとらえ直そうとする最近の試みとして，川本・花崎［1998］，川本［2000,1998］，小松［2000］などがある。
- （6）　これがルソーの過大評価であることをデリダが次のように批判している。ルソーは「感性的コギト」（le cogito sensible）の〈自己への現前〉に依拠

している。「直接性は意識の神話である」[Derrida,1967,29,236＝邦訳,上41,下49]。

文献

引用にあたって邦訳を参考にさせていただいたが，訳文は必ずしも一致していない。〔 〕は引用者による補足である。

アーレント，ハンナ，1951『全体主義の起源 2 帝国主義』大島通義・大島かおり訳，みすず書房，1981年

An-Na'im, Abdullahi A., 1992 Introduction & Toward a Cross-Cultural Approach to Defining International Standards of Human Rights; in *Human Rights in Cross-Cultural Perspectives*, Univ. of Pennsylvania Press.

Derrida, Jacques, 1967 *De la Grammatologie*, Les éditions de Minuit. デリダ，足立和浩訳『グラマトロジーについて』現代思想社，1983年

江橋崇監修，1996『NGOが創る世界の人権──ウィーン宣言の使い方──』明石書店

Gogarten, F., 1958 *Verhängnis und Hoffnung der Zeit, Die Säkularisierung als theologisches Problem*, München. ゴーガルテン「近代の宿命と希望──神学的問題としての世俗化──」熊沢義宣・雨貝行麿訳，『現代キリスト教思想叢書 10』白水社，1975年

ゴルトアンマー，1986『パラケルスス──自然と啓示──』柴田健策・榎木真吉共訳，みすず書房

花崎皋平，1993『アイデンティティと共生の哲学』筑摩書房

Hegel, G.W.F., 1994 *Vorlesungen über die Geschichte der Philosophie*, hrsg. von W. Jaeschke, Hamburg.

───, 1996 *Vorlesungen über die Philosophie der Weltgeschichte*, hrsg. von K. H. Ilting usw., Hamburg.

『法華経』1976，岩波書店

井上達夫，2000「リベラリズム・デモクラシーと『アジア的価値』」『東亜の構想』筑摩書房

岩村正彦ほか，1998『岩波講座現代の法 14 自己決定と法』岩波書店

Jonas, Hans, 1979 *Das Prinzip Verantwortung*, Suhrkamp. ハンス・ヨーナス，加藤尚武監訳『責任という原理──科学技術文明のための倫理学の試み──』東信堂，2000年

金子晴勇，1999『ヨーロッパの思想文化』教文館

───, 2000『ルターとドイツ神秘主義』創文社

Kant, Immanuel, 1797 *Metaphysik der Sitten*, Felix Meiner, 1966. カント，加藤新平・三島淑臣訳「人倫の形而上学〈法論〉」，野田又夫責任編集『世界の名著 32 カント』中央公論社，1972年

加藤尚武，1997a『現代倫理学入門』講談社文庫
―――，1997b「完全義務と不完全義務」『実践哲学研究』第20号，京都大学文学部実践哲学研究会
―――，2000「キケローからミルへ」『実践哲学研究』第23号
加藤周一，1986『梁塵秘抄』岩波書店
川本隆史，2000「自己決定権と内発的義務」『思想』第908号，岩波書店
―――責任編集，1998『共に生きる』岩波新・哲学講義6，岩波書店
―――・花崎皋平，1998『現代思想』Vol.26-8，青土社
キケロー，44『義務について』高橋宏幸訳，岡道男ほか編『キケロー選集9』岩波書店，1999年
小松美彦，2000「自己決定権の道ゆき」『思想』第908，909号
クアンユー，リー，1993「人権外交は間違っている」『諸君』9月号
Locke, John, 1689a *Two Treatises of Government*, Everyman's Library, 1975. ロック，伊藤宏之訳『全訳　統治論』柏書房，1997年
―――, 1689b *An Essay Concerning Human Understanding*, Oxford, 1975. ロック，大槻春彦訳『人間知性論』岩波文庫，1972-1977年
マハティール・石原慎太郎，1994『NOと言えるアジア』光文社
松本博之・西谷敏編，1997『現代社会と自己決定権――日独シンポジウム――』信山社出版
マザー・テレサ，1997『マザー・テレサ――愛と祈りのことば――』ホセ・ルイス・ゴンザレス＝バラド編，渡辺和子訳，PHP研究所
ミース，マリア，1993「自己決定――ユートピアの終焉？」『現代思想』Vol. 26-6，青土社，1998年5月
Mill, John S., 1859 *On Liberty*, Oxford, 1991. ミル，早坂忠訳「自由論」，関嘉彦編『世界の名著　第38　ベンサム，J.S.ミル』中央公論社，1967年
ミノウ，マーサ，1992「次世代のための権利（正義）――子供の権利へのフェミニストのアプローチ――」『家族〈社会と法〉』第10号，1994年
中村瑞隆，1984『ほんとうの道　法華経』（松原泰道・平川彰編集『仏教を読む　4』）集英社
大沼保昭，1998『人権・国家・文明――普遍主義的人権観から文際的人権観へ――』筑摩書房
小佐野彰／小倉虫太郎，1998『現代思想』Vol.26-2，青土社
Radbruch, Gustav, 1932 *Grundzüge der Rechtsphilosophie*, 3.Auflage, Leipzig. ラートブルッフ，田中耕太郎訳『法哲學』酒井書店，1960年
レヴィ＝ストロース，1962「人文科学の始祖　J.=J.　ルソー」（ルソー生誕250周年記念講演），C.バケス＝クレマン著，伊藤晃ほか訳『レヴィ＝ストロース――構造と不幸――』大修館書店，1974年
ローティー，1999「宗教と科学は敵対するものなのか？」須藤訓任訳，『思想』

第909号

Rousseau, Jean-Jacques, 1754 *Discours sur l'origine et les fondements de l'inégalité parmi les hommes* Œuvres complètes III, 1964. ルソー，本田喜代治・平岡昇訳『人間不平等起原論』岩波文庫，1981年

『梁塵秘抄』1979（新潮日本古典集成）後白河院撰，榎克朗校注，新潮社

―――，1993（新日本古典文学大系 56）佐竹昭広ほか編，岩波書店

最首悟，1998『星子が居る』世織書房

シュレイダー＝フレチェット，K.S.，1981「テクノロジー・環境・世代間の公平」丸山徳次訳，『生命と環境の倫理研究資料』千葉大学教養部，1990年2月

スッタニパータ，1958『ブッダのことば』中村元訳，岩波文庫

高木八尺ほか編，1957『人権宣言集』岩波文庫

棚瀬孝雄，1997「権利と共同体」『法律時報』第69巻第2号

トマス・アクィナス，1977『神学大全』第13巻，創文社

山田卓生，1987『私事と自己決定』日本評論社

山崎純，1995『神と国家――ヘーゲル宗教哲学――』創文社

Weil, Simone, 1948 *L'enracinement*, Gallimard. シモンヌ・ヴェーユ，山崎庸一郎訳「根をもつこと」『ヴェーユ著作集 5』春秋社，1967年

付記 本稿執筆にあたって，大江泰一郎，大嶋仁，湯之上隆，神田龍身の各氏より貴重なご教示を賜った．記して感謝申し上げたい．

第4章　資本の時間秩序と生命活動

はじめに

　現代日本の少なくとも都市部においては，活動時間の24時間化を可能とする「便利な」(convenient) 社会が実現しており，基礎的な消費活動にかんする時間的な制約は，その一面においては大幅にゆるやかなものとなっている。だが他方では，生活の基底に「ゆとりのなさ」が感じられてもおり，その極限には，「豊かな」社会における「過労（死）」問題が登場している。「豊か」で「便利」な反面，なにかしら不自然な，非〈本来的な〉，生命活動のリズムに反するリズムを生きているという実感が共有されている。このことは，たとえば，ミヒャエル・エンデのファンタジー，『モモ』の共感的受容にあらわれているように思う。

　本章では，マルクスの時間論の検討をとおして，現代社会における時間問題の基礎的な構図を明らかにすることを企図したい。社会科学的な時間論においては，これまでも時間の「歴史性」が問題とされてきた。だがそのさい，たとえば，近代以前の時間の「具体性」・「循環性」という特徴に対照して，近代以降の時間のもつ「直線性」・「抽象性」という歴史的に特殊な性格が強調されることが多い。そしてそれにともなって，近代以降の抽象的な「時間の支配」の登場が問題とされることになる。

　本章での考察は，さまざまな社会的な問題の時間問題としての側面を把握することが重要であるという知見を継承しつつ，なおかつそのさいに，いわば〈時間の実体化〉を回避すべきだという考えにもとづいている。一方で，「時間の支配」なる表現は，その企図はともあれ，時間なるものを実体化しがちであり，そのことによって，〈文明論的な諦念〉とでもいうべき受容を

帰結するということ。ただし，そういった時間表象を成立させる根拠を資本の時間秩序は備えている，ということ。本章では，この両側面を明らかにすることを企図している。

第1節　時間の歴史性

　いかなる社会形式も，なんらかの形での時間的編成を備えている。それは，人間が，その社会活動を時間的に整序する必要性から生じており，たとえば，ウィルバート・ムーア は，「共時化」(synchronization)・「順序づけ」(sequence)・「進度調整」(pace) の三種の時間編成方法の存在を指摘している［Moore,1963］。また，他者とのあいだでの行為調整をおこなう以上は，社会的な時間は，その内容はさまざまであれ，「規範的性格」をもつことも指摘されてきている［Barbara,1990,101-102］。

　ただし同時に，近代の時間がきわだって特殊な歴史的性格をもつという点もまた，多くの論者によって指摘されてきている。たとえば，西欧の歴史に即したそれらの指摘の大筋は，次のように整理できよう。すなわち，前近代には生活が，自然のリズムにそって営まれてきた。それが，西欧の修道院での生活において，（四季の移り変わりに応じて昼夜の長さが変化する，それゆえ個々の時間単位が均一ではない「不定時法」にもとづくものながらも）生活の時間的分割・規律化が導入された 。そのように宗教の場において導入された時間分割の世俗化として，商品経済の進展にともなって，直線的で均質な時間編成が生活の隅々にまでいきわたるようになった。そのさいに，機械時計という計時のための技術的手段がそれを支え，四季の推移に左右されない「定時法」にもとづく時間秩序（＝「クロック・タイム」）が成立することになった。そして，この事態が，近代における「時間支配」として問題視されることになる。このように，人間の時間編成の歴史は，西欧に即すならば，「自然の時間」から，「教会の時間」へ，さらには「商人（市場）の時間」から「工場の時間」へと移行したとして整理されることになる。[1]

　「市場から，家庭や職場まで，そしてなによりも工場において，時間は社会

生活の厳粛な規範である。……20世紀初頭には，アメリカでフォード自動車会社のテーラー・システムが発案された。工場にあって製造にかかわる労働者は，いちいち職制の命令をうけとることなく，もっぱら事前にいいわたされた時間スケジュールにあわせて作業をおこない，それに対応する賃金をうけとる。工場の労働を支配するのは経営者ではなく，中性的な時間なのである。これを基礎としてのみ，合理化された資本主義生産が保証される。市場の時間は，工場の時間となり，国家の時間となった」[樺山,1996,145]。

本章では，こういった見取り図を参照しつつも，次のことに留意したい。すなわち，まず，第一に，近代的な時間の特殊歴史性を把握するにさいして，このような要約は，時間の実体視に道をひらくのではないかという危惧がそれである。というのも，近代的な時間使用にかんする批判的吟味が，「時間の支配」というように，時間の実体視をともなうばあいには，なにがどのように「支配」しているのかが曖昧化されることになるからである。そのような把握からは，「宿命」としての受容が帰結せざるをえない。

第二に，近代の時間秩序は，商品経済の時間，市場の時間として把握されることが多い。すなわち，その時間秩序において，時間が「抽象化」「量化」され，質が捨象されるという側面が問題化される。だが，はたして，抽象化されているという点に，時間問題の本質が存しているといえるだろうか。商品の時間という理解にとどまらず，「資本の時間」としての側面の把握が必要ではないだろうか。近年における社会学的時間論の蓄積をふまえてあらためてマルクス社会理論を読む意義は，この点を問うことにあると考えられる。

第2節　生命活動と社会の時間

1　生命活動と時間

われわれが「時間」によって何を為しているのか？　という問題を考察するさいには，いったん「生命活動」の次元にまでさかのぼって考察することが，不可欠な作業であると考えられる。生命活動にとって，時間は本質的重

要性をもち，それゆえ，「機械時計」を編み出した生命にとってのみ時間が意味をもつのではない。(2) 近代的時間の特殊性を考察する前提として，人間の生命活動が，いかなる時間的性格をもっているのかを概観し，そののちに，近代的な生命活動の特徴を問うという道筋を辿ることによって，時間の歴史性にかんする理解も深められるものと思われる。

このように，生命活動の次元を視野に収めた社会的時間にかんする考察としては，梅林誠爾のそれがあげられる［梅林,2000］。梅林によれば，生命体は，他の生命体ないしは環境とかかわって生活していくさい，「統合」(integration) と「同調」(synchronization) という二種類の機能を不可欠なものとしている。ここで「統合」とは，「生体のさまざまなレベルの活動と変化を一個体としての通時的な時間秩序に統合するという機能」［梅林,2000,32］のことであり，いいかえるなら，個体がたえず変化しつつ同一なものとして自己を維持することにほかならない（自己同一性の維持という側面）。他方，「同調」とは，「そのように統合された個体の生命活動を，他の個体の活動（あるいは個体群の活動）や環境世界の変化に同調させるという機能」［梅林,2000,32］である（他者ないしは環境にたいする関係という側面）。

この「統合」と「同調」とをどのように達成していくのかということが，その種別を問わず，あらゆる生命体にとってたえず克服しなければならない「時間問題」をなす。ところで，人間以外の動物や植物は，体内に内蔵された生物時計と環境世界からの刺激というふたつの手段で，個体の生活のリズムを調整することによって，この問題に対処している。いいかえるならば，「個体群の生活のリズムや環境変化のサイクルを時間調整の対象とすることはない」［梅林,2000,49］。それにたいして，人間のばあいには，個体群（社会）のリズムそのものを，歴史的に改変してきており，加えて，照明等の手段によって環境変化（このばあいには「明／暗」）のサイクルをも，調整対象としている。これが，他の生命活動とは区別される，人間の生命活動に固有な時間問題への対処法の特徴をなす。

2　社会の時間

人間活動の独自性のひとつを，ノルベルト・エリアスは，「社会的・記号

的道具」としての（シンボルとしての）時間次元の使用にみてとった［エリアス,1992＝1996］。それをふまえつつ梅林は、エリアスの言うこの「時間」を、「時間の道具」と表現し、それとは別個に、道具・記号ではなく「社会の生活リズム」そのものとしての、「社会的時間」が存在することを指摘する。そして、(1)個人や集団の時間（生活リズム），(2)社会的時間（社会の生活リズム），(2)′自然の時間，(3)時間の道具，の3ないし4項関係において、人間の時間問題への対処の特徴を考察する［梅林,2000,87］。すなわち、人間は、(3)「時間の道具」をもちいて、(1)自分自身の生活リズムと、(2)「社会的時間」や(2)′自然の時間とのあいだの「同調」をはかり、そのことをとおしてみずからの時間秩序の「統合」をはかるというわけである。

　以上の梅林の議論の特徴は、まず第一に、「社会的時間」といわれているものと、社会的に使用される「時間の道具」（時計、カレンダー等）とをいったん区分し、前者を、いわば実態としての生活のリズムととらえたことに求められよう。記号・道具としての時間（エリアス）のみならず、「生活」・「存在」としての時間が独自な次元として切り出されることになる。

　この理解によって、しばしばみうけられる、「循環」と「直線」との二種類の時間編成を異なる社会形式に割り振る理解の問題点［Barbara,1990＝邦訳,159］も克服できるように思われる。参照される時間表象＝(3)が直線的に描かれていたからといって、個体の生活リズム＝(1)や、社会生活のリズム＝(2)が循環性をもたないとは限らない。また、時計時間＝(3)を参照してなされる近代資本制の時間秩序＝(2)も、さまざまな生産物の循環周期を「統合」するためには、自然の循環性と、なんらかの形で、同期化をせまられることになる。

　　　「1労働日が労働力の機能の自然的な度量単位となっているように、1年は、過程を進行しつつある資本の回転の自然的な度量単位になっている。この度量単位の自然的基礎は、資本制生産の母国である温帯の最も重要な土地果実が、1年ごとの生産物だということにある」［Marx,1963,157］。

　第二に、梅林は、考察の主題となる「時間問題」を、「時間意識」ではな

く,「生活と存在のレベル」に定めることを提唱している。これは,『時間の比較社会学』における真木悠介の時間論と対照的である。真木は,近代・現代の時間意識の特徴を「ニヒリズム」(死の恐怖や生の虚無)にもとめ,そういった時間意識を成立させるものとして,〈帰無する不可逆性としての時間了解〉――時間は絶えず過ぎ去っていき消滅していくという時間表象――と,〈抽象的に無限化されていく時間関心〉というふたつの要素を指摘している [真木,1981]。これにたいして,梅林は,「意識」というよりはむしろ「生活と存在の事実の問題」としての側面に焦点をあわせて,近代の時間問題を考察しようとしている。そのさい,梅林が援用するのは,『経済学・哲学草稿』のいわゆる疎外論である。すなわち,初期マルクスの「労働の疎外」現象の分析を,「時間という側面から考えてみる」ことが企図されている。梅林によれば,「時間の疎外」とは,「社会的生活における通時的統合の喪失と共時的な同調の崩壊」[梅林,2000,146] としてあらわれる。

> 「労働者の生活から,社会的生活(労働の活動)が分離され他者のものとなることにより,個人としての生活,社会の一員としての生活,自然存在者としての生活が,どれも一面的となり人間的な統合が失われる。このことは,労働者の生活が,私的な生活の時間,社会的な生活の時間,自然的生命の生活の時間に分裂し,人間的な生活としての統合を失ったことを意味する」[梅林,2000,149]。

本章では,社会的時間を,記号・シンボルとしての時間尺度と等置するのではなく,それとは区別されるものとして,「社会生活のリズム」をも考察の対象とするという梅林の視点を継承したい。というのも,そのことによって,近代における「時間の支配」といわれる事柄が,かならずしも抽象的な時間尺度そのものから生起するのではなく,むしろそのような時間を参照して編成される社会生活の側にあることが明確化されると考えられるからである。

> 「時間の疎外の真の原因は,エリアスが考えるように時間の道具にあるので

はなく，むしろマルクスの「疎外された労働」が語ったように，人間存在そのもののなかにある。時間の疎外は人間労働の本質そのものとその労働が他者のものになることによってもたらされたものである」［梅林,2000,190-191］。

そのうえで，以下，梅林が「時間の疎外」・「他者による時間の所有」といいあらわした事態にかんして，より後期のマルクスの議論をも参照にしつつ，本章なりの検討を加えてみたい。⁽⁵⁾

第3節　マルクスの近代的時間論

1　〈時間＝貨幣〉等式

かねてより，「貨幣」と「時間」との類似性が，両者とも抽象的な単位・尺度であることにもとづいて指摘されてきた。「時は貨幣なり」（Time is money）という格言をはじめとして，「時間を節約する」「無駄にする」などの表現も，日常感覚のレベルで，両者のあいだでの関係をいいあらわしている。

とはいえ，「時は貨幣なり」という等式は，たんなる両者の類似性を越えて，交換可能性を表現してもいる。この等式が成立しうるのは，いったいいかなる条件のもとでなのだろうか？　抽象的で均質な時間尺度が成立しているということは，それだけではこの条件としては，決して十分ではない。人々がその〈手持ちの時間〉をなんらかの量の貨幣へと転換しうる――という表象が妥当する――ためには，まず第一に，自己労働の産物が商品化されることが必要となる。これは，マックス・ヴェーバーが，『プロテスタンティズムの倫理と資本主義の精神』において引用した，ベンジャミン・フランクリンの『若き商工業者への助言』の世界の前提条件である。だが，このばあいには，自己労働の管理者が個々人である以上は，〈時は貨幣なり〉という等式が，「時による支配」をすぐさま含意するとは言い難いだろう。これが妥当するのは，労働行為そのものが，貨幣を媒介とする取引の対象となり，しかもその労働が，時間を単位・尺度として計量されるばあいであると考え

られる。労働の貨幣による計量を可能とし，また要請しもするのは，労働現場が空間的に管理可能なものとされるばあいである。さらに，その前提としては，労働現場にのみ労働手段が存在し，熟練が解体されているか，すくなくとも労働現場を離れては技能が発揮できないということが必要とされよう。[6]

以上は，〈時間＝貨幣〉等式の「時間をもって貨幣を買う」という事態についてであるが，逆向きの「貨幣をもって時間を買う」という事態についても，同様に，この等式は，労働行為によって媒介されている。すなわち，それは，貨幣が他者労働にたいする請求権をあらわすことによって，自己の活動を差し向ける時間が代替されるということを意味する。そのためには，「買われる」ことを待つ労働の存在が，前提とされる。

以上のように，〈時間＝貨幣〉という等式は，それが同時に「時間の支配」を含意するさいには，時間によって計量されるかたちで労働が把捉され，その把捉された労働行為が売買されているという事態を短縮形において表現しているのであり，けっして〈時間なるもの〉が交換対象となっているわけではない。時間の売買とは一種の擬制にほかならない。とはいえ，売買されているのは時間そのものではなく労働行為であって，時間の売買が擬制であったとしても，他者による労働行為の（時間尺度を参照しつつの）管理下にあることから，「時間」という枠内での支配という観念が成立しうるだろう。[7]
以上のように〈時間＝貨幣〉という等式は，この等式には表示されない，いわば第三項としての労働行為に媒介されてはじめて成立しうる。

ところで，時間を尺度とした他人労働の支配という事態にも，その先にさまざまな段階差がありうる。とりわけ「時間の枠内」での支配という表象を越えて，「時間の支配」という表象が成立するのは，いかなる条件のもとで，であろうか。この点について，引き続き，マルクスの労働過程論をもとに考察しよう。

2　時間の支配

剰余価値の生産について，マルクスが，その労働過程論においては，「絶対的剰余価値の生産」・「特別剰余価値の生産」・「相対的剰余価値の生産」という三種の——相互に併用されうる，だが，歴史的な段階差を含む——様式

を区別していることは周知のとおりである。まず,「絶対的剰余価値」の生産においては,「労働時間の延長」が問題となる。この延長は,労働者個々人の「生命活動」としてのリズムを破壊するところにまでいたりうるし,事実いたった。「資本は労働者の健康や寿命には,社会によって顧慮を強制されないかぎり,顧慮を払わない」[Marx,1962,281] と言われる事態がそれである。このような粗野な形式での絶対的剰余価値の生産が「工場法」によって,次第に制限されていったことは,マルクスが同時代の出来事として観察したとおりである。ところで,「支配」という側面からみるならば,このばあいには,いまだ〈管理する他者〉は,監督者や工場主など具体的な人格の姿をとってあらわれざるをえない。

　マルクスが言う「特別剰余価値」とは,技術革新により,同種の生産物を他の生産者より低いコストで生産することによって得られる剰余価値のことである。この価値生産の様式には,資本と他の資本との「競争」関係が規定的な要因として介在することになる。マルクスは,「工場法」によって労働時間の無際限な延長が制限されたことによって,この「特別剰余価値の生産」への傾斜が加速されたし,今後も加速されるであろうとみていたと思われる。

　第二の「相対的剰余価値」の生産という剰余価値生産の様式は,「特別剰余価値」の生産を前提としている。すなわち,特別剰余価値の取得をめざした技術革新が,労働者の消費財生産部門にも波及・普及することによって,生活必需品を生産するのに必要な労働,すなわち「必要労働」部分が減少する。にもかかわらず,総体としての労働量が以前と変わらないのであれば,その分だけ,「剰余労働」が増加することになる。こうして,生産諸力の上昇に支えられて獲得される剰余価値が,「相対的剰余価値」と呼ばれる。

　マルクスは,この新たな様式によって生み出された「剰余労働時間」が,潜在的に,「自由時間」を含んでいると見なした。だが,現実には,生産諸力の上昇は,直接的に,個々人にとっての「自由時間」の析出を帰結しないこともみてとっていた。ひとつには,生産諸力の上昇を支える「機械」設備は,それが稼動不可能とならないとしても,競争のなかでたえず旧いものと化していく「社会基準上の (moralisch) 摩滅」にさらされており,できる

だけ少ない人手による休みない稼動を強いるからである。そこにマルクスは、「労働時間短縮のためのもっとも強力な手段」が、労働者の生活時間を「資本の価値増殖のための自由に処分される労働時間に転化するもっとも確実な手段に転回するという、経済学的パラドクス」[Marx, 1962, 430] をみてとった。そして、〈自由時間をめぐる闘争〉というあらたな闘争の争点を呈示したのである。[8]

　ここで、あらためて、労働者の消費財生産部門へと、資本制的生産および技術革新の対象が波及するということの含意を、「時間の支配」とのかかわりで、考えてみたい。資本が他の資本と、労働者＝消費者をめぐって競争するということは[9]、労働者＝消費者の側の――「労賃水準」の限定に条件づけられて――「安さ」を要求するという行為と対応することとなる。それをめぐる資本間の競争は、翻って、労働者の勤労へと差し戻される。いいかえるならば、〈「消費者」としての労働者――資本（間関係）――「労働者」としての労働者〉という関係へと、資本－賃労働関係が展開されることになる。この段階においては、当該資本家が直接強制しているというようには事態が現象しがたいケースが生じうる。資本家・経営者も強制されている、というわけである。そうなると、「時間」を参照しての強制主体は不明瞭にならざるをえない。労働者が、競争環境のなかでの「責任」を分有することによって、さらには「自己管理する主体」が成立しうることになる。すなわち、労働者自身が、「労働時間」の延長と、労働の「強度」とをみずからに課し、「時間と闘う」主体となる。この段階になって、（抽象的・中性的な）「時間に支配されている」という表象が、一定の根拠をもって成立しうると考えられる。

　この自己強制を可能にする圧力のうち、もっとも強力なもののひとつとしては、マルクスが指摘している「相対的過剰人口」の形成があげられよう。つまり、不況期においてはいっそう激しさを増す、労働者間の競争が、勤勉な自己管理する主体の形成を積極的に後押しすることになるのである。

　マルクスは、「有用性」の生産とそれを支える「勤勉」の生産という課題をクリアしていくことこそが、資本の自己正当化をもたらすと考えていた。

第1部　生と人間

「資本にもとづく生産は，一方では普遍的な産業活動（Industrie 勤勉）――すなわち剰余労働，価値を創造する労働――をつくりだすとともに，他方では，自然および人間の諸属性の全般的な有用性の一システムをつくりだすのである。そして科学そのものが，すべての身体的属性および精神的属性と同様に，このシステムの担い手としてあらわれる。他方，自分自身で自分自身を正当化するものとして，社会的生産および交換のこの圏域の外にあらわれるようなものは，いっさいなくなる。このようにして，資本がはじめて，ブルジョア社会を，そして社会の成員による自然および社会的関連それ自体の普遍的取得をつくりだすのである」[Marx,1981＝邦訳,17-18]。

ところで，以上述べたような状態においては，この「有用性」の提供と「勤勉」とは，労働者が，資本関係によって媒介的されたかたちで，個々人が相互に要求しあうというありかたをとる。そうしてみると，「自由時間」の使用次第では，労働者の消費者としての「自由時間」の使用それ自体が，「時間の支配」，すなわち，「有用性の提供」を課題とした自己管理を他者としての労働者に強制する時間ともなりうる。

こうしてみると，マルクスが描き出した「自由時間」をめぐる闘争の争点は，じっさいのところは，労働者としての労働現場での関係内に限定されはしない。「消費者」として生命活動をおこなう局面も，すなわち獲得された「自由時間」使用の局面をも巻き込んで展開されていることにならざるをえないのである。[10]

さらに，「時間の支配」のひとつの到達点として顧慮しておくべきは，「利子」カテゴリーの成立である。利子は，貨幣が，時間を経過することによって，貨幣を生む。これは，マルクス的にいえば，貨幣が（あらかじめ特定されることのない・未来の）他者の労働行為ないしはその産物にたいする請求権限をもつためである。だが，「利子」は，この事態を短縮形式で表象する。ここに，「時間」が価値を生むという，〈時間＝貨幣〉等式の極限がある。そして，「利子」のあらゆる商品価値へのあらかじめの算入により，利子返済のリズムという，社会的リズムのうちの特異なものが，実態としての生産のリズムの加速を要請することにもなるのである。

第4章　資本の時間秩序と生命活動

おわりに

　近代化の過程で獲得された，抽象的な時間尺度は，広汎な範囲にわたる，かつ微細なタイミングでの行為接続を可能とするものである[11]。また，歴史認識をささえる技術ともなりうる。たしかに，そういった尺度は，今日においても，じっさいの生活上のすべての局面に必要なものではないし，また，歴史的には，ひとびとの合意形成を経ることなく，「権力的に」導入されてきたという経緯はあるものの，それ自体が直接的に，そして常に「時間の支配」を帰結するわけではない。それゆえ，時間の均質化，抽象化という指摘だけでは，近代以降の社会問題の時間的側面を表現できないだろう。問題は，均質化された抽象的な時間尺度を参照することによって，われわれが何を為しているのかということなのである。

　とはいえ，他面では，資本制の時間秩序は，本章で，自己管理する労働主体と，そういった主体たることの相互強制のメカニズム，および利子カテゴリーについてみたように，確かに，「時間の支配」という表象をも産出する根拠を備えていることも事実である。だがこのことは，われわれが，時間なるものに支配されているということをけっして意味しはしない。時間の支配とは，他者による有用性の提供と他者の欲望とを当て込み想定する，歴史的に特殊な社会関係の網の目のなかで，われわれが相互に強制しているという側面を，短縮形式においてあらわしたものにほかならない。

　個々人が個々の有限な生命の時間を享受する主体であるべきこと，こういった規範的認識は，20世紀までの到達点として確保されているといっていいだろう。だが，同時に，その主体像は，資本制的な自己責任主体という一面に流し込まれようともしている。他者の生命の時間とのあいだの同期化の多様な新たなあり方の模索は，次世紀へ継承される課題たりつづけている。そのさいには，「有用性」の内実の再吟味と，その社会的承認にかんするさまざまな形式の模索が不可欠なものとなっているといえよう[12]。

注

（1） ただし，「教会の時間」対「商人の時間」という図式について，ドールン－ファン・ロッスムは，「教会の時間」がそれ以前の時間編成とのあいだに築いたとされる画期について，より慎重な評価が必要なこと，また「商人の時間」をあらわす時計塔の導入が，商業上の利害というよりもむしろ都市間の威信をかけた，いわば行政的競争を動機としていた側面が強いこと，等々を指摘し，その安易な使用に疑義を呈している［ドールン－ファン・ロッスム,1999］。また，マイケル・オマリーは，前近代の時間と近代の時間とを比較する試みが，前者において「時計がないことと時間に無関心なこととをとりちがえ」，そこに存在する「労働を統御する社会的・文化的強制力」を看過し，過ぎ去った過去になにかしらノスタルジックなイメージを投射しがちな点に注意をうながしている［オマリー,1994,26-27,xiv］。

（2） 人間の生命活動にとっての端緒的な時間編成については，広井良典が，「生きる世界を『目的と手段』の構造へと組織立て」，目的に「未来」を，手段に「現在」を対応させることによって成立すると述べている［広井,1994, 180-181］。

（3） 梅林のばあいにも，「記号，シンボルとしての時間」を用いるという側面が否定されているわけではないということを強調しておきたい。

（4） 直線性と円環性とが排他的なものではなく共存しているという点については，オマリー［1994,28-29］を参照。

（5） というのも，梅林が「時間の疎外」という語で表現する事態は，後期マルクスの概念装置を踏まえることにより，より分節化したかたちで表現することが可能ではないかと考えるからである。

（6） 時間が労働行為の尺度として採用されるにさいしては，(1)労働行為をその成果において評価しなければならないという要請（これは社会的行為の「評価」一般に該当する事柄ではない）がまず前提として存在し，そのうえで，(2)「強度」や「質」のそれ自体としての把握には困難がつきまとう（時間尺度の便宜性）ということがあげられるだろう。

（7） ここで，マルクス的に表現するのならば，売買されるのは「労働」ではなく「労働力」ではないか？　との疑念が生じるかもしれない。だが，このばあい，「労働力なるもの」が実体として売買されるわけではない。労働行為が，結果として「労働力の再生産費」を基準として売買されるがために，そのような表現がなされることになる。そのような過程を経たのちには，「労働力の商品化」という表現が妥当しうることになるだろう。

（8） この点については，内田［1993］を参照。

（9） しばしば「消費社会」と称されるこの事態は，マルクスの同時代には全面的に展開していたわけではなく，それゆえ，『資本論』における経験的な叙述においては前面に登場することがない。とはいえ，『経済学批判要綱』に

おいてすでに，論理的にありうる事態であることがすでに指摘されている［Marx,1976＝邦訳,321,345］。この点については，加藤［1999,263-270］を参照。
(10) それゆえ，たんに獲得される「自由時間」の量のみならず，その使用条件が，ひいては，「必要労働時間」と「自由時間」との連関のあり方が，問題とならざるをえないことになる。なお，マルクスの自由時間論がチャールズ・ディルクの議論をもとにしていることは杉原四郎の指摘によって知られているが［杉原,1973］，植村邦彦によれば，デュルクのばあいには，「自由に処分できる時間」が，「苦痛の代償として労働者個々人が私的に恣意的に消費する休息の領域」に限定されて理解されており，この点で，自由時間論とかかわらせて「民主制」・「アソシアシオン」を視野に収めたシュルツの影響関係もまた看過できないものとなる［植村,1990,165-166］。
(11) 不特定多数の人間を，長距離にわたって運搬する「鉄道」制度が，統一的な時間制度を要請したという点［オマリー,1994］がこのことを端的にあらわしている。
(12) この点については，加藤［2000］を参照。

文献

Barbara, Adam,1990 *Time and Social Theory*, Polity Press. 伊藤誓・磯山甚一訳『時間と社会理論』法政大学出版局，1997年
ドールン-ファン・ロッスム，ゲルハルト，1992『時間の歴史――近代の時間秩序の誕生――』藤田幸一郎・篠原敏昭・岩波敦子訳，大月書店，1999年
エリアス，ノルベルト，1992『時間について』井元日向二・青木誠之訳，法政大学出版局，1996年
広井良則，1994『生命と時間――科学・医療・文化の接点――』勁草書房
樺山紘一，1996「時間の社会史」『岩波講座　現代社会学6　時間と空間の社会学』岩波書店
加藤眞義，1999『個と行為と表象の社会学』創風社
―――，2000「可能態と形式の規定――マルクス的行為分析の展開のために――」『社会学研究』第68号，東北社会学研究会
真木悠介，1981『時間の比較社会学』岩波書店
Marx, Karl,1976 Ökonomische Manuskripte 1857/58.Teil 1,*MEGA*,Abt.II.Bd.1-1.『資本論草稿集(1)　1857―58年の経済学草稿1』大月書店，1981年
―――, 1981 Ökonomische Manuskripte 1857/58.Teil 2,*MEGA*,Abt.II.Bd.1-2.『資本論草稿集(2)　1857―58年の経済学草稿2』大月書店，1993年
―――, 1962 *Das Kapital*, Erster Band. Werke 23.『マルクス・エンゲルス全集』第23巻（「資本論」第1巻）大月書店，1965年
―――, 1963 *Das Kapital*,Zweiter Band. Werke 24.『マルクス・エンゲルス

全集』第24巻（「資本論」第2巻）大月書店，1966年
Moore,Wilbert E.,1963　*Man, Time and Society*, John Wiley & Sons Inc.
オマリー，マイケル，1990『時計と人間』高島平吾訳，晶文社，1994年
杉原四郎，1973『経済原論Ⅰ「経済学批判」序説』同文舘出版
内田弘，1993『自由時間』有斐閣
植村邦彦，1990『シュルツとマルクス――「近代」の自己認識――』新評論
梅林誠爾，2000『生命の時間，社会の時間』青木書店

第2部

個と共同性

第２部を構成する個々の論文の内容には立ち入らず，共通の問題意識である「個と共同性」の問題について簡単に述べることにしたい。この問題は，一般的には，人間が個別性と社会性（共同性）をあわせもつという特有の存在の仕方をしていることに由来すると思われる。人間は社会的・共同的存在であって，社会的諸関係＝社会を形成し，単独ではなく他の人間たちと共同して生きている。これは人間の本質的な存在の仕方である。他方，社会的・共同的存在である人間たちは，個別的に見ると，それぞれ固有の人格性（個性）をもち，属性（性，年齢など）や能力を異にする一人ひとりの人間（個別化された個人）として存在している。そうした諸個人が家族，地域社会，国家等をつくり，共同生活を営んでいる。そして，当の個別化された個人それ自体も社会の内部でのみ形成される。マルクスが人間は「社会のなかでだけ自己を個別化しうる動物である」（『経済学批判要綱』）と述べているように，社会の外での個人の形成はありえない。

　このように，人間は個別的存在であると同時に社会的・共同的存在であるが，このことが「個と共同性」の問題として近代社会に固有の問題となったのは，近代社会において人間の個別性と社会性（共同性）が乖離するようになったからである。商品・貨幣関係の全面的な発達と古い共同体の解体のうえに成立した近代社会では，人々は古い共同体による束縛から解放され，商品・貨幣の所持者として自由で独立した個人となったものの，それぞれが経済的利益のみを追求し，互いに無関心で疎遠な関係を形成するようになった。人間のアトム化は共同性の形成を困難にさせる。こうして，古い共同体的な紐帯に取って代わるべき新しい紐帯（共同性）の形成が近代社会の課題となったのである。

　さらに，この「新しい紐帯」は個人の自由・平等（人権）と両立するものでなければならない。なぜなら，近代社会は人間の尊厳と人権を固有の権利として形式上は承認している社会だからである。要するに，近代社会では，人間の尊厳と人権の保障をベースとしたうえで，自立した諸個人がその個性と能力を十分に発揮できるような社会形成＝共同性形成が要請されるのである。近代社会が提起した共同性形成を家族，地域社会，国民社会，国家等のレベルで具体的に実現すること，これは新世紀社会の課題でもある。

（北村　寧）

第5章　新世紀社会における個人の自立と人間的連帯
―― 市民社会論とアソシエーション論を手がかりにして ――

はじめに

　現在，アメリカ主導の「グローバル資本主義」は世界の一体化を推進しつつ，環境破壊，大量失業，貧富の格差の増大，金融投機など深刻な問題を地球的規模で発生させている。日本においても，とくに「バブル経済」の崩壊後，「規制緩和」などいわゆる新自由主義的政策が実行され，市場万能論の高まりとともに，市場原理にはなじまない福祉，教育，文化などの分野にまで「競争」が導入されようとしている。社会生活の全体にわたって人々が競争的環境に引き入れられ，勝者と敗者に分かれ，支配と従属，格差と分断がもたらされようとしている。しかし，他方において，労働運動・市民運動を中心として「ルールなき資本主義」に対抗し，人々の協同的連帯を形成する動きも着実に強まっている。21世紀の入り口に立っている今，20世紀末の現実を踏まえ，新世紀における新しい社会編成のあり方，個人の自立と人間的連帯を実現する方向を探求することは重要な課題である。

　故小渕恵三首相が委嘱した「21世紀日本の構想」懇談会（河合隼雄座長）でも，21世紀の課題の一つは「市民社会における個と公の関係を再定義し，再構築すること」だとし，「個の確立」を強調している［「21世紀日本の構想」懇談会,2000,28］。「21世紀には，日本人が個を確立し，しっかりした個性を持っていることが大前提となる。このとき，ここで求められている個は，まず何よりも，自由に，自己責任で行動し，自立して自らを支える個である」［「21世紀日本の構想」懇談会,2000,37-39］。しかし，ここで言われている「個の確立」は「グローバル化」にいかに対応するかという観点に立っており，それへの対抗の論理をもちあわせていない。

私は、新世紀社会における個人の自立と人間的連帯を論じるためには、グローバル資本主義や新自由主義との対抗の論理だけでなく、既存の資本主義社会を「超える」視野が必要だと考える。こうしたスタンスのもとに、本章では、以下の二つの点から課題にアプローチすることにしたい。第一は、市民社会論の検討である（第1節、第2節）。日本の社会科学において資本主義社会に内在しつつ、それを「超える」視野をもって「個人の自立と連帯」を論じたのは、スミス・マルクスの伝統に立つ市民社会論であった。その最良の成果である内田義彦と平田清明の市民社会論を検討し、そこから継承するものは何か、明らかにしたい。第二は、マルクスのアソシエーション論の検討である（第3節）。近年の諸研究で、アソシエーションはマルクスの人間解放思想の重要な概念であることが明らかにされている。この概念の考察から、資本主義社会の胎内でのアソシエーションが「個人の自立と連帯」を実現する重要な「場」であることを確認したい。以上の検討を踏まえ、市民社会論はアソシエーション論を組み入れることでいっそうの理論的発展が可能になること、新世紀社会における個人の自立と人間的連帯はアソシエーションでの活動を通じて実現することを述べようと思う。

第1節　内田義彦の市民社会論

市民社会は、「自由・平等な諸個人から成る公正な社会」を意味する概念として、日本の社会科学がヨーロッパの近代思想から学びつつ、育ててきた概念である。ここでは、スミス・マルクスの学問的伝統に立った市民社会論の代表的論者である内田義彦の見解を検討することにしたい。

1　資本主義社会と市民社会

市民社会は階級社会である資本主義社会を特定の「視角＝観点」から捉えた概念である。内田は、「社会の歴史的発展のなかで資本主義社会がしめる位置をどのようにおさえるかということは、じつは資本主義なる社会制度における階級関係、なかんずくその基礎をなすところの直接的生産者をどう把握するか」に規定されているとの見地から、資本主義社会の直接的生産者で

ある賃労働者は二重の意味で自由であり,「労働力＝商品の所有者」という資格と「日々売りわたされるところの商品それ自体」という資格との「二重の資格」をもつと指摘し［内田,1962,201-202］, この点から市民社会概念を次のように規定する。「この二重の性格は, みる人の視角＝観点によって, それぞれ一方が強く前面におしだされてくる。一方において, かれは労働力という商品の所有権者であり, 所有権の完全なる主体としてはかれは他の階級と全くおなじ権利能力を保有している。そして, 直接的生産者が法の主体として完全なる・他の階級と全く異るところなき・権利能力を保有するというのは, 階級社会のなかでは資本主義社会においてのみのことである。この点にのみ注意をすると――あるいは, この観点から歴史をみると――資本主義社会は階級社会のなかでも自由な, 他ならぬ市民の社会（そこでは, 法における平等が立法の理想であり, 各人が自らの財産＝商品を処分しうる自由をもつことが経済的スローガンになり, さらにそこでは自らを支配するものは自らでしかないという意味での人格の尊厳が, 道徳＝社会的強制の理念になっている）として他の社会から区別してあらわれ, そして社会の発展は多かれ少なかれ不自由な社会から, 究極の到達点たる自由な市民社会をめざしておこなわれるということとなるであろう」［内田,1962,202-203］。

しかし, 他方において, 賃労働者は「日々売りわたされるところの商品それ自体」である。彼らは生産手段を所有していないので, 自らの労働力商品を資本家に売り, 資本家の「専一的な支配」のもとで「賃金奴隷」として働かざるをえない。この「視角＝観点」からみれば,「資本主義社会は生産手段の所有者の君臨＝支配が完成し, 奴隷制がその広さにおいて, またその深さにおいて頂点にたっする社会といえる」［内田,1962,204］。資本主義社会は上述のような二つの「視角＝観点」から捉えることができる。

このように市民社会とは, 賃労働者が労働力商品の所有者であることに着目し, 人々がたがいに商品所有者として平等な権利主体として関係しあっているという資本主義社会の一つの側面を捉えたときに成立する概念であり, それは, 経済的関係だけでなく, 法や倫理・道徳を含む社会全体を捉えた概念である。[1]

2 批判的基準としての市民社会

以上の内田の見解は1950年代のものだが(『経済学の生誕』初版は1953年刊),こうした市民社会概念は封建的要素をいっさい排除した「純粋資本主義としての市民社会」であり,「講座派マルクス主義」の強い影響を受けた内田にとって,前近代的要素が残存する日本社会を批判し克服するための基本視座となる概念であった。

1960年代になると,高度成長による日本社会の変化や当時の「社会主義国」の現実を見据えつつ,上述した市民社会概念とともに,「抽象的概念としての市民社会」という捉え方が示される。後者は,「抽象的な歴史貫通的概念としての市民社会」であり,「さまざまな体制をくぐりぬけながら実現してゆく市民社会というかたちのもの」であって,資本主義だけでなく,「社会主義における市民社会」という形で社会主義をも包摂する概念である[内田,1967,100]。この「歴史貫通的概念としての市民社会」においても,人々がたがいに平等な権利主体として関係しあうという基本的観点は維持されている。「市民社会は,封建制や資本主義だけでなく,社会主義に対しても批判的基準として用いることのできる」概念とされたのである[新村,1996,8]。

市民社会概念は高度成長を遂げた日本の資本主義を批判する視座でもあった。[2] 内田は,「所有の力がやたらに強い,あるいは,その基礎である人間の共感にもとづく連帯観が弱かったということが,日本の資本主義に二つの特質を与えている」と述べ,第一に「経営体としてみた場合,非合理的なものが非常に強く残っている」こと,第二に「人権がその十分な力で確立していないということが,一方では日本の高度成長を基礎づけていると同時に,そうした高度成長の底にある精神的・肉体的な貧困をとらえがたくしている」ことを指摘する[内田,1967,354-355]。批判の基本視座は「人権」であり,「人間の共感にもとづく連帯観」である。市民社会概念には「労働する人間としての共感と連帯」[内田,1967,349]が含意されているのである。

3 小　括

　私は，市民社会を資本主義社会の一つの側面を理論的に抽象することによって得られる概念とする『経済学の生誕』の理解を重視したい。資本主義社会における社会的分業と交換のシステムにおいて，人々は商品・貨幣の所有者として，その限りで平等な権利主体（＝自立した個人）として，人間の尊厳・人権・民主主義等々の価値理念を基盤として，たがいに関係しあっている。この側面（市民社会的側面）を否定することはできない。しかし，資本主義社会にはもう一つの側面，すなわち，資本・賃労働関係にもとづく階級的支配・従属関係がある（階級的側面）。だから，人々の対等・平等な関係は形式，建て前となり，実質的には不平等な関係となる。人権・民主主義も形骸化され侵害される。内田は，市民社会を資本主義社会から切り離すことなく，資本主義社会がもつ「二つの側面」[(3)]の一方の側面を捉えることによって成立する概念としたのである。

第2節　平田清明の市民社会論

　周知のように，平田は1960年代から90年代まで市民社会論を精力的に展開した。ここでは，60年代の『市民社会と社会主義』と90年代の『市民社会とレギュラシオン』について考察することにしたい。

1　『市民社会と社会主義』（1969年）

　平田は，従来のマルクス研究・史的唯物論において見失われてきた市民社会概念を積極的に再評価し，マルクスの世界史認識の「基礎視座」は「共同体から近代市民社会への移行」であるとする。この見地から，社会主義を「市民社会の継承」として捉え，マルクスの社会主義とは近代市民社会において私的形態のもとに歪曲されていた「個体的所有」が再建・開花する社会だとした。さらに，こうした「市民社会視座」を欠いたレーニンの理論と，「レーニン主義」ロシアを「国家社会主義」として厳しく批判した。

第2部　個と共同性

(1) 市民社会と「資本家社会」

まず，市民社会概念の定義を引用する。「市民社会とは何よりもまず，交通的社会 commercial society としてある。それは，『私的諸個人』が対等な所有権者として自由に交際（交通）しあう社会である。同市民関係そのものなのである」[平田,1969,56]。また，「市民社会は，そこから自立する法と道徳との関連を自らのうちにはらむ」[平田,1969,56]と述べている。この理解は基本的に内田義彦の見解を踏襲したものといえる。

この市民社会と「資本家社会」との関係については独特の見解が示される。「資本家社会から区別されたものとして市民社会が歴史的一段階をなすのではない。（中略）市民社会という第一次的社会形成の資本家的な第二次的社会形成への不断の転成として，現実的な社会形成が展開するのである」[平田,1969,53]。平田の見解の特徴は，市民社会と資本家社会との関連を「不断の転成」として捉える点にあるが，この見解は，従来から議論が集中した一大論点でもあり，ここで立ち入ることはできない。私なりに彼の見解をまとめると，要点は次の2点である。①「資本家社会」を直接・無媒介に「階級社会」（搾取と支配・従属関係）として捉えるのではなく，「市民社会」（資本家は貨幣所持者として，賃金労働者は労働力商品の所持者として，両者が対等・平等な権利主体として向かい合っている）を前提にして成立している社会として捉えるべきであること。②したがって，「資本家社会」には「自由・平等という市民的原理」が形式的には保存されており，そうした「同市民関係」を維持しつつ，「階級的な支配隷従関係」が貫徹しているということ。

(2) 「資本家社会」における「形式」の肯定的意義

平田は言う。「市民社会における商品交換がおのずから成立させる，自立的諸個人間の自由・平等な法関係とその観念とは，それ自体，事実上の不自由・不平等の表現そのものではあるが，その抽象性は，人間の意識をしてはじめて，現存する外的対象から飛躍させるものであり，人類が意識的に歴史を形成していく一動因になるものである」[平田,1969,92-93]。市民社会における自由・平等の法的観念（権利）は「現実における事実上の不自由・不平等を，個人の内面に認識させ，法的基準そのものを吟味させる」[平田,1969,93]。要するに，

第5章　新世紀社会における個人の自立と人間的連帯

市民社会原理としての自由・平等の法的観念（権利）が「資本家社会」における現実の不自由・不平等を意識させ，その是正・変革を迫り，それを通じて，人々はより完全な自由・平等の実現を求めていく，ということである。

以上のように，市民社会において「自立的諸個人間の自由・平等な法関係」が成立するが，それは「資本家社会」では「形式」に留まらざるをえなかった。しかし，その「形式」は次の2点で肯定的意義をもつ。一つは，「資本家社会」の事実上の不自由・不平等を批判する基準としてである。もう一つは，将来の社会主義の「準備」としてである。「形式」であっても，その成果を基礎にして将来の社会主義が形成される。「形式」に留められていた諸個人の自由・平等は，将来の社会主義において，その「形式」を除去され，真実の自由・平等として開花するのである。

2　『市民社会とレギュラシオン』(1993年)

同書では，フランスのレギュラシオン理論やグラムシの市民社会論を摂取した新しい市民社会論が展開されている。(4)

(1) グラムシ市民社会論の摂取

平田はグラムシの市民社会論を積極的に吸収し，自らの市民社会論を「再措定」している。この点についてグラムシ研究者の松田博は以下のような5点を指摘している［松田,1996,184参照］。①「土台と上部構造との方法論的接点」としての市民社会の発見。②資本主義体制・国家の内在的変革の理論的礎石としての市民社会の発見。③「市民社会の諸組織」（職能団体，協会，組合，マスメディア，学校，政党など）の私的性格と社会的性格との緊張関係および後者（市民社会の社会的性格）の政治社会（国家諸機関・諸組織）への包摂・吸収の問題の把握。④「カタルシス」の「結晶」としての「イデオロギー」および「知的道徳的リーダーシップ」としてのヘゲモニーのダイナミックな相互連関の認識の深化による「陣地戦の地平」としての市民社会という位置づけの明確化。⑤「政治社会の市民社会への再吸収」と「Società regolata」（原意は自己調整する自律的社会を意味する——松田博・注）の問題。

グラムシ市民社会論の摂取により，平田は現代資本主義国家変革の基本戦略を捉えることができた。それは，「資本主義経済がその政治体制として民

主主義的構造をとる」国家の変革は，国家権力を一挙に暴力的に奪取する方法では不可能であり，「市民社会という戦場での陣地戦を一つずつ勝ち抜く」以外にない，ということである。「土台と上部構造との方法論的接点」としての市民社会という空間の発見によって，彼は「現代ブルジョア社会（資本主義体制）克服の決定的な環を手に入れ」，「資本主義国家を内在的に変革する基本的道程」を捉えたのである［平田,1993,258-259］。

(2) **市民社会概念の空間的拡大**　平田は市民社会概念を空間的に拡大して理解している。もともと平田は市民社会を経済だけでなく，そこから自立する法や道徳を含むものと考えていた。しかし，同書では，現代市民社会の社会空間として，(1)「社会的文化的共同空間」，(2)「経済的（政治的）公共空間」，(3)「国家的公共空間」の三つを挙げる。さらに，この三つの空間の内部を構成する諸項目（装置・施設など）を具体的に列挙しているが，このうち，(1)「社会的文化的共同空間」の第一項目は「男女・家族・隣人」であり，人間の生活と生殖＝再生産の場を挙げている［平田,1993,331-332］。

市民社会はこうした「再生産」の場をも含む，広範囲の空間である。広範囲の空間としての市民社会には多様な組織（アソシエーション）があり，それが「陣地戦」の具体的な場である。1994年の論文では，「種々に異なる現代国家を批判的に自己認識するうえで，今日あらたに市民社会の概念が必要とされる」とし，市民社会について，①「協同する個の自己実現の場」，②「ヘゲモニーの場」（部分社会の複合体としての市民社会），③政治社会（国家）を「再吸収」する場（「市民社会と国家の再分節」），と述べている［平田ほか,1994,20-36］。なお，平田が市民社会を国民国家・民族等の枠を超えた，トランスナショナルな「国際市民社会」［平田ほか,1994,20］として捉えていたことも付け加えておく。

(3) **「オールタナティブ・パラダイム」の提起**　それでは，現代資本主義社会（国家）の内在的変革というばあい，めざすべき方向と課題は具体的に何であろうか。彼はそれを現代日本資本主義に対する「オールタナティブ・パラダイム」として提起している。その内容は以下のとおりである［平田,1993,116-117］。

生産諸手段の現実的共同占有を基礎とする，勤労者による個体的所有の現代的創出に向かって
  ①勤労諸個人自身による生産過程の協同的制御→福祉国家ならぬ福祉共同体に向かって
  ②賃労働時間の縮減→自由時間の拡大，消費と余暇における商品関係の縮減
  ③エコロジカル・テクノロジーの系統的選択，リサイクリングの組織化
  ④social hierarchy の縮減，フェミニズム，反ラシズム
  ⑤協議された社会的効率性に依拠した貨幣的および非貨幣的な再配分，すなわち社会的連帯の新たな形態の創出
  ⑥より moral でより良く organic な，そしてより代表的でないデモクラシーの創出
  ⑦（国家でなく）諸国民共同体の自立性と相互互恵性の発展

　平田は「トータルな体制概念としての社会主義」を提起していない。したがって，上記のパラダイムの目標は市民社会の成熟であり，資本主義経済体制の枠内で追求しうる課題である。現代資本主義社会のまっただ中において市民社会を不断に拡大・発展させること，これが変革の基本的方向なのである。市民社会概念は豊富化され，現代資本主義社会の変革という展望のなかでキーコンセプトとして位置づけられている。

3　坂本義和の市民社会論

　内田義彦と平田清明の市民社会論はスミス・マルクスの学問的伝統を踏まえたものであるが，近年，こうした系譜と区別される新しい市民社会論が展開されている。[5]ここでは，坂本義和の見解をみておこう。彼は市民社会概念について述べている。

　「私が指すのは，人間の尊厳と平等な権利との相互承認に立脚する社会関係がつくる公共空間だが，それは無時間的な空間ではなく，不断の歴史的形成の過程そのものなのである。（中略）80年代から，東欧その他での民主化運動やさまざまな市民運動が生み出した歴史的変動の過程で，この言葉が復

活し，再定義されてきた，その際の意味づけを念頭においた概念規定である。（中略）市民社会とは，単に経験的に存在している社会関係だけを指しているのではない。それは単なる分析概念ではなく，ひとつの批判概念であり，規範的な意味をも含んでいる。換言すれば，それは，（中略）人間の尊厳と平等な権利とを認め合った人間関係や社会を創り，また支えるという行動をしている市民の社会関係を指しており，そうした規範意識をもって実在している人々が市民なのである」[坂本,1997,43]。こうした市民社会は，国境を超え，トランスナショナルに形成される。市民社会は「多民族・多文化の共生の場」である。「多様で対等な文化を内包する」トランスナショナルな市民社会をどうつくるかは21世紀の大きな課題である[坂本,1997,112]。

　市民社会は「人間の尊厳と平等な権利」を基礎とする人間たちの自由で平等な関係であるが，坂本はそうした市民社会を民主化運動・市民運動・ＮＧＯ等々の実際の運動のなかで不断に形成していくものとして捉えるとともに，こうした市民社会を現代国家や市場経済の現実の動きを批判し規制する「立地点」としているのである[坂本,1997,56]。

4　小　括

　平田清明が述べているように，私は資本主義社会における「形式」（市民社会原理）の肯定的意義を重視したいと考える。すべての人々が平等な権利主体であるという「形式」があるからこそ，形式を実質に変え，不平等を是正し，人権・民主主義の確立を求める力（市民社会の力）が働く。また，そうした市民社会原理を基準にして日本社会の前近代的要素だけでなく，人権無視の「企業中心社会」日本，「ルールなき資本主義」といった現代日本社会を批判することもできるのである。階級的支配・従属関係を克服し，自立した諸個人の連帯を獲得する根拠は資本主義社会そのものに，その市民社会的側面にあるというべきである。もし市民社会的側面を徹底的に追求し，人々の自由・平等な関係の完全な実現をめざすならば，それは資本主義社会そのものの根本的変革（止揚を含む）を要請するものとなろう。平田の提起した「オールタナティブ・パラダイム」はそれ自体としては資本主義経済体制の枠内にあるが，その完全な実現は現在の資本主義経済体制の根本的な変

革を迫るのではあるまいか。そう考えると，市民社会概念は資本主義の枠内にありながらも，それを超える射程をもつといえよう。

　さらに，市民社会は人権を基礎とする人間たちの自由で平等な関係を形成し実現していく「場」ないし「空間」だということを確認しておきたい。平田は，市民社会には多様な組織（アソシエーション）があり，それが「陣地戦」の具体的な場であると考えた。坂本義和も，自立的で自発的な諸個人が運動のなかで不断に形成していくものとして市民社会を捉えた。人権を基礎とする自由で平等な関係を社会生活のあらゆる領域・場面において，国境を超えて実現していくことは（階級的およびその他諸々の制約・障害と不断に闘いながら）現在および見通しうる将来の重要な課題であろう。「場」としての市民社会は，自覚的な諸個人が意識的につくりあげるものなのである。

第3節　マルクスのアソシエーション論

　前述のように，市民社会は自覚的諸個人が自由で平等な関係を形成していく「場」でもある。その「場」とは，具体的には諸組織（アソシエーション）である。そこで，アソシエーションをどう考えるかであるが，この問題に関してマルクスのアソシエーション[6]という概念が注目されている。近年の諸研究[7]において，マルクスは自覚的諸個人の結合体としてのアソシエーションを将来社会像の中核的概念と考えていたこと，資本主義社会の内部で形成されるアソシエーションである協同組合を将来社会の萌芽として一定の評価をしていたこと，などが明らかにされている。マルクスのアソシエーション概念は新世紀社会での「個人の自立と連帯」を考える手がかりになるとの問題意識のもとに，アソシエーション概念を検討し，その現代的意義を考えることにしたい。

1　近年の論議

　ここでは，二人の論者に言及するだけに留める。マルクスのアソシエーション概念を体系的に研究した田畑稔は「『アソシエーション』は，諸個人が自由意思にもとづいて共同の目的を実現するために，力や財を結合するかた

ちで『社会』をつくる行為を意味し，また，そのようにしてつくられた『社会』を意味する。(中略) こういうアソシエーション型社会の展開のなかにマルクスの解放論的構想を位置づけてみよう」［田畑,1994,4］との立場から，マルクスの「未来社会は『アソシエーション』として，つまり『個人性』の本格展開にもとづく『共同性』の自覚的形成として，構想されるべき」［田畑,1994,7］であると指摘している。これは，生産手段の所有関係を基準として未来社会（社会主義・共産主義社会）を捉える旧来型のマルクス理解に根本的な変革を迫るものであった。彼の著書は「思想史的研究」であって，実践的方策を論じたものではないが，「協同組合運動がみなおされ，さまざまなヴォランタリー・アソシエーションがつぎつぎと若者の手で創出されている今日の姿のなかに，われわれは未来社会へ連続するものを，どのように見ることができるのだろうか」［田畑,1994,9］という現実的問題関心に裏付けられていた。

　他方，柄谷行人は資本と国家の揚棄という実践的な観点からマルクスのアソシエーション概念に注目している。彼は，協同組合に対するマルクスの高い評価を踏まえて，現代における資本と国家に対抗する運動原理としてアソシエーション＝「消費者—生産者の協同組合」を捉えている［柄谷,2000］。

2　マルクスのアソシエーション概念

　それでは，マルクスはアソシエーション概念をどのように考えていたのであろうか。以下，細谷昂の整理に従って年代順に要点をみておくことにしたい。

(1) 1840年代半ばから50年代初頭　「ドイツ・イデオロギー」（1845-46年執筆）——諸個人の「連合化」（Vereinigung）とアソシアシオンが同じ意味で，将来社会（「真の共同社会」）を指す語として使われている。アソシアシオンは「一人ひとりの『個』を前提とし，その結びつきによって形成されるという性格のものである」［細谷,1997,55］。将来社会だけでなく，具体的組織（農奴に対抗するための「アソシアシオン」）をさす用語法もあるが，両者の共通点は「アソシアシオンはあくまでも意識的結合だという点」である［細谷,1997,55-56］。

『哲学の貧困』(1847年刊)——末尾ではアソシアシオンの展開過程が記述されている。ここでは，アソシアシオンは，一方では，資本主義社会の胎内で，資本家との階級闘争のなかで形成された労働者の自覚的組織を指しているとともに，他方では，国家を止揚した段階の将来社会を指すものとされている。なお，1850年代に入ると，「労働者協同組合」への着目が始まるが，生産組織の過渡的形態（将来社会の萌芽）として意識されるには至っていない。

この時期は，「一方において，階級闘争のなかでしだいに自覚性を高め，やがて生産手段の社会的所有を実現していくプロレタリアートの組織という運動論的観点からのアソシアシオン概念と，他方において，すでに国家を止揚した『共産主義社会のより高度の局面』をさすアソシアシオン概念があった」[細谷,1997,58]のであるが，まだ，経済的次元における生産組織としてのアソシアシオンを見出しえていない。

(2) 1850年代後半　　この時期には，経済的次元でのアソシアシオンの探求が進行する。

「経済学批判要綱」(1857-58年執筆)——資本主義の労働過程と将来社会の両者についてアソシアシオンという同じ言葉が使われている。前者の用例として，「労働者のアソシアシオン——労働の生産性の基礎的条件としての協業および分業——は，（中略）資本の生産力として現れる」[Marx,1981, 476＝邦訳,297]という叙述がある。マルクスは工場での労働者間の分業・協業関係をアソシアシオンと言っている。両者にアソシアシオンという同じ言葉を使った理由について，細谷はマルクスが両者間に「一定の共通性，おそらくは継承関係を考えていたのであろう」と推察し，その共通性は，「直接に社会的」，つまり，商品関係に媒介されていないことだとしている[細谷,1997,59-61]。

(3) 1860年代　　「1861-63年草稿」——基本的に（例外はあるが）資本主義の生産組織に対してはアソシアシオンは用いなくなる。また，管理労働が資本家の機能から分離し，資本家が無用になった「最良の証拠」として「労働者たち自身によって設立された協同組合工場」[Marx,1979, 1497＝邦訳,473]を挙げ，それを高く評価している。

「国際労働者協会創立宣言」（1864年執筆）――協同組合の過渡的形態としての意義を高く評価する。マルクスは，協同組合工場が，資本家なしに生産が可能であること，賃労働は「アソシエイトした労働」(associated labour)に取って代わり消滅すべき運命にあることなどを実際に示したとして高く評価する。しかし同時に，協同労働 (co-operative labour) が個々の労働者の努力という狭い範囲に留まるかぎり大衆を解放できないとその限界を指摘し，大衆を救うためには協同労働を全国的な規模で発展させる必要があり，そのためには，「政治権力を獲得することが，労働者階級の偉大な義務」だと指摘する [Marx,1992a,10-11；大月版,10]。マルクスは協同組合を将来社会の萌芽（過渡的形態）とみなすのだが，「そのまま将来社会につながるというのではなく，政治権力の掌握による社会の根本的変革を不可欠の媒介項」[細谷,1997,45] としていることに留意しておきたい。

なお，「暫定中央評議会代議員への指示，種々の問題」（1866年執筆）では，協同組合運動の「大きな功績は，資本に対する労働の隷属という現在の窮乏を生み出す専制的な制度が自由で平等な生産者たちのアソシエーション (the association of free and equal producers) という共和制的で福祉をもたらす制度に取って代わることを，実践的に証明することである」[Marx,1992b, 231-232；大月版,194] と述べている。

「1863－65年草稿」（資本論第3部準備草稿）――マルクスは「労働者自身の協同組合工場」を「古い形態」の枠内ではあるが，その「最初の突破」とみなし，協同組合工場の内部では，限界はありながらも，「資本と労働との対立」が廃止されていると評価している。マルクスは協同組合工場を「資本主義的生産様式からアソシエイトした (associirte) 生産様式への過渡形態」と見なしているが，それだけでなく，資本主義的株式企業をも「過渡形態」とみなしている [Marx,1992c,504；大月版,561-562]。

『資本論』第1巻初版（1867年刊）――将来社会は「共同の生産手段でもって労働し，自分たちの多くの個人的労働力を自分で意識して一つの社会的労働力として支出する自由な人間たちの連合 (einen Verein freier Menschen)」[Marx,1983,45；大月版,105] というように本来のドイツ語でVereinと表現されている。細谷はVereinはアソシアシオンと同義であるとし，「諸

第5章　新世紀社会における個人の自立と人間的連帯

個人が自分たちの多くの諸力をみずから自覚的に一つの力にまとめあげるということで，自立した諸個人，その自覚性，そこにもたらされる統一というアソシアシオン概念が，ここでは労働者の運動組織ではなく，将来社会における生産組織のあり方をあらわすものとして明確化されている」[細谷,1997,66] と述べている。

(4)1870年代　『フランスの内乱』（1871年執筆）——パリ・コミューンの衝撃をうけて書かれた著作である。マルクスは「協同組合的生産」（co-operative production）を「資本主義制度」（Capitalist system）に取って代わるものとし，「連合した諸協同組合」（united co-operative societies）が一つの計画にもとづいて全国の生産を調整し，それを自分の統制のもとにおいて，「資本主義的生産の宿命である不断の無政府状態と周期的痙攣」を終わらせたとき，そうした社会を「共産主義」（Communism）と呼んでいる [Marx,1978,142-143；大月版,319-320]。将来社会は諸協同組合の連合として捉えられている。

「土地の国民化（nationalisation）について」[9]（1872年執筆）——将来社会は「自由で平等な生産者たちの諸アソシエーションからなる一社会」（a society composed of associations of free and equal producers）と記されている [Marx,1988,136；大月版,55]。これに関して細谷は「諸個人が自覚的に結びあってさまざまにアソシエーションを形成し，それらの連合の上に，社会全体もアソシエーションとしてある，というのがマルクスの将来社会像だった」[細谷,1997,68] と述べている。

「ゴータ綱領批判」（1875年執筆）——将来社会としての「共産主義社会」を，「共産主義社会の第一段階」（「いまようやく資本主義社会から生まれたばかりの共産主義社会」）と「共産主義社会のより高度の段階」（「それ自身の土台の上に発展した共産主義社会」）という二つの段階（Phase）に区別する。また，「生産手段の共有を基礎とする協同組合的社会」（genossenschaftlichen, auf Gemeingut an den Productionsmitteln gegründeten Gesellschaft）というように，将来社会（「共産主義社会の第一段階」を指す）を「協同組合的社会」と表現しているのが注目される [Marx,1985,13；大月版,19]。労働者の運動としては，協同組合的生産（genossenschaftliche Produktion）を「社

95

会的な規模で，まず最初は自国に国民的規模で」つくりだすことを重視し，「今日の協同組合（Cooperativgesellschaften）」については，「政府からもブルジョアからも保護を受けずに労働者が自主的につくりだしたものであるときに，はじめて価値をもっている」と指摘している［Marx,1985,20；大月版,27］。

3 アソシエーション概念の現代的意義

マルクスは彼自身の思想・理論にもとづき，また，彼がおかれている当時の現実的状況の中で，上述のような認識をしたのであった。だから，それを無視して，マルクスの評価を直接・無媒介に現代に持ち込むことはできない。

それを前提にしてのことだが，私は，マルクスの認識から新世紀社会における個人の自立と連帯を考える手がかりを引き出すことができるように思う。私が注目するのは資本主義社会の胎内で形成されるアソシエーションである。マルクスが言及しているアソシエーションの特質は，次の3点にまとめることができるだろう。第一は，アソシエーションとは，共通の目標を達成しようとする，諸個人の自発的・意識的な結合だということである。主体はあくまで自覚的個人である。マルクスの言うプロレタリアートの運動組織や協同組合はそうした性格の組織である。第二は，アソシエーションを形成する諸個人は対等・平等を原則としていることである。マルクスが協同組合工場を評価したのも，そこでは，限界があるとはいえ，「資本と労働との対立」が廃止され，労働者たちの間に，単なる「形式」以上の，対等・平等な関係が成立していたからであろう。第三は，アソシエーションを形成する諸個人は，「直接に社会的」な関係，すなわち，商品関係によって媒介されていない関係をとり結んでいることである。相手を互いに手段視することなく，共通の目標をめざす人間的連帯にもとづく関係である。

マルクスが重視したアソシエーションはこうした特質をもつものであった。このようなアソシエーションは現代の資本主義社会の胎内でも不断に形成されているのであり，今日，アソシエーションを発展させていくことは重要な意義があると考える。[10]「はじめに」で述べたように，現代世界は「グローバル資本主義」のもと，人々は強者と敗者に二分され，支配と従属，格差と分

断が強まろうとしており，こうした動きに抗しつつ，自覚的諸個人が人間的連帯を実現していく「場」がアソシエーションだからである。

おわりに

　第2節の末尾で，私は「人権を基礎とする自由で平等な関係を社会生活のあらゆる領域・場面において，国境を超えて実現していくことは（階級的およびその他諸々の制約・障害と不断に闘いながら）現在および見通しうる将来の重要な課題であろう」と述べた。こうした課題に実際に取り組む主体は一人ひとりの個人であり，そうした個人たちの自発的・意識的結合がアソシエーションである。アソシエーションは市民社会原理を実際に実現していく「場」である。だから，市民社会論はアソシエーション論を組み入れて展開するならば，いっそうの理論的発展が可能になるといえよう。新世紀社会における「個人の自立と人間的連帯」は，多くの人びとがアソシエーションを形成し，そうした「場」で各人の能力を全面的に発揮することによって実現しうるのである。

注
（1）　内田の市民社会概念については，新村［1996］参照。
（2）　市民社会が「企業社会」を批判する視座である点については，山田［1994］参照。なお，平田清明もこの視座を終生貫いている［平田ほか,1994,参照］。
（3）　資本主義社会の「二つの側面」は『資本論の世界』でも指摘されている［内田,1966,77］。
（4）　我孫子誠男は平田の市民社会論の発展を三つの時期に区分している。「日本における市民社会思想」［八木ほか,1998］参照。
（5）　新しい市民社会論の動向については，佐々木政憲「新しいソシエタル・パラダイムとしての現代市民社会」，浅野清・篠田武司「現代世界の『市民社会』思想」［八木ほか,1998,所収］参照。
（6）　アソシエーションは英語 association のカタカナ表記であるが，この語はフランス語では association（アソシアシオン），ドイツ語では Assoziation（アソツィアツィオン）である。本章では，引用文や他の論者の見解に言及する場合を除いて，「アソシエーション」という用語で統一している。

（7） 植村, 大谷, 大藪, 田畑, 細谷などの研究がある。章末の文献を参照。
（8） この「associated」は大谷 [1995] に従って「アソシエイトした」という訳語にした。ドイツ語表記の「associirt」も同様である。
（9） この nationalisation は従来「国有化」と訳されてきたが，細谷は内容的に見て「国有化」の訳はおかしいとし，「ナショナル化」と訳している［細谷,1997,67］。ここでは「国民化」としておく［田畑,1998,参照］。
（10） 現代のアソシエーションとして注目すべきものに「非営利・協同組織」がある。富沢賢治は，この組織を「営利目的ではなく社会的目的を実現するために人びとが協同して活動する組織」と定義し，その特徴として，①開放性，②自律性，③民主制，④非営利性，という4点を指摘している［富沢,1999, 12-13］。

文献

　　Marx/Engels Gesamtausgabe および *Marx/Engels Collected Works* からの引用については，それに対応する邦訳が『マルクス・エンゲルス全集』（大月書店）に収録されている場合は，参考として，邦訳ページ数も本文中に記載した（原典，邦訳の順）。訳文は変更している場合がある。

平田清明, 1969『市民社会と社会主義』岩波書店
―――ほか, 1987『現代市民社会の旋回』昭和堂
―――, 1993『市民社会とレギュラシオン』岩波書店
―――ほか, 1994『現代市民社会と企業国家』御茶の水書房
―――, 1996『市民社会思想の古典と現代』有斐閣
細谷昂, 1997「将来社会についてのマルクス」，細谷昂編『現代社会学とマルクス』アカデミア出版会, 14－83ページ
柄谷行人, 2000『可能なるコミュニズム』太田出版
Marx, K., 1978　The Civil War in France, *Marx/Engels Gesamtausgabe*（以下，*MEGA*と略称する），Abt. I , Bd.22, Dietz Verlag.「フランスの内乱」『マルクス・エンゲルス全集』（以下，『全集』と略称する）第17巻
―――, 1979　Zur Kritik der Politischen Ökonomie(Manuskript 1861-1863), *MEGA*, Abt.II,Bd.3.4. 資本論草稿翻訳委員会訳「経済学批判（1861－1863年草稿）」第4分冊, 『マルクス資本論草稿集』第7巻, 大月書店, 1982年
―――, 1981　Ökonomische Manuskripte 1857/58, *MEGA*, Abt.II, Bd.1.2. 資本論草稿翻訳委員会訳「1857－58年の経済学草稿」II, 『マルクス資本論草稿集』第2巻, 1993年
―――, 1983　Das Kapital(Erster Band), *MEGA*, Abt.II, Bd.5. エンゲルス編集『資本論』第1巻, 『全集』第23巻
―――, 1985　Kritik der Gothaer Programms, *MEGA*, Abt. I , Bd.25.「ゴー

タ綱領批判」『全集』第19巻
———, 1988 The Nationalisation of the Land, *Marx/Engels Collected Works*, Vol.23, Progress Publishers, Moscow.「土地の国有化について」『全集』第18巻
———, 1992a Adress of the International Working Men's Association, *MEGA*, Abt.Ⅰ, Bd.20.「国際労働者協会創立宣言」『全集』第16巻
———, 1992b Instructions for Delegates of the Provisional General Council. The differrent questions, *MEGA*, Abt.Ⅰ, Bd.20.「暫定中央評議会代議員への指示，種々の問題」『全集』第16巻
———, 1992c Ökonomische Manuskripte 1863-1867, *MEGA*, Abt.Ⅱ, Bd.4.2. エンゲルス編『資本論』第3巻，『全集』第25巻
松田博，1996「戦後『市民社会』思想と『方法としてのグラムシ』」，佐々木嬉代三・中川勝雄編『転換期の社会と人間』法律文化社，179－197ページ
新村聡，1996「戦後日本の社会科学と市民社会論」『経済科学通信』第80号，基礎経済科学研究所，2－12ページ
「21世紀日本の構想」懇談会，2000『日本のフロンティアは日本の中にある』講談社
大谷禎之介，1995「社会主義とはどのような社会か」『経済志林』第63巻第3号，法政大学経済学会，45－153ページ
大藪龍介，1996『マルクス社会主義像の転換』御茶の水書房
坂本義和，1997『相対化の時代』岩波書店
田畑稔，1994『マルクスとアソシエーション』新泉社
———, 1998「アソシエーション」『マルクス・カテゴリー事典』青木書店，10－13ページ
富沢賢治，1999『非営利・協同入門』同時代社
植村邦彦，1990『シュルツとマルクス』新評論
———, 1994「マルクスの『アソシアシオン』論」，岡村東洋光ほか『制度・市場の展望』昭和堂，127－156ページ
内田義彦，1962『増補経済学の生誕』未来社
———, 1966『資本論の世界』岩波書店
———, 1967『日本資本主義の思想像』岩波書店
八木紀一郎ほか，1998『復権する市民社会論』日本評論社
山田鋭夫，1994「企業社会と市民社会」，平田清明ほか『現代市民社会と企業国家』御茶の水書房，47－73ページ

第6章　農家から家族を考える

第1節　現代家族と農家

1　生活の視点

　日本社会における家族の変容が，そしてそれをとらえる理論枠組も，さまざまに議論されてきている。ごく簡単に概略すれば，1960年代までは「家」から「家族」へ，つまり前近代的で家父長制的な「家制度」における家から近代的個人にもとづいた家族へという「近代化」が問題としてとりあげられた。そして60年代から70年代には「核家族化」という現象の進展が，80年代にはいると「多様化」という方向での家族の変動が指摘されている［布施，1987］。さらに80年代後半からは，フェミニズム論などをはじめとする新たな視点によって，それまでの家族論は「近代家族」を自明視しているという批判が示されている。[1]

　こうした家族論の展開のなかで，近年において，家族の今日的なあり方を家族成員の生活からとらえようという視点による，生活を中心とする家族という図式が示されている。[2]また，家族成員の「個人化」あるいは家族関係の「私事化」という現象がとりあげられ，家族の構成原理の質的な変化が指摘されている。[3]さらに，家族生活を家族成員が個々に選択するライフスタイルのひとつとして位置づけようとする潮流もみられる。[4]

　ここでは，この，今日の家族のあり方を家族成員の個々の生活のあり方と家族全体のあり方とのかかわりから問題とする動向に注目したい。家族を考えるにあたっては，家族成員の生活のあり方，その質，さらに家族生活総体のあり方を問い直すことが必要になってきていると思われるからである。

個々の家族成員が，家族の一員でありながらそれぞれ各自の生活のあり方を重視するようになっているということ，そのような個人としての家族成員が相互に結びついて家族が成立しているということ，そこで，そうした家族のあり方とはいかなるものなのかが問題となるということ，である。

つまり，家族生活を把握する視点そのものの再考という作業をおこなわざるをえないのではないだろうか。したがって，家族のあり方をみていく視点を確定するにさいして，まずとりあげなければならないのは，生活とはなにかについての再検討である。

2　農家の位置づけ

注意しなければならないのは，これまで主としてとりあげられてきた，あるいは議論の背景として念頭におかれていた家族とは，典型的には都市地域における勤労者家族だったということである。とくに日本における「近代家族」を問題にしようとするときには，1960年代を中心とする高度経済成長における家族の変容がとりあげられてきた[5]。これは，大都市近郊におけるホワイトカラー層の分厚い形成を背景としていた。こうした都市の勤労者においては，職住分離による通勤にみられるように，勤務先に出勤し，そこでの勤務の報酬として給与を受け取ることによって，家族生活が営まれている。したがって，仕事への従事と家族生活とは空間的時間的に切り離されている。家族生活は消費生活と同一である。

しかし，現代日本における農村家族すなわち農家は，都市勤労者家族とは異なっている。今日の日本農業は，概して家族経営によってなりたっており，家族は農業経営の担い手である。農家という家族が経営単位としての側面をもっているといってもいいだろう。したがって，農家における家族生活は，消費生活だけにとどまるのではなく，農業経営をも含みこんだものとなっている。そこでは，農業経営と消費生活が空間的時間的に切り離されてはいない。このような生活を営む家族という点で，農家は都市勤労者家族にはない特質，すなわち経営と生活の一体性をもっている。とすれば，家族のあり方を考えようとするばあいには，とりあげるのが都市家族なのか農家なのかによって，家族のとらえ方は大きく異なってこざるをえない。

つまり，家族成員の生活のあり方から家族をとらえ直すためには，その前提として生活するということそのものについて再考しなければならない。そしてそのためには，都市勤労者家族ではなく農家をとりあげることが必要なのである(6)。生活とはなにかを問い直し，そこから家族を考えるにあたって，近代化あるいは都市化の歩みから「遅れた」形態としての農家という位置づけではなく，都市家族とは異なった家族生活のあり方を示しているものとして農家をとりあげるということである。

第2節　生活と農家

1　人間存在と生活

　まずはじめに，人間が存在するあり方について考える。人間がどのように存在するのかということについては，さまざまに示すことが可能である。たとえば，人間を飲み食い寝る存在としてとらえることもできるし，芸術を創造しあるいは鑑賞する存在として規定することもできる。さまざまな規定が可能だが，そのこと自体が，人間の諸活動がさまざまに展開していることをあらわしている。したがって，そうしたさまざまな諸活動を多様に展開している存在として人間がとらえられる。それを端的にいえば，生活している人間が存在するということである。現に存在している人間は，さまざまな諸活動を多様に展開しているが，いずれにしても，それはかれが生活していることの表現である。つまり，人間のさまざまな諸活動は，人間の生活の証しである。したがって，生活のあり方が人間のあり方を示している(7)。

　ところで，人間は，それ自身が自然的存在であり，みずからの外部に存在する自然諸対象をみずからの存立にとって不可欠としている。人間は自然にたいして働きかけて加工し(8)，その成果を享受して欲求充足する。それゆえ，生活するということには，人間が，自己の存立にとって不可欠な自然にたいして働きかける活動もまた含まれている。それは，人間がみずからの欲求対象である自然を加工する活動である。この自然の加工とは，生活するための手段を人間が生み出す活動であり，自然対象を原材料として，人間がみずか

らもつ諸力を投入して，欲求充足するための産物を生み出すという，生産活動である。ここから，生産とはきわめて広い内包をもつ概念だといえるだろう。生産とは物質的な財の産出だけを意味するのではなく，人間が自然を加工する活動のすべてを包括している。精神的な加工つまり精神的な諸活動もまた生産活動なのである。

　人間は，自然への不断の働きかけを営んでいる。つまり，人間は自然との関連のなかで存在する。したがって，生活するとは自然と関連するということであり，そこには，自然の加工という生産と，その成果の享受という消費とがともに含まれている。このようにとらえるならば，生活においては生産活動と消費活動とが包括されているということができるだろう。つまり，生活はいわゆる消費生活を意味するだけのものとしてとらえられるのではない。生活とは多様な諸活動の包括である。

2　農業の独自性

　生産活動のもっとも基本的な営みが農業であることはいうまでもない。その農業において，自然を加工するとは，いわば大地にたいして人間がみずからの力によって働きかけるということである。したがって，農業生産においては，土地と労働力がその基本的な契機となる。土地は労働対象であるとともに，広い意味での労働手段でもあり，したがって土地が生産手段となっている。農業は，それゆえに，地域ごとの土地の特性と切り離すことはできない。地域ごとに異なる風土，つまり気候，地形，土壌，水利などと一体となっている。また，土地そのものは移動できず，開墾や干拓などを別にすれば，まったく新しく生み出すこともできない。農業において，工業や商業とは異なった意味で地域性が重要であるのは，このことによる。

　このように農業は，基本的には土地を生産手段として，生物を栽培飼育するという営みである。したがって，朝晩や四季のような自然現象の時間サイクル，生物がそれぞれもっている成長サイクルにしたがわざるをえない。もちろん，施設利用による農業では，また最近の技術革新によって，一部ではそうしたサイクルを操作することも可能になってきているけれども，自然のサイクルとの関連が，日照の長短や気温の変化などがそうであるように，具

体的な生産の場面で直接的な要因になっている。

　日本のように灌漑水稲作が中心となる農業を特徴づけるのは，それが個々人の孤立した営みという形態をとるのではなく，むしろ共同的に営まれるという点である。この点でも，自然との関連が根底にある。空間的には，土地利用，生物管理ということから，ただちに地域的な連関が不可欠である。いわば隣近所とは無関係なかたちでの農業従事は，施設利用のばあいをも含めてむずかしい。時間的には，やはり土地利用，生物管理という点から，長期的かつ持続的な生産活動が営まれる。栽培を開始してから産物を獲得するまでに時間がかかり，地域的な定住性と計画性とが不可欠となる。つまり，農業は，工業や商業とは異なって，自然との関連が直接的にあらわれる。そしてそれが，生産活動の共同性を基礎づけているといえるだろう。

　こうした農業生産を営んでいるのが農家である。農家は農業経営の担い手となっている。農家においては家族生活総体に農業生産と消費生活とが包括されている。いいかえれば，農家は農業経営と消費生活の一体性をもっている。したがって農家にあっては，自然との関連がその家族生活総体に影響をあたえているといえるだろう。地域との密着性，自然のサイクルに対応した時間のあり方，近隣との共同性，そうした事柄が，農業生産だけではなく消費生活にもあらわれている。こうした点で，農家は都市勤労者家族と大きく異なっている。

第3節　農家経営と生活

1　小農概念の意義

　まずここでは，小農という概念について考える。
　小農とは，その古典的な定義(9)としては，家族労働力による農業経営およびそれによる家族生計の維持がその内容となっている。こうした定義が示された背景として，前近代社会における封建的土地所有が崩壊したのちに独立自営農が登場した(10)という歴史的な特殊性を見逃してはならない。つまり，近代社会の成立にともなって登場した小経営を営む農民，すなわち資本制的生産

が支配的な社会において単純な商品生産を営む農民を含んだものとして小農が規定されている点に注意したい。[11]

　竹内利美は「小農経営」という視点から日本農村における農家をとらえている。竹内は，「すくなくとも，明治中期以降は自作小作の別にかかわらず，小農的な農業経営が一般化し，そのうえをいわゆる『寄生地主制』の網の目が厚くおおっていた……東北農村の家族生活も，一般的にはこうした小農経営を基底としていとなまれていた」[竹内,1969,246]と述べ，「小農経営を基盤とする家族生活慣行」[竹内,1969,247]があったと指摘している。この竹内の「小農」概念に注目しているのが細谷昂である。細谷は「この竹内農村社会学の独自の視点」[細谷,1995,56]を高く評価し，「竹内のいう『小農』とは，個別の家が，その自前の経済と労働力によって懸命に自立経営，生活を追求している，そのような農民経営を指しているとみることができよう」[細谷,1995,64]と述べて，農家が農業経営と消費生活の両面において自立している点に注目している。

　このように，小農概念とは，基本的に家族労働力を中心とした農業経営をいうのであり，資本制社会のもとで小経営を営む主体として農家があることを示している。日本の農家は，小農概念と照らし合わせると，自家労働にもとづく農業経営という規定には合致しているが生計の充足という点では存立しえていない，といわれている。[12]けれども，その農業経営にあっては，兼業農家といえども，家族労働力にもとづく経営によって消費生活を維持しようとしている。家計を維持するに足るだけの経営規模を確保できない農家にとって，農業を基盤としながらも農外就労せざるをえないのは，消費生活の維持という点からいって当然だろう。また，他人労働を雇用するにしても，それは農業経営の維持のためであり，そのことは消費生活の維持を意味している。これは，小農概念がいわんとしている資本制的生産と峻別される小経営ということに抵触するものではない。

　経営と生活の一体性という特質をふまえて小農をとらえることが重要である。小農経営は，労働力の購入によって生産を営む資本制的生産とは異なり，家族労働力にもとづいている。したがって，経営は剰余価値の獲得すなわち利潤の追求をめざすのではない。そこでは，あくまでも所得の獲得による生

活の維持が目的となる。

2 農家経営のあり方

つぎに，以上にみた小農概念をふまえて展開されている吉田寛一の「家族経営」にかんする議論を検討しよう。[13]

吉田によれば，「家族経営」とは小商品生産を営む小経営であって，それは資本制的生産との対比で示される。[14]資本制的生産であるのかどうかは労働力の商品化がなされているのかどうかによる。資本制的生産は労働力商品の売買が根幹をなしている。それにたいして，家族経営は労働力商品の購入によってではなく，商品化されていない家族労働力によって経営される。家族経営をとらえる要点は，労働力の商品化が貫徹していないということ，ひいては剰余労働の獲得，利潤の追求という資本制的生産のメカニズムが確立していないということである。

他方で，家族の生計の維持という点では，家族成員の再生産つまりは消費生活の維持が目的であるから，「家族経営は利潤を目標とする企業経営の論理でなく，家族労働力再生産のためのいわゆる生活の論理で成立していることになる。それゆえ経営と生活とを分離していては経営の再生産はできない」［吉田,1995,23］。そのためには，家族成員が多様な活動に従事することが不可欠となる。吉田はそれが農業経営にかかわる活動だけではなく，消費生活におけるいわゆる家事労働さえも含んでいると指摘する。[15]つまり，家族経営は，生産だけでなりたっているのではない。消費生活をも包括した家族生活の総体としての存立が問題なのである。

さらに吉田は，家族経営の特徴としてその弾力性をあげている。この点は，これまで小農に過重労働をもたらす要因として強調されてきた。家族経営は小商品生産を営んでいるのだが，近代社会の内部にある以上，資本制的生産における市場競争の荒波に揉まれざるをえない。それは価格競争などにあらわれ，自家労働の賃金計算が正確におこなわれない問題などを引き起こす。しかし吉田は，むしろそのメリットをとりあげて，「家族経営の特殊性である，一般企業と異なった経営の弾力性を認めることができる」［吉田,1995,26］と述べている。農業経営と消費生活とを包括している家族経営にあって

第6章　農家から家族を考える

は，その両面での家族労働力の配分が裁量され，また短期間における損益よりも長い時間幅のなかでの生活の維持が重要となる。空間的時間的に，多様な活動へ家族労働力が弾力的に配分される。

　労働力の商品化が貫徹しておらず，家族成員の労働力によってなりたっている経営のあり方によって，農業経営と消費生活とが不可分となっており，そこに経営と生活の一体性があらわれている。こうした経営のあり方が「農家経営」[吉田,1981,266]であり，現代日本の農業の担い手である農家は，この農家経営を営んでいるといえるだろう。個別農家の複数の家族成員が農外部門も含めて就労する多就業化という現象が生じているのも，家族労働力が農家経営の全体に包括されているからであって，農業部門はその多様な所得源の一部門として位置づけられている。多就業化は，もちろん労働力主体としての家族員の自立化傾向を促進させるが，しかしそれは，家族員がまったく別個に就労しそれぞれが独立して生活するというのではない。家族全体としての生活を維持したうえでの自立化傾向なのであって，農業への従事もその一環としてくみこまれている。したがって，ある農家の農業従事者が1人だけであるとしても，そのことがただちに農家経営の解体を意味しているわけではない。むしろ，そのように家族労働力を配分することによって，その農家の農業部門を維持しているのだといえるだろう。農家経営は，農業労働，農外就労，家事労働など多様な労働へ家族労働力を弾力的に配分することによって，生活の維持をはかっている。そして，その配分は，農業労働のあり方によっても，また家族員構成の状況などによっても規定されている。

　こうして，農業部門においてではなく農外部門における家族労働力の燃焼すなわち農外就労もまた，農家経営に包括されるものと考えられる。農外所得は農業経済部門外からの所得であり，厳密には農家経済を構成するものとはいえないだろう。しかし，農家経営は家族労働力の再生産を，すなわち家族成員の消費生活の維持をその第一の目的としており，したがって，農外就労による所得もまたこの目的のためのものである。しかも，農業労働と農外労働や家事労働などとが柔軟にくみあわされる。農外就労自体が労働力の商品化の浸透をもたらす一因となっているとはいえるが，農外就労もまた農家経営に包括されるのであり，その意味で生活の維持の一翼を担うものなので

ある。

　さらには，このことは家事労働についてもあてはまるだろう。その役割分担は，農業経営と消費生活との両面に密接にかかわっている。経営と生活が一体となっている農家経営においては，家事労働もまた家族生活総体の一環をなしている。

3　農家の家族生活

　農家経営における農業生産は，資本制的生産のように利潤の追求を目的とするのではなく，家族労働力の再生産のための所得の獲得を目的としている。家族労働力が再生産されるのは，家族生活が維持されることによってにほかならない。農家は，家族生活の維持という目的達成のために，その家族労働力を農業経営と消費生活との両面において弾力的に配分している。農家は，農業部門の経営状態や家族成員のその時々の状況にあわせて，農業労働，農外就労，家事労働などを柔軟にくみあわせ，そのことによって生活の維持をはかっている。

　このように，諸活動の包括である生活という視点から農家をみると，その家族生活の総体が生産活動と消費活動をくみこんだ営みとなっている点が浮き彫りにされる。それは，農家がたんなる生産の経営体ではなく，農家において営まれている生活がたんなる消費生活でもない，ということである。家族生活の総体に生産と消費とが包括されているということが農家を特徴づけている。

　そして，そうした家族生活総体の営みは，家族成員の相互補完としてなりたっている。農家経営は，多様な労働や消費活動へ家族労働力を弾力的に配分することにもとづいている。そうしたことによって，多就業化のもとでの家族生活総体の維持が確保されている。一面からいえばさまざまな条件や状況に応じた「選択」に，他面からいえば家族労働力をいわば「総動員」することによって，からくも家族生活の総体を維持しているという事態のなかに，農家経営の弾力性があらわれている。

第4節　農家と現代家族

1　家族成員の相互補完

　ここまでの農家の検討から導き出されたのは，都市勤労者家族とは異なった，農家に特有な家族生活のあり方である。まず重要なのは，農家の家族生活が生産と消費とを包括したものとしてあるということである。そしてその生産は農業として営まれている。農業においては，人間と自然との関連は生物の栽培飼育という具体的な形態をとっている。自家消費という形態で生産と消費とが家族生活のなかで直接に結びつくことも多い。農家の家族生活は，こうした自然との直接的な関連が不可欠なものとなっている。したがって，経営に必要な地域性や共同性，時間的な反復性や持続性，ごく短期的な見通しの不確定性としかし長期的な安定性，など，家族生活のあり方は都市勤労者家族のものとは異なっている。

　また，農家の家族生活は，生産と消費との両者を包括したものとして営まれており，それは家族成員の相互補完によってなりたっている。相互補完は，家族成員がどのような農業部門や職業について所得を得るのか，またどのように家事労働が担われるのか，という家族労働力の配分，他方では，休息や娯楽などの活動がどのようにくみあわされるのか，ということにあらわれる。そうしたことによって家族成員の多様な諸活動が展開されているのであって，そこでは家族成員のそれぞれの生活が相互に補完されている。

　さらに，家族成員の多様な諸活動のくみあわせは，生産活動と消費活動との相互補完においてだけではなく，それぞれの活動のなかにおいてもあてはまる。生産活動においても，消費活動においても，家族成員は相互に活動を補完しあっている。このようにして，家族生活は多様な諸活動のくみあわせ，すなわち家族成員の柔軟な相互補完によって維持されている。

　家族成員のそれぞれが，個々の状況や条件に応じて，弾力的に多様な生産活動に従事し，また多様な消費活動を営む。それは，家族成員が共通して，ある質をもった生活水準を確保し，それを維持し，享受するために，所得獲

得，家事，余暇，社会参加など多面的な諸活動を柔軟にくみあわせる，あるいはくみあわさざるをえないということである。つまり，家族成員それぞれが多様な諸活動にたずさわることによって相互に補完しあい，そうすることによって生活の維持が確保される。

2　現代家族の問題性

　冒頭で述べた現代日本の家族の状況にたちもどろう。
　ロマンティック・ラブによる結婚の成立と維持，「制度から友愛へ」という構成原理の変化，「稼ぎ手」と「主婦」との性別役割分業，といった標識でとらえられる「近代家族」は，高度経済成長が終わり1980年代から90年代にかけての高度大衆消費社会が進展するなかで，「解体」の様相を呈しているといわれている。家族成員の「個人化」が不可逆的に進行してきているように思われている。[19]
　しかし，こうした状況をみるさいに，都市勤労者家族の農家との相違を見落とすわけにはいかないだろう。[20]都市勤労者家族が農家と決定的に異なるのは，その家族成員の労働力が商品化されているということ，したがって家族生活が資本制的生産への労働力商品の供給源として位置づけられているということである。それは，いいかえれば，家族生活が生産と消費を包括しているのではなく，生活から生産が空間的時間的に切り離されているということである。したがって，その家族生活は，職住分離というあり方が示しているように，消費生活としてのみ存在している。家族生活において生産活動が消失しており，他方で，消費生活から切り離された生産活動のあり方は，労働力の販売先によって規制されている。家族成員の個々の状況にあわせて，それぞれの活動を弾力的にかつ柔軟に相互補完するといった余地はほとんどないといっていい。そして，そのように規制された生産活動のあり方が，たとえば単身赴任という対応のように，消費生活のあり方をも規制する。したがって，相互補完は個々人の孤立したそれぞれの活動の結果を調整するものとして営まれざるをえない。都市勤労者家族における家族生活は，農家におけるような生活としてではなく，労働力商品の販売にとって整合的なかぎりでのものとして営まれざるをえない。ここに最大の問題点がある。

農家から家族を考えることによって得られたのは，家族成員の生産と消費を含んだ多様な諸活動が柔軟にくみあわされることによって，すなわち家族成員の相互補完によって，家族生活の総体が維持されるということである。それは，生産と消費を包括した家族生活が，家族成員の相互補完としてなりたっているということである。家族成員のそれぞれが，みずからの条件に応じて，多様な活動を弾力的に取捨選択して営み，それが柔軟にくみあわされて家族生活の総体が維持されている(21)。

　現実には，農業をとりまく内外の厳しい情勢のなかで，農家は，それぞれの条件や状況に応じた相互補完をとらざるをえない事態に追いこまれているといった方が適切である。けれども，それもまた，農家がもつ弾力的かつ柔軟な相互補完によってこそ可能となっている。このように考えてくれば，諸活動の包括である生活という視点から家族生活をとらえることによって，都市勤労者家族がもつ限界性と農家の家族生活の意義が明らかにされるといえるのではないだろうか。つまり，ここで示されているのは，家族成員の諸活動を弾力的に配分し柔軟にくみあわせる相互補完が，消費生活に特化した都市勤労者家族の家族生活においてはきわめて困難であるということ，それにたいして農家においては，生産と消費とが包括された生活として家族生活が営まれており，そのようななかで，その時々の条件や状況に応じて相互補完が弾力的かつ柔軟におこなわれる，ということである。

注
（１）　こうした家族論の展開を基礎づける家族の変容について，目黒依子は「第二次大戦後の日本の家族は，二段階でその変化を経験したといえる。その第一期は家制度の否定で始まった家族の近代化であり，第二期はその成果としての近代家族の揺らぎである」［目黒,1999,4］と的確にとらえている。
（２）　たとえば，神原文子は「個々人の生活を拠点として，生活者の視点から家族の意味を問うという"生活者中心パラダイム"を採ることが，状況適合的な分析視角である」［神原,1996,71］と述べて，「生活者中心パラダイムへの転換」［神原,1996,86］を主張している。
（３）　たとえば，目黒は家族の「個人化」という視点から「家族は，家族という集団としてではなく，個人にとって，ある時期に，ある個人と個人の組み合せによってつくられるものとなる」［目黒,1987,iii］という。つまり「親族組

織の中の一員としての個人，家族集団の中の一員としての個人から，個人が一生のうちに多数の多様な家族または家族的連帯を経験するような方向に変わりつつある」[目黒,1987,iv] とされる。
（４）　目黒は「個人化」の視点から「集団の中の個人から，個人そのものが社会生活の単位として浮かび上がってきた過程が，家族の変動である……家族生活は個人にとって選択されるライフスタイルの一つということになる」[目黒,1987,iv] と述べている。野々山久也も「家族あるいは家族生活を個人にとっての一つのライフスタイルとして捉える」[野々山,1996,285] という視点を提起している。
（５）　目黒が「日本の家族システムの大きな変化は1950年代半ばから1970年代の半ばの約20年の間にみられた」[目黒,1999,4] というのもそれである。
（６）　これまでも家族の調査研究においては農家もとりあげられてきたが，そこでは，都市とくらべて「遅れた」存在としての農村という視点からの，したがって「近代化」という課題のものでの研究分析が少なくなかったのではないだろうか。
（７）　マルクスによれば「諸個人がかれらの生活をあらわすとおりに，かれらは存在している」[マルクス,(1846)1996,18]。
（８）　それは「対象的世界の実践的な産出，非有機的自然の加工」[マルクス,(1844)1964,96] である。
（９）　エンゲルスによる「自分自身の家族とともに耕せないほど大きくはなく，家族を養えないほど小さくはない一片の土地の所有者または賃借者」[エンゲルス,(1894)1971,483] という規定である。
（10）　マルクスは「自営農民たちの自由な分割地所有」[マルクス,(1894)1997,1414] を指摘している。
（11）　当初は，資本制的生産が農業部門においても進展することによって，しだいにこの小農が上昇発展する層と下降没落する層とに分裂していくこと，いわゆる農民層分解が想定されていた。しかし，資本制が典型的に発展したイギリスはともかく，多くの資本制社会においては，こうした分解は全面的に展開せず，20世紀になると，むしろ上層と下層の間の中間的な農民層が厚くなる現象がみられた。この「小農標準化傾向」[栗原,(1943)1974,2] は，日本においても出現し，しかも，その日本農民の特殊性として，経営規模がきわめて小さいことが指摘されている。
（12）　細谷によれば，「竹内のいう『小農』を以上のように理解すると，経済学の小農概念とはやや違うといえよう。経済学では，経済的にも労働力の面でも，小経営としての自立性を基準としてこの概念を理解するからである。他人労働を雇用したり，あるいは逆に他人に雇用されたりしていれば，その程度に応じて小経営の概念からは遠ざかることになる」[細谷,1995,64]。たしかに，家族労働力による経営およびその家族の生計に足るということが小農

経営の内容なのであるから，それからすれば，他人労働の雇用あるいは農業も含めて当該農家の外へ就労するということは，小農概念からはずれることになる。現代日本においては，兼業化が深化するなかで，農外就労による農外所得を加えることによって生計を維持せざるをえない兼業農家が圧倒的となっていることはいうまでもない。とくに，第二種兼業農家の場合には，もはや賃金労働者に近い状況もありうるだろう。それからすれば，現代日本の農家に小農概念はあてはまらないということになるかもしれない。その点で，筆者はこれまで小農概念をそのまま留保条件抜きで現代日本の農家に結びつけて扱っていたこともあるが，それは不用意だったといわざるをえない。ただし，今ここで重視したいのは，小農概念が資本制的生産ではない小経営を営む農民を指し示しているということである。

(13) 詳しくは拙著［小林,1999］第Ⅰ章第1節を参照されたい。
(14) 「家族経営とは何かといえば，経営規模の大小，専業，兼業のいかんを問わず，家族農業の担い手であり，家族（自家）労働力によって営まれる経営を指すといっておきたい。それは農民経営であり，小商品生産者ということができる」［吉田,1995,20］。資本制的生産と対比すれば，「それはいうまでもなく労働力が商品化した賃労働者によるか，商品生産はしてもいまだ商品化していない家族労働者によるかにある」［吉田,1995,22］。
(15) 「なぜかように，農業労働と並んで家事労働を問題にする必要があるか。それはいうまでもなく，家族経営においては，家族労働力の再生産が目的であり，経営の基礎が生活にあるからである」［吉田,1981,248］。
(16) 梶井功は，こうした多就業化という事態をとらえ，そこから「ワンマン・ファーム」化の動向をうかがって，ひいては農家経営における「家族協業の解体」［梶井,(1973)1987,202］を唱えている。しかし，こうした事態は，それがそのまま梶井がいうような農家の解体を意味する，というのではないだろう。農家経営から農業労働だけを孤立させてとりだし，それが家族員の協業という形態になっていないから「家族協業の解体」だ，というのは今日の農家のあり方を見誤っているといわざるをえない。詳しくは拙著［小林,1999］第Ⅰ章第3節を参照されたい。
(17) たとえば池上甲一は「家族員の協業が主体的な選択の結果であって，（半）強制された労働組織ではない」［池上,1993,10］と述べ，杉岡直人も「家族農業経営は，家族成員の生活と生産に関する合意形成を前提とする持続的な意志によって支えられる」［杉岡,1994,124］と述べている。今日の農家においては，伝統的な家制度の下でのそれとは異なって，そうした側面はたしかにいえるだろう。ただし他面では，そのように相互補完せざるをえないのだ，ということを見落としてはならないだろう。
(18) 近年は兼業化や農業生産部門の特化などによって，農家であっても農作物を購入することが多いが，しかしたとえば飯米については，稲作農家であれ

(19) 目黒は「独立した社会的単位としての近代家族がその成立基盤を失うという変化過程の方向」[目黒,1999,15] を指摘している。
(20) もちろん, そうした事態の指摘は都市勤労者家族にとどまらない。熊谷苑子の言う「今日の日本の農家が呈示している個人化現象」[熊谷,1996,44] は, 農村社会の都市化のあらわれといえるだろう。
(21) もちろん, 個人が単独で生活することもありうるし, 現にそうした傾向は強まっている。単独生活をとるのか, あるいは家族生活という形態をとるのかは, 置かれた状況と条件, そしてまた当事者の選好による。単独生活という形態をとるのは, そのことによって家族生活とは異なる質の生活を確保するためである。

文献

エンゲルス, (1894) 1971「フランスとドイツにおける農民の問題」『マルクス・エンゲルス全集』第22巻, 大月書店

布施晶子, 1987「家族研究の軌跡と課題」, 日本社会学会『社会学評論』第38巻第2号, 有斐閣, 150-166ページ

細谷昂, 1995「農地改革後の東北農村における家と女性」, 日本村落研究学会編『年報村落社会研究』第31集, 農山漁村文化協会, 55-84ページ

池上甲一, 1993「日本農業における家族経営の危機と集落営農」, 日本村落研究学会編『村落社会研究』第29集, 農山漁村文化協会, 7-42ページ

梶井功, (1973) 1987「小企業農の存立条件」『梶井功著作集』第3巻, 筑波書房

神原文子, 1996「夫婦関係の緊張と挑戦」, 野々山久也・袖井孝子・篠崎正美共編『いま家族に何が起こっているのか』ミネルヴァ書房, 69-87ページ

小林一穂, 1999『稲作生産組織と営農志向』多賀出版

熊谷苑子, 1996「農家家族における個人化」, 野々山久也・袖井孝子・篠崎正美共編『いま家族に何が起こっているのか』ミネルヴァ書房, 28-46ページ

栗原百寿, (1943) 1974「日本農業の基礎構造」『栗原百寿著作集』第1巻, 校倉書房

マルクス, (1844) 1964「経済学・哲学草稿」『経済学・哲学草稿』岩波書店

――――, (1846) 1996「ドイツ・イデオロギー」『(新訳) ドイツ・イデオロギー』新日本出版社

――――, (1894) 1997「資本論」『資本論』第3巻b, 新日本出版社

目黒依子, 1987『個人化する家族』勁草書房

――――, 1999「総論 日本の家族の『近代性』」, 目黒依子・渡辺秀樹編『講座社会学2 家族』東京大学出版会, 1-19ページ

野々山久也, 1996「家族新時代への胎動」, 野々山久也・袖井孝子・篠崎正美

共編『いま家族に何が起こっているのか』ミネルヴァ書房，285-305ページ
———，1999「現代家族の変動過程と家族ライフスタイルの多様化」，目黒依子・渡辺秀樹編『講座社会学　2　家族』東京大学出版会，119-51ページ
杉岡直人，1994「家族経営の変革と継承」，日本村落研究学会編『年報　村落社会研究』第30集，農山漁村文化協会，105-30ページ
竹内利美，1969『家族慣行と家制度』恒星社厚生閣
吉田寛一，1981『家族経営の生産力』農山漁村文化協会
———，1995『現代家族経営論』農山漁村文化協会

第7章 語りの「個と共同性」
―― リサーチ行為とイデオロギー研究への一視角 ――

第1節 問題のありか

1 分析しづらい「意見」

　筆者はG.H.ミードとシンボリック相互作用論（以下SIと略記）について学史的・理論的に研究しつつ農村でのフィールドワークにとりくんできたが，両者の関連が必ずしも具体的ではなかった。本章ではその関連を考えてみたい。具体的なフィールドで対象者と具体的に向かい合う時，自我の社会性を論じるSIはどんな感受性を与えてくれるだろうか。

　筆者が農村で試みてきたワークは，主に個別面接法によるインタビューである。調査票ではプリコードを避け，調査員には事前学習や調査票設計などに参加してもらい，できる限り自由な対話ができるよう配慮してきた。設問項目は次の4項目だった。①基本属性（家族構成，役割分担，耕地面積，作付内容，請負や共同の関係）。②営農志向（兼業化，規模の増減，転作対応や複合化，それらへの志向性）。③個人の属性（経営と生活の考え方，来歴）。④意見（農業情勢への意見，食管制度への意見，自由化への意見，農政評価）。

　このうちとくに④について，次のような困難を感じることが多い。㈠基本属性との関連を示しにくい。②なら①との関連で「複合志向」・「規模拡大志向」のように分類できるが，④を経営面積の規模や営農志向等との「符合関係」・「規定関係」においてつかもうとしても，特定類型の経営には特定類型の回答が多いといった結果に必ずしもならない。㈡同一対象者の中で矛盾する回答が珍しくない。たとえば輸入自由化に「反対だが反対せず」・「もちろ

ん反対だが経営努力も必要だ」とか,「農業は自然が相手で工業とは違う」と言いつつ「地域間で差別化と競争が必要だ」のように。

　私はこのような困難に遭遇するとき,おそらく次のように考えてきた。すなわち,経営の現状からありうる「意識」のあり方を仮説的に想定しておき,それからはずれる回答について,α)存在と意識の間にある「媒介過程」の影響であり[3],とりわけ,β)今日の大衆説得による支配的イデオロギー(競争と淘汰の論理)の「意識への浸透」である,と。

2　いくつかの疑問

　果たしてそれでよかったのか。筆者が抱くようになった疑問は,次のようであった。

(1)　回答のどれがホンネでどれがタテマエなのか。「どちらがどちら」問題に陥る。というより,ホンネである「はず」の意見はあらかじめ想定されている。集計はその拾い出しになる。これではせっかく自由で深い聴取を試みている意味がない。

(2)　媒介過程は無限に多様で,要するに「人それぞれ」になりかねない[4]。

(3)　意識へのイデオロギーの「浸透」――となると,それからの脱却や解放が実践的課題になろう。が,対象者はイデオロギーの受動的なとりこだと観念されているとしたら,その観念は,その課題とそもそも齟齬をきたさないか。行為者の思考の中に発展の契機を見いだしにくくならないか[5]。矛盾や葛藤を,自己内対話の可能性として,意見の主体的形成の契機として,積極的につかむことはできないだろうか[6]。

(4)　αとβの使い分けは恣意的だった。その用い方も,回答の文言から大衆説得や媒介過程に見られる語彙を拾い出しては両者を関連づけるといったように,表面的だった。

(5)　上記の仮説的想定は,個体内完結主義的だった。営農志向については農家相互の「関係性」への視点が不可欠であり,そのように聞き取っているのに[7],意見の項目になると「個別経営の類型→意識」との図式しか想定されていなかった。そうではなく,意見が表明され使用される言語過程や社会的文脈――対象者の属する社会的世界において「他者との関係の中で」

第2部　個と共同性

なにがいかに議論され，どのような意見のいかなる布置状況の中で回答がなされたのかを視野に入れなければ，意味理解しがたいのではあるまいか。とくに重視したいのは，(3)と(5)の点である。

第2節　回答は何に対する反応なのか

1　シンボリック相互作用論の基本姿勢とリサーチ方針

SIを摂取しつつ関連して重要な指摘をおこなってきたのは伊藤勇である。「聞き手とのコミュニケーションや自己自身との「内的対話」を通して，自他ともに確認できるような形で表明されてくる「考え」や「理屈」の記録は（中略）われわれが依拠し得る最良のデータである。（中略）むろん，それが，調査研究者である聴き手とのコミュニケーションのなかで確認されてくるという事情から，自己の生活や行動を多少とも合理化した『表向き』あるいは『建て前』の論理という色彩を帯びてくる可能性や，語られる『論理』が形式論理的には矛盾や飛躍をはらむこともあり，常に一貫しているわけではないという点などに配慮する必要はあろう。しかし，かりに『建て前』として合理化された面をもっているにせよ，それにしても，農民主体の側において，その行動を現に規制し，今後も方向づけていく現実的な働きをもっているとすれば，これを分析から排除する必要はないであろう。また，論理の矛盾や飛躍も，それが，さまざまな諸要因が複雑に絡み合う行為状況への対応を表現しているとすれば，農民行動の内在的理解にとっては，むしろ大きな手がかりとなるのである」［伊藤,1993,318-319］。

これは対象との密着から出てきた姿勢だが，「人が語ること」を重視するSIの姿勢も生かされていよう。SIはこう考える――「人々のマインドの中でおこっていることに関する明らかな情報源は，人々がそれについて語っていることである」。むろん語られたことが事実とは限らない。が，だからこそ「対象者や関係者とおおいに話し合うべきである」。そうすれば，誤認や虚偽もデータにできるのだから［Lindesmith,et.al.,1977,24＝邦訳,21］。

つまり，伊藤の見地は，a）自由な対話という方法を採用することで，b）

回答された「考え」や「理屈」は対象者の「マインドの中」で起こっていることの表現だという想定を確かなものとし，c）タテマエである可能性や矛盾・飛躍をも次の理由でデータソースとする。つまり，①タテマエでも語られれば行為を現実に規制する，②タテマエ化や矛盾・飛躍がなされる状況の推理にとって有用である，という理由である。

2　回答の社会的文脈

　筆者もこの方針に導かれてきた者だが，深めるために敢えて議論するなら，次の２点が浮かんでこよう。第一に，これを農民「意識」と呼ぶことに概念的な混乱はないだろうか。「意識」をかりに人々の「マインドの中」の内的会話と考えると，上の方針は，その〈本当の〉内実はさておき，回答された「言葉」をもって分析対象にするという意味になろう（実際そうするしかないのだが）。となると，第二に，その「言明」「表明」を一歩つめればどうなるだろう。上のｃがなりたつためには，聴取場面での意見表明と，対象者の日常（いわゆる natural situation）でのそれとが，ほぼ同一でなければなるまい。少なくとも，回答は，設問に対する回答であるのと同時に，回答者が属する世界でなされている議論への反応でもある，との想定がなされていなければなるまい。

　それは想定というよりも，確認を要する事柄であろう。それは先の点——ディスコースの世界を視野に入れるべきではないか——に，つながる。「さまざまな諸要因が複雑に絡み合う行為状況」も，対象世界における異なる意見の存在としてあるのではなかろうか。

第３節　相互作用としてのインタビュー

1　設問はいかなるものとして相手に届くのか

　さらに，「聞き手とのコミュニケーション」という先の表現は，インタビュー行為が，聴き手と語り手との相互作用を形成することを示している。ここから聴取者にはまず，自分と設問が相手にとってどうたちあらわれたかの

自覚が求められることになるだろう。

　たとえば，営農志向に関する設問（転作重視か米を拡大か兼業を主とするか）は，「どのような営農計画を立てうるのか，その事情はどうか」の意となろう。これへの回答は，（意欲はあっても後継者のいない経営者が拡大は考えられないと回答する場合のように）「そうせざるをえない事情の説明」であろう。だから「気持ちとしては」と続けると，（乳牛の飼養頭数を増やしてきた酪農家が本当はいやなのだと吐露する場合のように）異なる回答が得られる場合が少なくない。両者は性質の違うやりとりである。

　農政への意見を尋ねても，回答者は現在の自分をとりまく事情を説明する場合がある。たとえば，「自由競争の時代なのだから」といった言明は，本人の信念というより，自己の行為を一存では自由にできない環境を説明するための語彙・論理である可能性がある。つまり，大衆説得は，相手にこう言えば自分の境遇が簡便に伝わるであろうと予期される語彙や論理の社会的ストックを行為者に提供している。その使用をもって本人の「意識」やそれへのイデオロギーの「浸透」とするのは，いわゆる「動機の語彙」をもって本人の内的意識と見なすぐいの誤謬を犯している危険性がある。

2　レトリックの使用と議論への参加としてのインタビュー

　そういうものとしても，このような語彙は多様に応用されうる。たとえば，「自由化だから転作は受け入れず水稲で勝負だ」とか「自由化だから水稲栽培は自主規制するべきだ」，あるいは「自由化だから小さい地域を単位に差別化だ」とか「自由化だから広域結集だ」のように。実際，集団的な対応や行為調整における自己納得や他者説得のために対象者たちがこのようなレトリックを駆使する現象が見られる[10]。聴取場面で対象者は，設問に反応しているだけではなく，このような言説状況に対しても反応している。換言すれば，質問は，このような議論への参加でもあるわけである。

　注意しなければならないのは，議論状況の中で語り手は必ずしも確定した意見をもっているとは限らないということである。明確な意見をもっていても，いかなる語彙や論理や喩えで表現すれば聴き手に了解可能なのかについては，手探り的な模索状態にあろう。となると，これまでのインタビュー観

――対象者の内側で表現を待っている観念を引き出すインタビュー――は，再考を迫られることになる。質問されて初めて考えたり，こう聞かれたからこう答えたといったことが，ごく当然のこととして，生じうる。

第4節　シンボリック相互作用論「第二前提」の再検討

1　「解釈過程」とリサーチ方法

　この問題をSI用語で言えば，行為者によってなされている「解釈」の追跡という課題になる。しかし，とくにわが国のSI理解では，それは「自我」の「内的プロセス」の問題とされてきた傾向があるように思う。H.ブルーマーの議論を再検討してみたい。

　ブルーマーの有名な三大前提は「ルート・イメージ」と呼ばれている。つまり，現状に関する認識の体系としての理論ではない。それは端的に，「市井にとびこむ」シカゴ学派的なリサーチを支えるための，人はそもそもどう行為するものかに関するそもそもアプリオリな前提と，だからリサーチの時どんな点に心を配るべきかについての考察にほかならない。では，その「三大前提」――①人間は対象のもつ意味にもとづいて行為する，②意味は社会的相互作用の中でかたちづくられる，③意味は解釈される――そう前提したら［Blumer,1969,2＝邦訳,2］，どんなリサーチ方針が得られるのだろうか。

　第一前提から導かれているのは，研究者は行為者の目線で行為者の対象を見る必要がある，つまり行為者の見地を取得せよ，ということである。行為者の見地は，質問紙法などでは見逃されてしまいがちなので，まずは，行為者たちがかれらにとっての対象にたいして「どう行動したか」「会話の中でどのように言及したか」を忠実に再現する「記述的説明」がなされなければならない［Blumer,1969,50-52＝邦訳,64-66］。

　第二前提および第三前提からは，「……ではない」という否定文が多く導出されている。相補的期待・闘争理論・ゲーム理論のように「社会的相互作用のプロセスをなんらかの特殊な形式に要約しようとすること」には正しい保証が「ない」し，相互作用が「社会学的」要因（役割・地位・文化・規

範・価値・準拠集団・均衡のメカニズム）や,「心理学的」要因（刺激・有機体の動因・欲求性行・感情）の所産だと前提はでき「ない」[Blumer,1969, 53＝邦訳,67-68]。そう前提していると，相互作用が多様なかたちをとること，そのかたちが状況に応じて変化する動的な様子も見失われる。相互作用とは，行為者が「解釈」に媒介されて互いの行為を接合してできあがっていく「自己構成的」な「過程」なのだから，その結果だけでなく，「構成される過程」を経験的に観察しなければならない。

2 第二前提はどのように読まれてきたか

しかし，これだけでは第二前提の意義が不明だと思う。従来のSI理解をふりかえると，第二前提は，自我の社会化論として読まれてきた傾向があろう。いわゆる社会学的・心理学的決定論に対する「……ではない」の根拠は,「人間が自我をもつ」「意味付与・解釈する」だった。が,「解釈」は自我の「主観におまかせ」なのだろうか。この陥穽から脱出するため第二前提が用いられてきた。つまり，その自我とは「社会的に形成された自我」なのだ，というわけである。けれどもこれでは「自我」や「解釈」が社会学的被規定性を帯びてしまう。また，ブルーマーに自我形成論はない。そこで，ミードの「自我の社会的形成論」でブルーマーを補い，社会学的決定論の陥穽もミードの「Ｉ」で回避するという方途がとられる。

ここで問題にしたいのは，このような方向性によって得られるリサーチ方針である。そのように考えていると,「解釈過程」を追跡するときも，注意の焦点は，人々の内的な自我過程とか，自己意識・自己規定などにおかれよう。そうして意味を付与する自我がいかにして形成されたのかという課題が次に来るだろう。だが，第二前提はそもそも，そのような「社会化論」的発想で言われていたのであろうか？

3 他者との関係の中で

その疑問から再読してみると，ブルーマーはこんな議論をしていることに気づく。すなわち，人は集団をなして生活を営んでいるので，その個々の営みも「互いに対する反応として，また，互いの関係の中で」，なされざるを

えない［Blumer,1969,7＝邦訳,8］。行為している「個」は、「個人として、集合体として、なにかの組織の代理人として、行為し、お互いに出会う。そのときかれらは、必然的に、自分自身の行為を形成するに、互いの行為を考慮しなくてはならなくなる」［Blumer,1969,10＝邦訳,12］。その「考慮」が「表示」と「解釈」である。

　つまり議論の原点は、行為は「他者との関係の中」でおこなわれざるをえないという事情の確認にあろう。「解釈」も、もし内面でなされたにしても、他者との関係の中へと表明されねばなるまい。それゆえ、その状況に制約される［Blumer,1977,286］。「表示」とは、その言及関係のことだろう。

　とすれば、「誰がいつどこで何についてどのように」が問題になろう。他者との話し合いは、時と場と対象をもつ営為であって、自己の内的会話をフリーに表明しあうような過程ではない。こう考えると、リサーチは、自我の内的過程ではなく、いかなる状況規定がいかに語られ、それがどのように流通したり・していなかったりといったこと（つまりはシンボリックな相互作用の過程）に、焦点づけられよう。ブルーマーの挙げる研究方法としては、相互作用の直接観察・会話の聴取・グループディスカッション・議論の事情に通じたインフォーマントへのインタビュー等が、もっと重視されるべきことになろう。

第5節　「レトリック・アプローチ」が描くイメージ

1　イデオロギーとレトリック

　そのようなイメージを豊かに感じさせられたのが、M.ビリッグの「レトリック・アプローチ」であった。彼は現代思潮の「修辞学的転回」をふまえたらどんなリサーチ方針が得られるか考え、それをイギリスにおける新保守主義やネオファシズムの台頭といった事態に伴うイデオロギー状況に関する研究に具体化しようとしている。

　彼によれば、思考は「イデオロギカルな過程」である。が、それは、外的強制によって精神が何らかの観念体系で充たされてしまうことではない。従

来のイデオロギー論は，そう想定して，自らが将来社会の担い手と期待する人々から「個」の主体性を奪ってしまった。この克服を課題としつつ，彼はこう前提する。すなわち，考えるとはレトリックを使うことであり，そのとき行為者は「イデオロギーで思考し，イデオロギーと議論している」[Billig,1991,1-2]。この想定の可否には議論があろうが，彼はそれより，この想定が社会心理学の具体的なリサーチにおけるフィールドで注意の焦点をいかに変更するか考えようとする。

これまでの社会心理学やイデオロギー論は，「心的リアリティ」たる「態度」が外に表現されたものが意見だと考え，その「内なる心の状態」のなりたちを解明しようとしてきた。が，上のように考えると，内的状態から社会過程へ——つまり「言語過程に関連した社会的要因」へと，注意の焦点が移る [Billig,1991,14-15]。行為者が何らかの意見や態度をもつとは，表現することであり，議論に参加することである。むろん個人的な信念の表明という側面をもつにせよ，その表明は，その個人を社会的な論点対立の中に置くことになる。その時と場の社会的文脈が，分析の焦点となる。

——こう考えると，これまでの分析枠組みが想定してきた行為者像は変更を余儀なくされると彼は言う [Billig,1991,14-22]。それを筆者なりに敷衍すれば次のようだろう。

2　意見をもつということ

真空中の意見などはありえない。ある意見をもつとは，なんらかの意見に「賛成」し，他の意見に「反対」することだ。意見の「意味」は，それじたいとしてではなく，それと対立している意見との関係の中にある。どのような意見に「対して」語られているのかを考えなければ，意見の性格を見誤る [Billig,1991,17]。

また，議論状況の中で，人は，社会心理学が想定してきたような単一の「態度」を示したりしない。むしろ，矛盾しさえする複数の会話パタンを用いる。様々な「解釈レパートリー」を用いる [Billig,1991,15]。相手に何をどう言えばどんな反応を招くのか，関係の中で誰も考え直すし，手を変え品を変えて議論することになるのは自然であろう。

そして，議論には議論の歴史が流れ込む［Billig,1991,18］。自分の目的を戦略的に達成しようとする場合でも，いかなる文脈で何について論じているのかを人は提示しなければなるまい。いままでの議論についての言及も必要になる。レトリックを個人が発明するわけにはいかないから，そこに「常識」や「イデオロギー」も呼び出されるだろう。が，それらは必ずしも論理一貫していない。「ステレオタイプ」という怪物は，自家撞着というジレンマをもっている。また，どんな話者も常識やイデオロギーを厳密に正確に再現することなどできない。だから，常識で常識を批判し，ステレオタイプでステレオタイプを論駁するといったことが起こり得る［Billig,1991,20-22］。常識やステレオタイプの使用は，従って，思考がストップしていることを示すわけではない。

――このような叙述は，日常的思考の過程に接近しようとする際の留意点や，聴き手と語り手の関係について内省するためのヒントを多く含んでいるように思われる。

第6節　評価と示唆

1　議論への参与と観察

こうした検討を経て農村に出た場合，どんなワークが示唆されるだろうか。

まず考えられるのは，実現可能性を度外視して言えば，最も直接的には，対象者同士の相互作用の直接観察や，会話や議論への参加という方法が挙げられよう。筆者自身の模索例を出すなら，対象グループの会議や懇談会，運動組織の学習会や研修活動などへの参加である。これらは参与観察あるいはアクションリサーチ的な行為となろう。

2　典型事例，ライフヒストリー

面接法においても，考えるべきことが得られる。

①典型事例の把握――評判の「営農志向－意見」のセット事例があるとする。少数の極端でもモデルなど想像上のものでもよい。意見は，ストレート

にではなく，この典型に言及して，あれはどうかと思うといった対比や否定で語られることがある。たとえば，酪農経営について，一方に「多頭化——競争したいのに現状の自由化は規制だらけだ」，他方に「適正規模——現状の自由化は工業的論理で認められない」といった典型が存在する。この中，農政への意見を尋ねる質問は，どちらの営農志向に賛成かという質問として意味が変換されることがある。

②ライフヒストリーの聴取——これは学習・集団所属・就業などの履歴と，自分史の物語とに区分できる。媒介過程論などで過去が論じられるのは，現在の「心的状態」の規定因としてであろう。が，物語は，過去を語り手が現在の観点から解釈し再構成したものである。何が話題として選ばれどのように再配列されるかは，現在の議論状況とかかわっていることがある。ある農村女性の自分史が一例だろう。彼女は酪農家に非農家から来たヨメであった。農場はそれを契機に拡大にふみきった。彼女は加重負担に苦しみ，なぜ農家に来たのだろうと悩んだが，後に農場は適正規模に転換した。それでこれが農家らしい暮らしなのだという実感が得られて，幼いころ親類の農家に預けられた体験が現在に連なるものとして想起される。そして，その物語が，規模拡大路線と対比されつつ語られる。

③このような談話世界に関する意識的な設問——そのひとつとして，ディスカッションをインタビューにもちこむことが考えられよう。むろん誘導的な発問は厳に慎まれるべきだが，回答に対して同じ意見や異なる意見を紹介すると，同じように見えるが少し違うとか，異なるが実は共通する部分もあるなど，回答が意外な方向に展開することもある。それは対象者にとっても，対話によって観念を明晰にする機会となる場合がある。

3 固有の論題

対象地に固有の論題とその経過をつかむ必要があろう。回答には，一般論と，その固有の論題への反応が混在する場合がある。たとえば，ある水稲作地帯では「自由化」への対応として産米のブランド化とその範囲が議論されていた。「自由化」についての問いに対する回答は，一般論では「工業と違う農業の特性」を理由に反対だが，「この地域として言えば」差異化する必

要がある，といった具合になされることがある。

　食管廃止に「反対だが反対せず」といった言い方も，こうした論題中の議論状況に照らして解釈する必要があろう。たとえば「反対貫徹」は，ある時期の意見の布陣の中では，保護されもするが低米価に自分を縛るという両義性をもった食管体制への支持というポジションになりかねなかった。「反対せず」との回答は，その状況を念頭におき，自己の発言がその中で占める立ち位置に働くポリティカルな力学を自覚しながらなされている。

　時間次元を含む「議論の経過」が作用している場合もある。あるフィールドでは1990年代初頭のコメ不足時に積極的な復田がはかられた。「やはりコメどころ」との認知を得るため対象者たちも懸命にとりくむ。「もう転作はしないでいいのだ」との了解が成り立ち，しかも時代は「自由化」だとの納得ができあがる。そこへ，いわゆる自主規制が入ってくる。対象者たちにとっては「転作強化」と映る。そうすると，「国の政策は自由化なのにどうして」といった批判が農協に対して出る。文脈を知らなければ，その批判の言をただちに新農政支持とラベリングしてしまう短絡が生じかねない。

第7節　さらなる課題

1　「自然な状況」とは何か

　しかし，新たな課題も浮上しよう。まず，自己の透明性を主張しえなくなる。自分の存在や発問。参与観察では，参加者なり友好的な外部者として発言を求められることも珍しくない。自分が社会学者であると知られている場合，学者に対する一般的な役割期待が寄せられることもある。回答は，相互作用の産物，つまり「共同構築物」である可能性，少なくとも聴き手が影響を与えたものである可能性が否定できない。このことの帰結は，「自然な状況」や「日常」の素朴実在が想定できなくなるということである。

　と同時に，「研究者－対象者」二分法の再考が促されよう。関連して構築主義の立場は，社会の〈本当の姿〉を究明する社会学者といった特権化を批判し，「問題だとされる『状態』の実在を前提に」せず，「人々が実際になに

をいい，どんな活動をしたか」を研究すべきだ，という方針を導きだしている［中河,1999,22］。これには議論もあろうが，この構築主義の見地に立ったとしても，人々の言説こそ，それが「存在する」と言うこと，社会学者がそれを「知っている」と言って整理整頓することを拒む，やっかいな事象ではなかろうか。——上の課題はこうした議論と関連するだろう。

　また，そのような社会学者の内省と，現場で自分がいかなる存在として構築されてしまうかは，別問題であろう。フィールドの特性にもよろうが，社会学者がどんなに上の二分法を否定し，共同構築の側面を認めたとしても，農村でのリサーチの場合，地元の住人でも農家でもない聴取者が当事者性を付与されることはまずない。趣旨説明など対象者との「出会い」の構図じたいが，聴取者をたとえば大学から来た研究者として「構築」する。当事者性の自己主張はむしろ「おこがましい」。

　こう考えると，「研究者—対象者」二分法の解消はできない。比して，「研究者」としての役割をもちつつ関与の仕方を再考するアクションリサーチの提起は，実際的ではないだろうか。研究者の役割といっても「正解」を当事者に教えるといった意味ではなく，かといってラディカルな当事者主義のように当事者の定義にすべてをまかせてしまうのでもない点で，それは第三の道を示しているかもしれない。すなわち，参与とかリサーチは継続的な相互学習のプロセスだ，ということになる［Greenwood & Levin,1998］。

2　ディスコースの世界とはどこか

　論じてきた談話世界とは，どこのことか。これは自明ではない。筆者のフィールドにおいて，とりあえず次の二つはありえるだろう。一つは，対象者たちがみずから境界づけた「会」をもっている場合であり，もう一つは集落内の有志共同グループである。集落という単位を容易に外してよいとも思われないが，現在，農民的な共同・協同のありかたが必ずしも集落単位ではなくなって，有志的に結合した小集団になってきている面がある。

　しかし，集団は，はじめから固有の文化や思想を明確に備えているとは限らない。「グループ」が実在するかどうか（実在するとはどういうことか）すら，検討すべき場合がありえよう。境界線の明確さはまちまちだし，一個

人が多元的に所属している場合もある。談話世界の同定や対象者のグルーピングじたいが，既に高度な分析的思考を要する事柄である。

3　調査倫理

　調査倫理上，新たな問題も生じる。議論の過程を参与観察したとしても，そこで出される意見や，時には高度に政治的な議論は，知ったところで論文に「そのまま」は出せない。とくに筆者は成果を必ず対象者に送っているので[14]，回答者を記号化するなどしても対象者たちの世界ではすぐに見当がついてしまう。そこで，論文にする場合，既に氏名が広く知られているような対象者以外の回答は，再構成せざるをえない場合があるだろう。

　そのような場合でなくとも，「そのまま」の再提示は，そもそも不可能であろう。記述は，発言を，元来の文脈から切り取り，新たな文脈に貼り付ける作業となる。これを否定しては報告も分析も成り立たないが，だとしたら，その適切性（従って対象者への説明可能性）はどのようにして確保すればよいのかという問題が生じる。

　筆者の場合，その方法はまだ模索の段階を出ておらず，検討中である[15]。いずれにせよ，それはブルーマーの言う「実際のプロセス」の「記述的説明」というより——いや，それじたいが——いわゆる「再構築の再構築」，「解釈の解釈」の作業となる。

第8節　まとめにかえて

　これまで，語りの「社会性」は，それほど考慮に入れられてこなかったか，考慮されたとしてもそれは語り手のマインドがいかなる要因に規定されて形成されてきたかという発想法に依拠したものではなかったろうか。その欠点は，ディスコースの世界における発話やコミュニケーションに固有の過程を見ないことである。

　存在が意識を規定するとの命題は，確かに社会学的探究の基礎であろう。が，社会学者は何をもって回答者の「意識」だと見なしてきたのだろうか？　その命題が，存在と意識の一対一対応のように受けとめられ，状況が語らせ

ることが当人の意識に還元されたり、イデオロギーの「浸透」だと見なされて、主体の矛盾のうちに伏在するかもしれない発展の契機が見逃されていないだろうか？　本章の出発点はそのような疑問だった。[16]

　言うまでもなく、かつてのリサーチがすべて「間違って」おり、この方法がすべて「正しい」などと主張するわけではない。対象と方法とを問わず、そう考え始めたときリサーチは死ぬのだろう。また、SIや言説の社会学については、自己主張の伝統が薄い日本にはなじまないとの疑問もしばしば聞く。確かに農村についてもかつて「もの言わぬ」と言われたことがあった。しかし、その事情は既に過去のものだろう。「自分の言葉」をモットーにグループで学習を積み重ねている酪農家。「いろいろな考え方が必要だ」と、じっくりインタビューにつきあってくれる稲作農家。その姿は、まさにその「考え方」を対象にしうる社会学がとりくむべき課題の大きさを示しているように思われる。

注
（1）　筆者は調査報告に「SIの姿勢に学んだ」との注を入れてはきたが、具体化していなかった。最近の試みも一貫したものとは言い難い。なお、日本では、逸脱論などの分野を除いて、ミードやSIのリサーチに対する意義はあまり具体的に検討されてこなかったように見える。理論解釈での論争や混乱の反省もあって、安易にSIやミードを「使う」ことは慎重に避けられてきたのであろう。それはそれで賢明なことだったと思う。
（2）　高橋・蓮見・山本［1992］においても、「農業情勢一般についての意識を、個人、家族、農業経営の属性で説明することは以前よりも困難になった」（171ページ）。それも、以前はできたが今日はできないのではなく、以前も困難だったがもっと困難になった。となると、根本的な前提が再考の対象となろう──すなわち、農業情勢一般に関して、経営面積の規模や営農志向によって設定された農家類型に「一貫的なイデオロギーという前提そのものが疑わし」い（320ページ）。
（3）　媒介過程論については宮島［1983］参照。
（4）　むろんやり方にもよる。たとえば、ある世代に共通の来歴（たとえば兼業体験）の農にとっての意味の分析が大きな説明力をもつ場合のように［伊藤,1993］。
（5）　こうした思考法の原型はG.ルカーチに見られるように思う。彼の「物象化された意識」は、もちろん政治的プロパガンダ等からではなく商品世界にお

ける人々の「日常的」実践の地平から説明されたし，受動的な反映論の立場でもない。が，その日常性が失われる「恐慌」において純化される階級意識は，日常意識と対立・断絶の関係にあって，実際にはありえるだろう両者の連続面は，あまり考慮されていないように見える。

（6）　こうした発想を可能にする資源はG.H.ミードの社会的自我論に見られる。彼の自己内対話論については，その理想的な円満さに批判も多かったが，そこに対立・葛藤・矛盾を読んだのは船津［1983］であったと思われる。

（7）　そうするのは，転作への集団的対応で水稲での各戸の営みが成り立つ場合のように，村落関係の締結が個別的な志向を可能にしている場合があるからである。

（8）　これは細谷らの研究チームの調査票全般にいえることである。また，日本の農村研究が培ってきたモノグラフ的手法は，SIの姿勢と親近性をもっていたともいえよう。

（9）　既に伊藤が深い洞察を加えている。東北社会学会2000年度大会の課題報告部会での彼の報告「インタビューの限界と可能性——庄内調査の方法的反省——」。

（10）　これは「自由化」以後の状況に顕著であるように思われる。

（11）　SIについてはミードとの関連で数次にわたる論争がある。わが国の論争では近代的自我論の評価とポストモダン状況での人間観を問う理論的な性格が濃かったが，合州国での論争はリサーチ方法の違いを背後にもっていた点，留意しておきたい。

（12）　だから三大前提を，現代における新しい主体像の析出，等と読むと，それはアプリオリな想定を述べただけではないか，という批判が当然ながら出る。もっとも，そのような読み込みが必要だった日本的文脈については，学史的な検討が別途必要だろう。

（13）　「参与観察」といっても，エスニックグループや既存の社会集団の伝統的・反復的な習俗に従いながらその習俗の観察を目的とする参与観察と，市民活動・社会運動の展開過程など新しい活動が作られていく一回限りの過程への参与観察は，異なるものだと考えた方がよいのではないだろうか。後者の場合，「参与」はほぼ「関与」に等しい。

（14）　対象者へのフィードバックは次の意味をもつ。①儀礼。②確からしさの確認。③対象者が読むこと。ただし，②は難しい。単純な事実なら容易（発表前に確認すべき）だが，発言の事実とは何だろう。文言が同じでも異なる文脈に置かれれば異なる発言になろう。論文が対象世界の「写し」でありえない以上，対象者の感覚とのズレも当然おこる。したがって，当事者の実感を分析の確からしさの判定基準にすることは必ずしもできない。③では，何らかの意味でのエンパワーメント，この場合は意見の自己対象化を念頭に置いている。B.グレイザーとA.ストラウス［Glaser & Strauss, 1967］は，成果

としての「処方箋」が行為者にとって状況に対処する力になるかどうかで理論の確からしさを判定しようとするが, 有用な処方箋が出せるかどうかはそもそもどんな問題に挑んでいるかに依存しよう。
(15) たとえば,「aだからb」と「bだからc」のように個別の意見から「a―b―c」を合成する。または分解して, a・b・cごとに記述する。また, 論をもっと進めてみたり, 実際の語りから余談や注釈を省いてみるなどしてみる。対象者にとっても自分と異なる意見はこうした想定として存している場合がある。
(16) 筆者にとり細谷昂の反省が示唆的だった。彼は一時期, ルカーチの「客観的可能性」に依拠しつつ, ありうる階級意識と, 質問紙法で判定された農民意識の諸類型との距離を測定しようとした。が, それだと「旧意識を濃厚に残存させている〈原型〉などと分類された人びともいだいているにちがいない階級的要求はまったく無視され」る危険があろう［細谷,1973,196］。これには質問紙法が「〈数字〉いじりに堕するとき」との限定が付されているが, 事例調査や自由な聴取であっても, 集計があらかじめの分類に従った拾い出しになるとき, 同じ反省が必要となろう。

文献

Billig, M., 1991 *Ideology and Opinions*, Sage.
Blumer, H., 1969 *Symbolic Interactionism: Perspective and Method*, University of California Press. 後藤将之訳『シンボリック相互作用論』勁草書房, 1991年
―――, 1997 "Comment on Lewis' "The Classic American Pragmatists As Forerunners to Symbolic Interactionism". *The Sociological Quarterly*, No. 18,pp.285-289.
船津衛, 1983『自我の社会理論』恒星社厚生閣
Glaser, B.G. and Strauss, A.L., 1967 *The Discovery of Grounded Theory : Strategies for Qualitative Research*, Aldine Publishing Company. 後藤隆・大出春江・水野節夫訳『データ対話型理論の発見』新曜社, 1996年
Greenwood, D.V. and Levin,M., 1998 *Introduction to Action Research*, Sage.
細谷昂, 1973「農民意識と農村社会の変革」, 蓮見音彦編『社会学講座4 農村社会学』東京大学出版会
細谷昂・小林一穂・秋葉節夫・中島信博・伊藤勇, 1993『農民生活における個と集団』御茶の水書房
伊藤勇, 1993「農民生活と意識動態」, 細谷昂ほか『農民生活における個と集団』御茶の水書房
Lindesmith, A.R., Strauss, A.L. and Denzin, N.K., 1977 *Social Psychology*, 5th edition, Holt, Rinehart and Winston. 船津衛訳『社会心理学』恒星社厚

生閣，1981年
宮島喬，1983『現代社会意識論』日本評論社
中河伸俊，1999『社会問題の社会学』世界思想社
高橋明善・蓮見音彦・山本英治，1992『農村社会の変貌と農民意識――30年間の変動分析――』東京大学出版会

付記　この論は1999年4月の東北社会学会研究例会での報告を原型としています。また2000年7月の東北社会学会大会の課題報告部会での問題提起とも一部重なっています。それらの場でたくさんの示唆をいただきました。伊藤勇氏にはとくに啓発されました。試行錯誤途上の論考で恐縮ですが，感謝申し上げます。

第8章　現代日本における反倫理的行為の背景
――「人格」意識の変容と「人格分裂」肯定言説――

第1節　青少年犯罪に関する一般的な説明の限界

　1999年は,「ノストラダムス」をめぐる虚言は一掃されたが,数年前から引き続く「世紀末」を思わせるような事件が頻発した年であった。少年による殺人事件――特に「またも17歳の犯行」とタイトルがつく事件――が衝撃を与え,「社会的引き篭もり」など消極的な不適応とともに,「キレる青少年」がクローズアップされた。こうした現象＝社会病理をめぐってさまざまな立場からの議論があるが,社会学的な視点からみて的はずれと思われる議論も多い。以下における本章の主題に入る前に,青少年の犯罪に関する議論における一面的な見方のいくつかについて簡単な批判を行なっておきたい。
　第一に,青少年が引き起こした衝撃的な事件は,現代社会の病理性が特に青少年問題として表出したものとみるべきで,「異常性」を青少年世代の特有の問題とみるのは誤りである。このことは多くの論者が指摘しているので,誤解されることは少ないであろう。
　第二には,「キレる」という言い方に代表されるような,青少年も含めた多くの層において「衝動に対する抑制力がなくなった」という見方も不十分である。なぜなら,「かっとなって」という衝動的な犯罪は従来からよくあり,それ自体は目新しいものではない。むしろ,今日,問題となる多くの衝撃的な犯罪は,時にかなり周到な準備を経た計画的・意図的な犯行なのである。名古屋の「体験としての殺人」を意図した高校生も,福岡のバス・ジャック殺人事件も,「計画」されたものであり,特に後者は「両親に対する反抗」「世間をアッと言わせたい＝有名になりたい」といった,「劇場型犯罪」型の犯行としてまったく計画的である。三重県の一家殺傷事件にしても「風

呂場の覗きが知られると村にはいられない→ばれないように一家を皆殺しにする」という意図をもっての犯行で,「宗教教団としての偽満性を暴かれたくない→告発の中心人物(坂本弁護士)を殺害する」としたオウム教団の犯罪同様,短絡型犯罪の典型ではあるが,いずれにせよそれらは「衝動的」な犯罪ではない。

　第三に,個人を律する「道徳・倫理意識の欠如」による犯行という説明も,それだけでは十分な説明にはならないであろう。なぜなら,重大な非行・犯罪を犯した者に対して,「あの人が……」「普段はまじめな……」という論評がなされることが珍しくない。「そういえば……」というマスコミ論調に同調的な事後解釈を除外すれば,衝撃的犯罪の実行者が「近所の人にも挨拶する礼儀正しい子」であったり,「まじめな高校生」で「親との仲もよい」息子であったりするのである。「道徳・倫理意識」をどのように定義するかで,当然,議論は違ったものになるが,今問題としている犯罪者は,少なくとも「普段からどうしようもない,札付きの……」といったタイプではなく,ある面では十分「道徳的」に生活しているのである。明らかに犯罪者たちは道徳・倫理を知らないわけではない。

　第四に,「価値観の多様化」「倫理の相対化」による「道徳・倫理意識の希薄化」という説明もそれだけでは妥当ではない。本来,「多様化・相対化」は,社会的レベルでいわれることであり,場合によっては,価値の相対化状況の中で,かえって個人としては強固な価値を保持する生き方もありうるのである。もちろんこの場合には,「自分としては価値とはしないが,他の人が価値としていることは認容する」ということ,日々の生活における「事実」としての「個々人の価値の相対性」ということの共通理解が前提となる。したがって,こうした社会的レベルでの価値の相対化が,個人の社会化過程において価値の内面化を弱め,ひいては個々人における(道徳・倫理も含む)価値意識の希薄化をもたらすことは事実であろうが,道徳・倫理の弱体化は理論的には必然ではない。

　以上にあげたような説明(解釈)に対して本章では,現代社会における「人格」意識の変容を重要な要因としてあげたい。現在,社会学や社会心理学・精神医学・哲学などの領域において,今日的な問題として「パーソナリ

ティ・人格・自我・アイデンティティの変容」が論じられている。そうした議論の一端に触れるだけであるが，今日の衝撃的な犯罪の多発や反倫理的な行為の広がりを，「人格の分裂」という視点（仮説）から論じてみたい。

第2節　反倫理的行為の噴出

　青少年の犯罪よりも今日的な特徴をもっている事件は，"社会的に地位の高い"者の非行である。社会的地位にある人物として，かつては考えられなかったような非行・犯罪があり，公務員の倫理規定に反する事例が頻発している。

　横山（ノック）前大阪府知事によるセクシャルハラスメント，数人の事務次官による汚職は，権力欲に走った人物の汚職事件としてみる限り目新しいものではない。しかし，最近の汚職の数例は，いずれも非行・汚職の反面では，優秀な官僚であったり，政治的に圧倒的な支持を得ていたり，それなりに地位にふさわしい役割を遂行していた者の非行・犯罪なのである。[1] 社会的に高く評価されている個人の，その一面が非難されるべき行為につながっているが，その一面は社会的に高く評価されている役割遂行には何の関係もない。田中角栄に代表されるような政治家の汚職にみられる政治力保持のための政治資金獲得といった関連はまったくない。ノック知事や，女性のスカートの中や露天風呂を覗いて職を失った幹部警察職員や自衛隊の将校，あるいは大学教授など，頻発しているセクハラ事件で告発された者たちは，当人自身が「なぜ……」と発覚後に茫然自失するような結果に終わっている。彼らは，十分分別をもち，発覚後ではあれ倫理的な責任＝反省の意識はあるのである。

　さらに，愚かな行為として問題とすべきこととして「援助交際」，「フーゾク」（"セックス産業"），性行動の露出化，電車内や街頭など公衆の面前での反「良俗」行動などの風俗現象をあげることができる。宮台真司などによる「援助交際」肯定論もあるように［宮台,1994］，これらの現象を「病理」と見るか否かの価値判断には異論の余地があるが，少なくとも現在の日本社会では売春や"自由な"性関係（行為）を行なっていることを隠さない者は例外

的であり,「援助交際」自体を無条件で肯定することは困難である［小林,1999］。

したがって,公然化すれば非難を受ける（反倫理的）行為をしていても,それは〈私〉の一部（「過去」も一部）であり,〈私〉の他の部分が倫理的である限り〈私〉は倫理的に問題がないという,人格観（人格の倫理性に関する基準）が成立していることになる。

電車内で特に人目をはばからない性的振る舞いをする男女カップルを〝馬鹿ップル″と呼び,「日本人の自我構造に少しずつ変化が生じているのではなかろうか」と言う,「人格分裂」論につながるような岩田純一の指摘［岩田,1998,208-209］や,片桐雅隆の議論は,こうした諸現象が「自己」観の変化に伴なって生じたことを論じている［片桐,2000,序,1-5］。

現代に特徴的な「私の一部が反倫理的であろうと,私の他の部分が倫理的であるなら,私は倫理的である」という論理と,「私の一部で責任を取るべきことがあるなら,それは私全体の責任である」という論理とが対極になっている。そして,こうした対極性をもたらす一つの前提は,「私の一部」はあくまで「私」全体の一部でしかないのか,それとも「一部の私」も不可分の全体としての「私」そのものなのか,という「私」（自己・人格）観の違いである。「私」という全体かその一部かには,当然,時間的（歴史的）な全体と一部の問題も含まれる（「過去の私」は「現在の私」とは別なのかどうかは,特に倫理的な責任を問う場合に問題となる）。

現在,顕著になりつつある風潮は,「一部は一部」「過去は過去」という,人格の全体性の軽視である。これは,論理的には必ずしも倫理そのものの軽視ではなく,倫理的である領域での自己と,反倫理的な領域の自己が断片化（分裂）される形での,倫理批判の適用領域のセグメント化とみなすべきである。もちろん,人格全体としての倫理性は,人格の中枢部分（しばしばそれは「中枢役割」でもある）に規定されている場合には完全なセグメント化（断片化）ではないが,いずれにせよ,人格は統一的なもの（全体的なもの）と観る立場とは完全に対極となる人格観である。

こうした「断片的でありうる人格」という人格観は,近代化の「悲劇」としてジンメルが指摘したように,近代の社会・文化構造に由来すると考えな

ければならないが［ジンメル,1911］,そうした人格観はさまざまな言説として流布されている。以下では,そうした言説を取り上げて,青少年層を中心に広まっている人格観の意味を考察してみる。

第3節　演出と操作の対象としての「私」

　以上に述べてきたように,近年広く見られるようになった反公衆的行為や非行・犯罪などの反倫理的行為は世代を超えて見られる行動であり,それらは衝動に対する自制力の欠如,社会化の未熟,倫理・道徳の欠如,価値観の多様化などの要因だけでは十分な理解（説明）ができない。そこで,「人格分裂」という視点（仮説）から解釈してみようとするのが本章の課題であるが,この「人格分裂」を肯定する意識には三つの段階が考えられる。すなわち,①人格の単一性の否定,②人格の操作可能性の認識,③人格の全体性の否定である。これら三者は密接に関連しているが,焦点の違いで区別は可能である。

　第一の段階は,「自我の葛藤」「自己分裂」「役割葛藤」など古典的な問題と通じる問題である。異なる社会的場面（社会関係）において違った性格・パーソナリティを示すというのは,日常的な事例に事欠かない（特に,職場と家庭,学校と家庭など,「公的」場面と「私的」場面での相違）。この段階は,役割（カテゴリー）そのものの相違ではなく,「役割」に規定されたものとしてのパーソナリティの違いである。穏やかな教師が家庭ではガミガミとうるさい父親であったり,そのまったく逆のパーソナリティの在り方もあったりで,単に「役割」に規定されたパーソナリティという問題ではないが,役割に付随するという点で文脈依存的な形での人格分裂である。

　しかし,それぞれの場面で違ったパーソナリティを示すというに留まらず,それがジキルとハイド的二重人格の場合には従来の倫理では人格的同一性が保てなくなるが,今日ではそうした二重人格性を容認する論理（倫理）が通用している。「援助交際をしても門限までに帰宅するし,親にも心配はかけてないし,学校では真面目な生徒で成績もいいし……」という援助交際の肯定論はその典型であり,そうした類例は今日いたるところでみることができ

る。この論理では「良い子」という一面が人格を代表し、"免罪符"となる。

　第二の段階では、「私」（人格）は演出（操作）の対象と考えられる。古典的な議論はフロムの「市場的パーソナリティ」であるが、フロムの議論では、「市場的パーソナリティ」は人間的な豊かさを失った生活をする疎外された生き方を意味している。しかし、同時にフロムの議論では、それは市場主義社会における社会化・パーソナリティ形成の問題として論じられており、「次々に演じ分ける」という状況依存的・短期的な演出の意味はない［フロム,1955＝邦訳,88-104］。しかし、今日の「操作対象としての人格」は、そうしたフロムの見解とは違って、「操作可能性＝可変性」に力点がある。代表的な議論は「変身」と「キャラ」である［宮原,1997;1999］。

　「変身」「キャラ」にはいくつかの議論があるが、ここで問題としたいのは、短期的状況依存的な「私」の「演出」ではない。「普段と違った私」をファッションや言動で演出して周囲の人の注目を浴びるといった「演出」は、「感情操作」と同じく役割演技に近いものである。それに対して、目的－手段の意識に基づいて、「おとなしい女性」「おおらかな男性」「親切な隣人」等々を「演じ」続ける場合が、「人格の操作」の段階である。ここでの「演出される私」は、自分がおかれた社会関係の諸条件に応じて戦略的に選ばれる「パーソナリティ」であるが、その演出される「パーソナリティ」は選択可能なものと意識されている。したがって、「もう明日からはこんな自分はやめる」という「変身」（「自己同一性の突発的破棄」）［宮原,1999,29］も考えられる。「手のひらを返したように」変わるという対人関係における態度変容ではなく、「変身」は「人が変わる」という個人の生き方全般に関わる変化なのである。ともあれ、自己の現在の人格は変えうるという意識は、「人格セミナー」や「私探しブーム」につながる、「自己・人格」に関する意識の大転換である［香山,1999,22-29］。

　第三段階は、「人格分裂」の容認である。「人格的自己同一性」という人格（人間）観はここでは否認される。過去の「私」はもちろん、「現在」の「私」の社会的場面に応じて別個の「人格」のどの一つも相互に関連することなく、別個の「人格」として存在しうる、と意識される。そうした「人格」のある一つが倫理的でないとしても、他の個別の人格としての「私」が

倫理的に批判される必要はない,という人格観である。

　この遠源は,「罪を憎んで人を憎まず」といった本来は自由主義的な人格観にある。ジンメルは「殺人賠償金」の歴史に触れて,「罪を貨幣で賠償できる」という考え方が,本来は全体的統一体として不可分のものという「人格」観を,「分化」した(多面的な)人格観に移行させた一歩であったことを指摘した。ある意味で自由主義的進歩的な人格観だが,今日,「罪を犯したのは〈私〉の一部であり,それ以外の〈私〉は一人の人間として尊重されるべきである」という人格観をとるとき,倫理的な判断の分かれる事態が生じる。

　犯罪者が自らの犯行を「手記」として印税を得るとき,あるいは残虐な殺人を犯した者がマスコミ報道に「人権侵害」の告発を行なうとき,少なくとも被害者の立場からは納得のいかない事態が生じる。パリ人肉事件の被告が「カニバリズム」をテーマとする"文学作品"を著し,それが広く読まれたケースはその一例であり,後に彼は「犯罪評論家」として異常犯罪に対するコメントを発表している。

　ともあれ,そうした社会的に受け入れられた人格観の下では,非行・犯罪を犯した場合も,それは「一部の私」の問題にすぎず,自己が全面的に倫理的に反省を迫られることはなくなる。逆に,「たまたま〈私〉の一部が衝動的に反倫理的な振る舞いをしても,〈私〉は十分倫理的な存在である」という意識が成立し,今日それが一般化したのである。

　こうした倫理観は,〈私〉(個人)は人格としての一貫性をもつ必要はなく,また,部分的な人格が全体としての統一性をもつ必要はないという論理に立っている。このような「自己」(人格)を,「自由・柔軟な自己」として現代社会に適合的であるとする言説が流布している。一貫した,確固たる(統一性をもった)人格は,かえって不適応の危険をはらむというのである［宮台,1995,62］。

　こうした「人格」は,フロムの指摘をまつまでもなく,産業化された資本主義に誘導された欲望主義(欲望自然主義)によって推進され,戦略的に操作される「人格」であることは明らかである。それは,現代社会の過度の相対主義化に由来するアノミーに適合する「戦略」として,多くの言説を生み,

社会心理として蔓延しているのである。

現代の若者のアイデンティティ危機問題を論じた豊泉周治の言葉を借りると、それは「近代の原理となる自我同一性そのものを内部から崩壊させる危機」であり、その問題は「現代の危機とその行方を生活世界の内部から、あるいはそれぞれの人格の内部から問うもの」であると、問題の重要性が強調される［豊泉,1998,13-23］。

「多重人格」論の流行もその延長線上にある。精神病理としての症例はかなり以前から認知されていた「多重人格」が、精神病理の問題としてのみならず、現代社会の「人格」のあり様としても語られるようになった。1992-93年からアメリカに続いて、特に日本では若者が多重人格論に親近感をもち、ブームとなったといわれる［和田,1998,222;大澤・斎藤,2000］。香山リカは、多重人格論が関心を呼び、流布している現在、「いま若い人に普遍的にある一つの特徴」は、「多重人格的な、人格というものがぱりぱりと割れていく感じ」であるとし、青少年の「人格分裂」状況を指摘している［大塚・香山,2000］。青少年に限らず、現在の日本では、人格を一貫性をもった全体的なものする人格観が衰退する傾向があるのである。

第4節　現代日本の「人格分裂」肯定言説

このような状況に対応するのが、反知性主義（＝刹那主義）の言説であり、その議論の特徴は「人格」（行為の主体・客体としての人間存在の全体性と統一性）の軽視ないしは否定である。そうした主張は、宮台真司や村上龍、田中康夫などの若者世代に少なからず影響を与えたと思われる言説にも顕著に見られる。そうした言説の影響よりも、基本的には社会構造的な変化が要因としてあげられるべきであるが、現代の問題状況を把握するために、彼らの言説から「人格分裂」肯定に関連する論理をあげてみよう。

その第一は、「現実」の不可視性と「理想追求」の不可能さ。現代の社会システムはあまりにも複雑であり、人々には「何が真実か」「何が正しいか」は分からない——という主張である。

「〈終わらない日常〉を生きるとは，スッキリしない社会を生きることだ。何が良いのか悪いのか自明でない社会を生きることだ」[宮台,1995,179]。
　「今はわけのわからない時代だ。バタイユ風に言うと，〈解決策の不在が想像を絶している〉時代だ」[村上,1976]。

　「絶対的な〈正しさ〉はない」から，「理想」を追求することは危険である。なぜなら，「理想」や「価値」をもつ人は，「理想」を求めて挙げ句に絶望したり，不合理なものに取り込まれてしまう。「幻想」に失望した人々が宗教を求めたのがオウム真理教のケースであるが，オウムを信じた者たちは理想を求めたがゆえに多くの人々を殺したり不幸に追いやり，自らも人生を無にした。そのときどき，「適当に」「楽しく」生きるというのは，「価値」にこだわって対立しあうこともなく，価値の多様化状況における「共生のための知恵」といえる——[宮台,1995,179-180]。
　彼らが強調する第二の論点は，現代社会における「希望・理想」の形骸化である。現代社会の理念（「進歩・発展」「勤勉・努力」「良心・倫理」）は今日，否定されるべきものとなり，現代社会には〝輝かしい″理想や価値はなく，手応えのある生き方などない。
　第三に，「理想」を放棄して，「まったり」と生きること（刹那主義と快楽主義）は，かえって健全な生き方である。援助交際をする女子中学生・高校生は，親に心配を掛けないようにしているし，「そのうち，いい人を見つけて結婚する／今，楽しい」といった，それなりの現実主義的な展望をもっているのであり，「ブルセラ少女は健全」である[宮台,1995,132]。

　「〈永久に輝きを失った世界〉のなかで，……そこそこに腐らずに〈まったりと〉生きていくこと。そんな風に生きられる知恵を見つけることこそが，必要なのではないか」[宮台,1995,170]。

　第四に，支配的な「価値」観の否定だけでなく，「価値」をもつこと自体を否定する論理の帰結は，感性主義の主張である。「なんとなくクリスタル」というタイトルに込められた田中の主張は，まことに単純・明快であった。

現代の若者は、「論理性はなくともその感覚はすばらしい」のであり、「〈何となく〉ではあるけど、〈クリスタル〉な感覚」が「時代をつくることだってありそうな気がする」という感覚主義が主張されていた。

　「要するに、〔文芸批評家たち（＝既成の価値観に基づいて生きている人たち）は、私の小説の登場人物（＝私の価値観に基づく生き方の理想）について〕人間の中身が空っぽだ、というわけです。居直るようだけど、ぼくは中身が空っぽなのがいまの若者たちの生活だ、と思いますね」[田中,1981]。

こうした行動様式においては、「道徳・倫理」「価値」「規範」「責任」等々は、少なくとも重視されるべきカテゴリーではないし、当然、一貫性をもった人格（自己）の保持という志向性はない。かくして、〈私〉の一部の反倫理的行為によって〈私〉の倫理性が全面的に否定される必要はないし、その場合も別な〈私〉は倫理的な正当性を主張しうるということになる。〈私〉（「自己」）が「人格分裂」しているという意識（そのように「構築された自己」）[片桐,2000,46]は、自己に対する倫理的な統覚をかなり〝気楽に〟に考えることができる。言説もまた自己の全人格を賭けた発言である必要はなく、そのときどきの状況の中で世間に〝受ける〟ようなことを発言し、後に「あの時はあの時で」と過去のものとすればよいことになる。

第5節　モラトリアム人間論

　E.H.エリクソンにはじまるアイデンティティ論は、現代社会において青年層が自己の存在の意味づけ（「存在証明」）が困難になっていることを問題したものであるが、日本において、このエリクソンの議論を展開した小此木啓吾の「モラトリアム人間」論は、単に青年層のみならず現代の日本人全体に「確かな自己像」をもち難い状況（「アイデンティティの拡散状況」）があること、これからはむしろ状況依存的・多面的なアイデンティティ（人格）が望ましいことを示唆した。現代青年論として学界の内外にきわめて大きな影響を与えた議論であるが、この議論が「人格分裂」論にとって先駆的な意

味をもっている［和田,1998,230］。

　小此木は「古典的モラトリアム」の意識が変化して「新しいモラトリアム」意識が青年層に形成されたことを指摘し，その意識変化を六つの点にまとめている。「新しいモラトリアム」の特徴は，①当事者意識の欠如，②アイデンティティの拡散，および③帰属意識の欠如で，「基本的な特徴」は「国家・社会・歴史の流れといった，自己を越えて存在する〈より大きなもの〉への帰属意識の希薄さ」である［小此木,1978,36-37］。この点は，「アイデンティティ」の希薄さというよりは，価値の相対化による支配的価値の欠如という問題で，現在も多くの論者が指摘している意識状況を先取りした議論となっている。

　しかし，ここで注目されるのは，小此木が，管理社会化の影響で人々（特に青年層）は「管理保護される構造」のもとに生きるようになり，①責任の拡散，②受動性（指示を「常に待つ存在」として），③一時的流動的な在り方（アイデンティティ）に方向づけられているという指摘である［同上,36-37］。なぜなら管理社会・組織化社会においては，なんらかの価値に立脚して行動するのは危険であり，常に可変的な自己（アイデンティティ）であることが変化に適合的であるからである。

　こうした小此木の議論は，アイデンティティが一貫性・自己性をもつものではないこと，それが青年層のみならず現代日本の人々一般の生き方になりつつあることを示唆した。当初，一般には「今どきの青年」を非難する論として受けとめられたし，その後もそうした理解が多いが，小此木自身は「自分もモラトリアム人間……」［小此木,1978,文庫版「まえがき」］と言い，「モラトリアム人間」は「家庭の側から見ると，……はるかに人間的で，……健全なヒューマニズムを持った人間」であり，「現代の平和な日本社会はモラトリアム人間たちのこうした生活感覚によって支えられている」として，その積極面も指摘している［小此木,1983,132］。

　このようにして，強固なアイデンティティをもたないだけでなく，「モラトリアム人間であることを自己のアイデンティティ」とし，次々に生き方・考え方を変えることによって自己実現する「プロテウス型人間」が望ましい類型とされる。それは「いくつかの局面で十分に自己を実現させる並はずれ

た能力が必要」となるエリート主義的な類型であるとともに,「局面ごとにアイデンティティを変える」という点で［小此木,1978,53-55］,「一貫性のある自己同一性」は否定し「人格分裂」——小此木は「自我分裂」と呼んでいる——を肯定する議論の萌芽を含んでいる。それは,その後,村上・田中・宮台などに続く議論の流れを作っているのである。

第6節 電子メディアによる「精神空間」の変容

　以上のように,個人の人格的統一性（＝一貫性）を否定する言説が流布し,諸行為者自身の行為レベルにおいても人格的統一性を保持する意欲と能力の弱体化を示唆するような事件や現象が見られるのであるが,こうした「人格＝統一体」の観念の弱体化はなぜ生じたのか。それを説明する議論として,I.イリイチの「精神空間」論がある。

　イリイチの言う「精神空間」（「精神の一つの枠組み a mind-frame」「精神のありかた mind-set」）は「知覚・表象・推理・想像力・自己感覚」などを指しているが［イリイチ,1986＝邦訳,109-110］,それは中世に生じた「文字によってものを考える精神」によって大きく変化した。「文字によってものを考える精神」は,抽象的思考能力を高め「状況に即してものを認知すること」を弱めたのであるが,さらに「テクスト」という観念・技術の成立によって「精神空間」は決定的な影響を受けた。「文章の区分（章・節・段落），見出し，番号，部分毎の要約・強調（アンダーライン），目次・索引，参照指定」などの「テクストの技術」は,「書物」（述べられたこと）を要素化（＝断片化）し,書き手の意図とは別にどこからでも自由に読む（解釈する）ことを可能にした［同上,133-134］。

　13世紀以降「テクスト」が「生活全体を表す隠喩」となり,人は〈自分自身〉を,一つのテクストとして見るようになる。解釈され構成される「テクスト」として,人は「一個人としての自己 an individual Self」を構成しなければならない。〈自我・良心・記憶〉という観念が成立し,「今あるがままの自己」ではなく,記憶されており確認（解釈）された「自己」が真の自己（自我）となる［同上,139-140］。

以上のように，西欧的な「一個人」（統一的な自我）の観念が歴史的に形成された相対的な観念であることを明らかにすることによってイリイチが示唆しているのは，相対的な観念であるがゆえに変容の可能性（危険性）があるということである。13世紀以降の「文字によってものを考える精神」に基礎づけられた「精神空間」（「文字文化の空間」），特に「自己確認的な西欧的個人」［イリイチ,1993＝邦訳,153注46］は，「西欧文化にとって根源的」なものであり，現在それ以外の「自我」の在り方を考えることはできない［イリイチ,1988＝邦訳,97］。すなわち，イリイチが強調したのは，自我（人格）の統一性という観念を保持することの重要性であり，その崩壊の危険性である。

情報化社会においてはコンピュータ・リテラシーの影響で「精神空間」が変容の危機にさらされており，それは中世における「テクスト」の成立に匹敵する「精神空間」の変容としてきわめて深刻な問題であることをイリイチは強調する。コンピュータによる「サイバネティクス的精神空間」においては，「テクスト」は「意味をもたず，意図をもたず，著者〔主体〕の存在しないもの」である［イリイチ,1993＝邦訳,203注7］。そこでは「意味〔感覚〕もなく自我もない」自己が存在するだけであり，「自己（self）とわたし（I）との間の懸隔 distality をゆるめさせる」精神空間において，人は人格的な統一性のない単なる「役割演技者」となる［イリイチ,1986＝邦訳,149-154］。情報化社会においては，①主体と「テクスト」の遊離，②「テクスト」の断片化，③「テクスト」の無意味化，とともに④人格的統一性の喪失が生じる。

イリイチへの言及はまったくないが，このような情報化社会における人格変容の問題についてイリイチよりも具体的に論じたのが，M.マクルーハンの「メディア文化」論を受け継ぐ形で「情報様式」論を展開したマーク・ポスターである。「情報様式」論の基本的な考え方は，情報様式の変化により社会・人間存在・社会科学理論などが変容するというものであり，「主体がコミュニケーションの行為と構造の中で構築される」ということ，「情報様式」の変化は「主体における変化を含んでいる」ということを主張する［ポスター,1990＝邦訳,19］。

情報様式の第三段階である「電子的段階」においては，各種の電子メディアが日常生活に浸透することによって，人間の感覚や思考・記憶・アイデン

第8章　現代日本における反倫理的行為の背景

ティティの変容が生じる。すなわち，ワープロ，ハイパーテクスト，電子メール，メッセージサービス，コンピュータ会議［ポスター,1993＝邦訳,106］は「主体を散乱させる」新しいコミュニケーション様式である［ポスター,1990＝邦訳,192］。特に，コンピュータによる会話（メールやチャット）は，「自己－構成」の新しい形式であり，主体を時間的空間的位置から引き離し（主体の「散乱」），「虚構の主体」の可能性を生む。「同一性はコミュニケーションの構造の中で虚構化」され，「電的ネットワークとコンピュータの記憶システムの中で散乱」し，「非－同一的な主体」が構成される［同上,223］。なぜなら，「電子的な言説秩序のなかに成立する自己は，口承の文化でのように特定の場所に帰属しないし，文字の文化でのような単一性を失っている」からである［吉見,1996,20］。

森岡正博は，現代の電子メディアに媒介されたコミュニケーションを「意識通信」と呼ぶが，そこでは「断片人格と断片人格」の交流［森岡,1996,204］にならざるをえない。「匿名性のある電子世界では〈本当のあなた〉〈本当の私〉とは何かが，決して明らかにならない。あなたが〈真実だ〉と思ったことが，その世界の〈真実〉となる。電子世界とは，〈本当のこと〉がどこまでも相対化されてゆく世界である。〈本当のこと〉をどこまでも求めてゆこうとする精神は，電子世界では挫折せざるをえないようになっている」［同上,202-203］。

以上のようなポスターなどの議論で指摘されている「電子メディアの影響」は，イリイチの言う「文字によって考える精神空間」から「サイバネティクス的精神空間」への変容の問題にほかならない。

頻発する反倫理的行為の背景にある生活倫理の解体化状況（アノミー）は，世界の複雑化による価値の対立といった相対主義の影響に帰することはできない。同様に，高度消費社会化による消費主義と生活実感の喪失，あるいは管理社会化による「分業の高度化→人格の断片化）と自律性の喪失」といった社会の構造変動だけでも説明できない。現代の日常世界には，絶えず情報様式としての電子メディアの影響，サイバネティクス的な精神空間の影響がある。そうした情報様式・精神空間における人格の文脈依存性が，人格の断片化と他者の人格への信頼性の喪失を生じさせ，人格の統一性（自我意識）

の喪失をもたらすのである。

「人格分裂」を肯定する言説は，そうした状況を反映するものであり，サイバネティクス的な精神空間に適合的な「人格」意識を「構築」する言説［片桐,2000,30-32］にほかならない。そうした現実を認識し，日常的な実践としても，そうした趨勢に対抗することが「緊急の課題」［イリイチ,1986＝邦訳,156］となっている。

注
（1） 厚生省事務次官岡光序治の汚職事件は，戦後逮捕された次官としては文部省・労働省に続く3人目であるが，自らが中心となって推進した福祉施策（それ自体は評価されるべき施策であった）を汚職に直結させた点で従来型の汚職と異なる。彼は「厚生省のエース・切り札」との評価を受けていたといわれる（当時の小泉厚生大臣の発言；『文芸春秋』1997年2月号）。堺屋太一氏はこの事件を評して，「倫理の退廃以前に人間としての生き方の美意識が欠如」していると述べているが（堺屋太一「岡光前次官『綱紀』以前の人間失格」『文芸春秋』1997年1月号），その「美意識」は本章で言う「人格的統一性」の意識に当たる。
（2） ジンメルは，近代社会においては「人格（『人間の内的な人格的統一性』）に対する無関心」が不可避であり，人格が「ほとんど完全に分解される」ことを強調している。人間が「統一的で分割不可能なもの」として，貨幣価値など他の価値では代替されないという理念が崩されてゆく，その第一歩が「殺人賠償金」制度であった［ジンメル,1900＝邦訳, 125-134］。
　　しかし，個人がいかに多面的な存在であろうとも「存在と行為とのあらゆる多様性において相対的な統一体」であるしかなく，人格（個人）を構成する諸側面が完全に分化し，それぞれが個別的に他の側面とかかわりなく（自由に）存在するという状態は「実現不可能な概念」であるとして［同上,59-60］，ジンメルは人格分裂の可能性は断固として否定している。
（3） パリ人肉殺人事件を起こした佐川一政は，フランスにおける精神鑑定で不起訴となり日本に送還されたが，後に『霧の中』という小説を発表している（佐々木毅ほか編『戦後史大事典増補縮刷版』三省堂，1995年，757ページ）。

文献
E.フロム，1947『人間における自由』谷口隆之助・早坂泰次郎訳，東京創元社，1955年
I.イリイチ，1986「レイ・リテラシー——文字によってものを考える精神について研究がなされることへの懇願——」（講演）

―――，1987「コンピューター・リテラシーとサイバネティクスの夢」，桜井直文訳『生きる思想』藤原書店，1991年
―――，B.サンダース，1988『ＡＢＣ――民衆の知性のアルファベット化――』丸山真人訳，岩波書店，1991年
―――，1993『テクストのぶどう畑で』岡部佳世訳，法政大学出版局，1995年
岩田純一，1998『〈わたし〉の世界の成り立ち』金子書房
片桐雅隆，2000『自己と「語り」の社会学』世界思想社
香山リカ，1999『〈じぶん〉を愛するということ』講談社現代新書
小林正弥，1999「『性的リベラリズム』批判」，諸富祥彦編『宮台真司をぶっとばせ――"終わらない日常"批判――』星雲社
宮台真司，1994『制服少女たちの選択』講談社
―――，1995『終わりなき日常を生きろ――オウム完全克服マニュアル――』筑摩書房
宮原浩二郎（編），1997『変身の社会学』世界思想社
―――，1999『変身願望』ちくま新書
森岡正博，1993『意識通信――ドリーム・ナヴィゲイターの誕生――』筑摩書房
―――，1996「意識通信の社会学――パソコン通信のコミュニケーション――」『岩波講座・現代社会学22　メディアと情報化の社会学』
村上龍，1976「偉い大人達になんと言われても」『読売新聞』1976年7月13日
小此木啓吾，1971「青年期延長型の人間」『中央公論』1977年10月号
―――，1978『モラトリアム人間の時代』中公文庫（1981年）
―――，1983『家庭のない家族の時代』ＡＢＣ出版
大澤真幸・斎藤環，2000「「多重人格」の射程」『ユリイカ』2000年4月号
大塚英志・香山リカ，2000「複数化する「私」，微分化する世界」，同上
M.ポスター，1990『情報様式論――ポスト構造主義の社会理論――』室井尚・吉岡洋訳，岩波書店，1991年
―――，1993「情報様式とポストモダン」『岩波講座　社会科学の方法Ⅷ　システムと生活世界』86-120ページ
G.ジンメル，1900『ジンメル著作集3　貨幣の哲学（総合篇）』居安正訳，白水社，1978年
―――，1911「文化の概念と文化の悲劇」，円子修平・大久保健治訳『ジンメル著作集7　文化の哲学』白水社，1976年
豊泉周治，1998『アイデンティティの社会理論』青木書店
田中康夫，1981「クリスタル族」『朝日新聞』1981年1月14日
和田秀樹，1998『多重人格』講談社現代新書
吉見俊哉，1993「電子メディアの社会化と文化変容」，石坂悦男ほか『メディアと情報化の現在』日本評論社

——, 1996「電子情報化とテクノロジーの社会学」『岩波講座・現代社会学 22 メディアと情報化の社会学』

第3部

グローバリゼーションと国民国家

近年，国家が激しく揺らいでいる。原因は大きく二つあり，一つはグローバリゼーションによる「国際化」の波であり，二つは，住民の生活により密着した地域からの挑戦である。国際化の波は，国境や国家主権を絶対的なものではなく「相対化」しつつあるし，地域化の動きは，従来，国家が独占してきた権限を地域に返還するよう迫っている。

　イギリスをみると欧州統合の深化が，ウェールズやスコットランドの自立化を深め，ときに独立への動きすらみられるなかでイングランド側の「地域化」をも促進させ，UK解体の兆候すらみられる。「一にして不可分の共和国」として，イギリスに比べてはるかに中央集権制の強いフランスも，このところブルターニュ，コルシカ等周辺の動きが注目されている。ここでは，独立とまではいかないまでもフランス国内で自治を確立しつつ，EU内で国家を越えた地域どうしの連合を深めていこうとしている。

　ドイツもそうである。近代国家建設時から「小国家主義」と「大国家主義」が対立してきたこの国では，シュレスヴィヒ，バイエルン，ズデーテン地方の複雑な帰属問題に加え，戦後はユーゴスラビア，イタリア，トルコから多くの移民労働者が押し寄せ，外国人問題がクローズアップされている。もともとドイツは，血統主義的性格の強い国であるが，EUとグローバリゼーションの動きによって「国民」の再規定が不可避となっている。

　これらの例が語るのは，要するにグローバリゼーションと地域化によって国家が挟撃され，その正統性が激しく揺さぶられていること，中枢が以前のように周辺を統治できなくなっていること，その限りで国家の影響力が衰退し，そのぶん地域間の「トランスナショナルな空間」が新たに創出されていることである。このような国家を揺るがす動きは，社会現象のあらゆる領域に及んでいる。ボーダレスとは，国家にのみいえることではなく，例えば，性や科学にもいえる。男性と女性の境界は，ジェンダー研究が示すように絶対的なものではなくなっているし，文系，理系の伝統的な二分法も情報や環境問題をみてもわかる通りこんにちでは通用しなくなっている。そこで第3部の課題は，これまで自明視されてきた「国民国家」のさまざまな維持装置——すなわち国民，国籍，市民権，エスニシティ，さらには情報，科学，知的パラダイムなど近代固有の観念・制度を再審し，21世紀にはいかなる「知の枠組み」が必要なのかを問うものである。

（佐久間孝正）

第9章 欧州統合と「地域主義」の台頭
――「ウェールズ議会」の設置とイギリスの「分解」――

第1節 問題の所在

　1997年9月に行なわれたウェールズとスコットランドの住民投票により，これらの地域への独自議会の設置が認められた。スコットランドの勝利は事前に予想されてはいたが，ウェールズは予断を許さぬ情勢だった。しかし結果は，僅少差とはいえ独自議会派が勝利をおさめた。
　ところでウェールズの勝利は，イギリスの地方政治に大きな影響を与えつつある。それは，スコットランドのイングランドに対するライバル意識は昔から強く，これらの対立を越えて「統合」するには分権による「連合」が最良としても，ウェールズはイングランドに対する一体感が強かったのに，スコットランドに刺激される形で距離を深め，そのうえ独自議会も設置されるとなると，イングランドの辺境地域（特に北部地域）から双方の別格扱いは不公平との声がもれ始めているからである。二地域の独自議会の設置は，イングランドにも議会をつくる動きを与える限りで，イギリスを「分解」させないとも限らない。
　これまでイギリスの民族問題といえば，スコットランドが有名だが，ここではウェールズに焦点を合わせてこの地域の民族問題の歴史や周辺ケルトとの連係，さらに独自議会が承認された背景と他地域への影響について考察したい。「分解」とまではいかないまでもグローバリゼーションとヨーロッパナイゼーションが同時に進行するもとで，セントラル・ガバメントからローカル・ガバナンスへ，中央の官僚統治に対する地域のアカウンタビリティ，国家を越えた諸地域間連合などの問題を考える上でも，ウェールズで進行している問題はみのがせない。類似のことが，欧州統合の深化の過程でフラン

ス，スペイン，イタリア，ベルギーなどにもみられるからである。

なお本章で地域という場合は，国家よりも小さな住民の生活により密着した領域とし，イギリスでは具体的には，ウェールズ，スコットランド，それとイングランドでは，ロンドンを別に北東部，北西部，ヨークシャー，中東部，中西部，東部，南東部，南西部の八つの行政単位をさすものとする。

第2節　「分権」論興隆の背景
――国際化と地域化の二重の挑戦にさらされる国家――

このところ分権がイギリスのみならず，ヨーロッパレベルで問題になっている背景には，大きく四つの要因が考えられる。

一つは，社会主義の世界的衰退である。社会主義は，政治的には中央集権主義であり，民族運動に対しては国際共産主義を分断するものとしてナショナリズムに警戒的であった。特にエンゲルスに顕著なように，歴史の主役は大民族がにぎっており，マルクス主義にとって小民族は一時的に歴史の流れに反抗したり，止めたりすることはできても長期的には大民族に従わざるをえないものであった。イギリスでもウェールズやスコットランドの分権は，以前は，中央集権に反しイギリスを引き裂く狭隘なナショナリズムとみられたのである。それが冷戦構造の崩壊によって，反中央集権主義は地域民主主義のいっそうの徹底とみられるようになっている。

二つは，イギリスにとってより直接的なものとして，サッチャー時代の民営化が，ウェールズの従来の伝統的な産業を衰退させ，かわりに多くの外国資本を導入させたことである。すでにウェールズでは，1976年に「ウェールズ開発機構」(Welsh Development Agency, WDAと略) を開設し，ウェールズ地域の独自の開発に力を入れていた。これは，サッチャー首相の時代にも閉鎖されなかったし，ここが中心になって外国資本の誘導を行なっている。例えば日本企業は，ウェールズがイギリスで最大の集積地になっているが，こうした欧米日の企業進出がウェールズの人々にイギリス一国単位より，グローバルな形で自分たちの政治・経済を考えるきっかけを与えていることである。またサッチャー政権の時代，ウェールズに保守党議員が少なかったこ

とも，ウェールズをUK内部でのみ考えることに反省を迫った理由である。サッチャー首相の時代，ウェールズでは当選できる保守党議員が少なかったため，ウェールズの利益を代弁してくれるのは誰かという問題が起きたのである。

三つはEUの動きであり，「構造基金」の受け取り母体が「地域委員会」(Regional Authorities) になったことである。イギリス帝国が攻勢のとき，ウェールズもスコットランドも帝国から脱却しようとはしなかった。しかし1960年代以降，帝国の影響力の陰りに反比例してEU（当時はEC）の力が大きくなってきた。EUの動きには，超国家的な「広域化」へ向かう動きとより小さな地域へ「収斂化」する双方の動きが同時に進行中であるが，後者の動きは「欧州連合条約」（マーストリヒト条約）以降顕著である。1980年代以降，地域のとり込みを積極的に行なっていたEUは，92年の同条約により地域住民に選ばれた代表からなるEUの諮問委員会として，ヨーロッパ議会の第二の立法機関たる「ヨーロッパ地域委員会」(Council of European Rigions，CERと略）を創設した。全会一致を原則とした欧州委員会では，民主主義が重んじられても各国の地域住民の意思までくみとることはできず，いわゆる「民主主義の赤字」を抱えていた。そこでEUは，このとき以降，政策決定のハンドルをできるだけ地域にゆだねる方向へ転換しつつある。またこの条約の締結を契機に，通貨統合がいっそう強力に進められると国家が地域の経済的・社会的利益を守る唯一の機関でもありえなくなっている。

四つは，こんにちのグローバリゼーションの動きへの対応である。EUの形成それ自体が，アメリカを波濤とするグローバリゼーションへの対抗でもあるが，各国にもそれなりの処方箋が求められている。グローバリゼーションは，経済の「超国家化」ないしは「脱国家化」の動きとともに，政治の「再国家化」をも進める [Sassen, 1996, 73-80]。各地域は，グローバリゼーションの動きに対応すべく省庁の再編や金融界の合併と並んで地域の再建にしのぎをけずっている。近年，地域のガバナンス，ガバナビリティ（この用語自体は1970年代から頻出）が注目を集めており，ガバナンスの特徴としての多様性，複合性，民間と公的部門の統合性，中央集権に対する地方分権，他

国や他組織とのネットワーク化などに関心が集まっているが，これもこうした文脈においてである。

　これらの地域運動の興隆には，エスニックな要素もあるが，シビックな側面もある。イギリスのウェールズやスコットランドの動きは，エスニックな運動（ナショナリズム）ともみられるが，シビックな運動——すなわち「周辺化」された住民による民主主義の徹底という側面も無視できない。つまり，単なるナショナリズムの運動ではなく，これまでの中央集権的な政策決定に対する地域住民のシビックな民主化運動としての側面である。いずれにしても近年のイギリスの分権をめぐる運動には，以上のような動きが複雑に絡んでいる。

第3節　ウェールズ「民族問題」の起源
——エスニシティの視点から——

　さて，イギリスの分権問題をウェールズに焦点を当てて探る以上，必要最小限，ウェールズの歴史を整理しておこう。

　アングロ・サクソンの侵入により西方へ追いやられたケルトであるが，いつも団結していたわけではない。むしろ闘争が通常の姿だった。ウェールズには昔から独自の紛争法があったし，イングランドとの統合法以降もこの地域には固有の刑罰が課せられたが，それはこの地域に紛争が絶えなかったことを示している。それでも時折，アングロ・サクソンを意識することにより団結し，そのなかでも10世紀にデハイバース（Deheubarth）の王，ハウェル（Hywel ap Cadell）が，ウェールズ全体の統一に成功する。このときのちに，ウェールズ固有の法といわれる3種類の大罪を設ける。殺人，放火，略奪である。これらの罪を犯した者は，犠牲者に償わねばならずガラナス（Galanas，ウェールズ語で殺人，特に大量殺害を意味する）と呼ばれた[Mathias,1996,6]。これはこんにち独立に熱心なウェールズ人が，イングランドとの制度の違い，固有の法として持ち出すものである。しかし，安定した統治も長くは続かなかった。949年に王が亡くなると，再びウェールズは諸部族の殺戮が繰り返される地と化した。

第9章　欧州統合と「地域主義」の台頭

　13世紀になりグウィネッズのルウェリン・アプ・グリフィズが一時的にウェールズをまとめる。彼は，全域にウェールズ法を適用してイングランドの力を排除した。しかしこれもつかの間，イングランドの王エドワード1世が，主従関係に背いたとして滅ぼす。このときエドワードは，ウェールズの反撃を断つため王の直轄領として多くの大公領プリンシパルティを作る。こんにちのアングルシ，カナーヴァン，フリント，カーマーゼン，カーディガンなどにである。ここでは役人もイングランド人を登用し，法律もイングランド法を適用したが，これらの地域のいくつかは皮肉にもこんにち，ウェールズ民族党の牙城になっている。

　このようなイングランドの圧制に立ち向かったのが，1400年のウェールズ民族運動の象徴ともいえるオウェン・グリンドゥルの蜂起である。スコットランドのウィリアム・ウォーレスに相当するとこんにち好んでもちだされるものである。兵力に大きな差があったもののそれでも10年もちこたえたが，これも鎮圧されるとイングランドのウェールズ抑圧は一段と強化された。例えば，ウェールズ人はイングランド内部の土地を購入してはならないばかりか，ウェールズ内部でもイングランド人の領地では土地の購入ができなくなった。またウェールズ人と結婚したイングランド人は，官僚からはずされた。もちろんウェールズ人は，公職にもつけなかった。

　しかし，イングランドのウェールズ政策で画期をなすのはヘンリ7世の時代である。彼は，ペンブルック城に生まれウェールズ人の血を引いていた。ボズワースの戦いでリチャード3世を破って王位についたが，亡命地フランスからウェールズのペンブルック，ミルフォード・ヘイヴンに上陸できたのは，ウェールズ人の支援があったからである。ウェールズの解放を待ち望んでいた人々は，彼を凱旋者のように迎え，これは多くの吟遊詩人によってうたわれている。テューダー朝は，ウェールズ人の協力なくしてはありえなかった。しかし，この期待も間もなく幻滅にかわった。ウェールズ人の血を引くヘンリ7世になっても，ウェールズ人に科された刑罰法は撤廃されなかったし，プリンシパルティの役人はもとより，ウェールズ内に設けられたイングランド王の臣下の領地マーチの役人もイングランド人のままだった。ちなみにマーチは，のちのちまで治外法権化され王すら手の出せない無法地帯と

なり，犯罪の温床となったものである［青山編，1991,449-474］。

　ウェールズの統合法が施行されたのは，このような時代だった。ヘンリ8世はローマから脱却して宗教改革を行なったが，カトリックのアイルランドやフランスに近いウェールズは要注意だったのと，国王の至上権の理念からもイングランドに近いウェールズの統合は重要だった。統合法によりウェールズには，従来固有の男子均分相続は廃止され，ウェールズ語も禁止された。ここに，その後450年にもわたるイングランドとウェールズの一体化が行なわれることになった。ウェールズ語が英語と同等の価値をもつと公式に認められたのは，1967年の「ウェールズ言語法」によってであり，実に1536年の「禁止法」以来430年ぶりのことである。

　こうしてみると，ウェールズもイングランドとはかなり異なることがわかる。彼らは，アイルランドと同じく非国教法の伝統に立ち，固有の土地・相続法（テニュア）をもっていた。また，独自の文化をもち，それらは多くの吟遊詩人によってうたわれた。これらは，スコットランドと比べても見劣りしない文化・伝統である。にもかかわらず，長らく二級市民として抑圧されてきた歴史をもつ。イギリスの民族問題というとスコットランドに目を奪われがちだが，ウェールズ問題も軽視できないのである。

第4節　ウェールズの独自議会設置の背景
──ケルティック・フリンジの相互関係──

　イギリスの北端，西端，南西部をケルティック・フリンジという。彼らの民族的出自がケルトであるところから，それぞれでの領域での動きは，お互いに反響し合っている。例えば，ウェールズとスコットランドは，ともにブリテン島の周辺地域に位置しており，「国内植民地」の見本として経済ならびに文化の収奪において等しい経験をもつ。1960年代にともに民族党が勢いを増し，70年の総選挙でSNP（Scottish National Party＝スコットランド民族党，SNPと略），PC（Plaid Cymru＝ウェールズ民族党，PCと略）が11.4％なり11.5％をおさめ労働党を脅かす存在までになったのは，地理的，歴史的運命の類似性にもよる。それゆえウェールズで分権をめぐって79年に住

民投票が行なわれたのは,スコットランドの動きにあわせてであり,独自の言語運動の強いウェールズで交通標識に二重表記が行なわれると,さほどゲール語を話す人のいないスコットランドでも二重標記が進んだ。こんにちイギリスに帰化するには,英語ばかりでなくウェールズ語やスコティッシュ・ゲーリックでもよいとされているほどである。

　イギリスで分権をめぐる議論が起きるようになったのは,1886年のジョゼフ・チェンバレン時代のアイルランド「自治問題」(Home Rule, HRと略)からである。19世紀半ばのウェールズでは,人口の90%までがウェールズ語を話すことができたと推測される。そこで1866年に,独自の言語と宗教を擁護するため現在の「ウェールズ民族党」の前身,「あすのウェールズ」(Cymru Fudd, Wales of the Future, CFと略)が創設された。さらに1867年と85年には,「改革法」(Reform Acts)が通過し,ウェールズ地域の独自性とアイデンティティが確認される。1881年のグラッドストーンの時代には,「祭日禁酒法」(Welsh Sunday Closing Act)も施行され,イングランドとの宗教的・道徳的な伝統の違いも確認されている。その後1889年には,「ウェールズ暫定教育法」(Intermediate Education Act)が通り,独自の公立学校制度が開始され,ウェールズの学校ではウェールズ語も教授できるようになる。また,イングランドの大学よりアイルランド方式(ダブリン,コーク,ゴールウェイの連合型)に近い,のちの連合大学のもととなるウェールズ大学にロイヤル・チャーターが与えられたのは1893年である。こうした状況のなかで1912年に,分権(Devolution)がアイルランド自治法案の草稿にHRとは違う形で初めて登場する [Morgan,1999,204]。

　しかしこの時代の分権は,「分離」より「統合」を強化する手段としての性格の方が強い。すなわち中央と地方を有機的に結合し,双方の関係を強化し,願わくは中央政府の財政負担を軽減するものとしてである。1899年から1902年は,イギリスではボーア戦争の時代だったが,ウェールズ人が大量に従軍していることからもわかるように,誰も帝国から脱却しようとは思わなかった。だから1925年に,現在のウェールズ民族党(PC)が成立しても,これは,ウェールズの政治的な独立をめざすというよりも「文化的保護者の社交団体」としての性格の方が強かった。つまりその意図するところは,①

独自の言語を大切にしつつ，②「小さなことはいいことだ」(Small is beautiful)の精神にのっとり，③国家は要求せず，④ナショナリズムの追求ではなくウェールズ魂によるコミュニティ精神の復活にあった［Bogdanor,1999, 154］。

しかし戦後になり1960年に，「ウェリッシュ・グランド・コミッティ」(Welsh Grand Committee, WGCと略)がつくられ，さらに65年に「ウェールズ省」(Welsh Office, WOと略)も設立され，66年のカーマーゼンの補欠選挙でPCが勝利すると，こんにち的な分権は避けられない課題となる。その後は，68年にウェールズの医療・保健が，さらに70年には初等・中等教育への権限がウェールズ省に委譲され，次第にスコットランド省と似てくる。74年には，ウェールズ議会の設立も念頭に置かれるようになり，そのもとで75年になるとウェールズ省は，「産業法」7条に依拠してウェールズ経済を自分たちで管理する権限を手に入れる［Jones,1997,61］。

その後1976年には，保守党の反対を押し切ってWDAが認められ，ウェールズ独自の地域開発政策がとられることになる。80年にはウェールズ省は，財務省と交渉して中央政府から地方への財政支援（Rate Support Grant）の水準を決める責任を引き受け，さらにサッチャーやメジャーの時代には，保健，農業，中等教育および継続教育，さらには大学教育の権限へと責任範囲を拡大させ，ウェールズの政府のような役割を果たすまでになる。また，この間スコットランドの運動とも密接な連係がとられるようになり，こうした流れのなかで79年に，分権をめぐる住民投票が行なわれ，これは否決されたものの80年代へとつながるのである。

しかしそれぞれの地域には，大きな相違もある。例えばウェールズの民族運動は，アイルランドほどは先鋭化していない。それは，同じ農村部が植民地化されてもウェールズには不在地主が少なかったこと，多くが土着化しウェールズ語を話すようになり，ノン・コンフォーミストも多かったからである。土着化は，民族運動を独立運動から言語や宗教の保護運動に緩和させる。また保守党が弱くてもリベラルが強く，かつウェールズ南部で工業化が進展したことも急進主義を緩和させた一因である。

一方ウェールズとスコットランドの大きな違いは，1536年の統合法以降，

ウェールズはイングランドの政治的，行政的，法律的な制度に組み込まれたこと（「征服法」Act of Conquest），スコットランドのように独自の市民制度をとどめなかったこと（「併合法」Act of Union），一度も独立の経験をもたなかったこと，スコットランドのアレグザンダー王は，1278年，自分の領域内では誰も神以外は主権を宣言できないと述べていたが，ウェールズにはこれに相当する経験がなかったこと，それゆえ独自の法律もウェールズには存続しえなかったことである［Morgan,1999,201］。

　スコットランドの法体系は，ローマ法が起源といわれている。そこでスコットランド省の大きな仕事は，独自法の下での地方行政の施策である。一方，ウェールズにも前にみたような独自の法はあったが，テューダー朝の二度の統合法（1536年と1543年）によってその痕跡をとどめないまでに変質させられてしまった。それゆえウェールズ省がつくられても，独自の法をもたないため多くはイングランドで決められ，一時は仕事がないといわれたほどである。

　さらにPCは，SNPの勢力伸長に比べて拡大に失敗したことである。特に南部の産業地帯に入り込めないでいる。また，ウェールズは資源が乏しく，このことがエリート層をイングランドとの連帯に向かわせ，このイングランドとの緊密な経済的連帯が，ウェールズの分権をスコットランドより弱いものにしている。この点，ウェールズの分権は，経済的には中央に依存しつつも独自の言語や文化を主張するという意味で，コルシカやブルトンの分権型に近いといえる［Bogdanor,1999,144］。

　このような差を考慮するとウェールズ議会は，スコットランドとかなり異なることが予想される。スコットランド議会は文字通りパーラメント（Parliament）であり，ここではスコットランド独自の法案が審理される。これはまさにUKの権力の委譲であり，別に「立法的分権」ともいわれる。一方ウェールズ議会は，アセンブリー（Assembly）といわれ，ここで審査されるのは第二次立法である。第一次立法審査権は，あくまでもウェストミンスターにある。そのため立法的権限を欠く行政的権限による分権を，「行政的分権」ともいう。この点でスコットランドは連邦型に近く，ウェールズは地域主義型に近いといえる［ibid.,255］。あるいは，スコットランドの目標は権力

の委譲にあるが，ウェールズのは権力の分割にあるといえる [ibid.,258]。

議会設置に向けてスコットランドでは，「憲法委員会」(Scottish Constitutional Convention, SCCと略) を設け，分権に備えてここ10年来議論を積み重ねてきた。しかしウェールズでは，憲法委員会は設けられず，分権が議論されたのもごく短かい期間である。それゆえ連邦制がうまくいくか否かは，ときの政府に大きく依存するだろう。仮に労働党のときはうまく機能しても，終始，分権や独自議会の設置に反対だった保守党のときもうまくいくとは限らない。連邦性のドイツがうまくいっているのは，憲法があって，自治体と国家の関係を定めているからであり，憲法のないイギリスで，どちらに優先権があるかもめたとき，調停が困難になることも杞憂とはいえない [ibid., 283]。ウェールズで投票した者が50％そこそこだったのは，こうしたトラブル回避に自信がなかったあらわれであり，ここにスコットランドとの差もあり，投票率の低さに議会設置派が助けられた面も否定できない。しかしこのような問題を含みつつも，ウェールズにも議会が認められたのである。

第5節　ウェールズの「地域主義」の実態

ウェールズ省ができた当時は，200人程度の官僚と250万ポンド余りの予算であったが，1995年には予算も7000ミリオンポンドになりウェールズの公共支出の70％を占めるまでになっている。すでに1975年には，保守党の反対を押し切り，前述したようにウェールズ独自の開発を企画・促進するためWDAを設置し，80年代からはインフォーマルな形ではあるが，ヨーロッパの諸組織との連合を目的にネットワークづくりもなされている。これらの成果をふまえて1991年には，ウェールズの声をEUに反映させるために「ヨーロッパ・センター」(Welsh European Centre, WECと略) を開設した。ウェールズの問題や利益を討議・追求するための代表機関が，EUの中枢部にも設置されたのである。自分たちの利益を主張するためのロンドンによらないバイパスの創出である。

これらの動きは，EUの動きとも連動している。マーストリヒト条約以降は，前述したようにヨーロッパ議会の第二の立法機関としての「ヨーロッパ

地域委員会」(CER)の存在が大きいし，また同条約198a-c条と3b条は，「サブシディアリティの原則」をうたい地域の諮問の権限と政府の末端にも行政的権限を与える方向を打ち出している。欧州統合を名実ともに促進するためには，地域格差を是正し，地域間の協力を密にする必要があり，かつまた地域の「民主主義の赤字」という批判にも応えなければならない。こうしてCERとウェールズの関係が深まると，ウェストミンスターがウェールズの利益を守る唯一の機関でもありえなくなってくる［ibid.,276］。脱国家化の進行による政府の力の衰退である。

　このことは，分権の意味・内容をも変化させる。これまでイギリスで分権が議論されるときは，イングランドやロンドンとの関係が念頭にあったが，EUが現実味を増すにつれて加盟国どうしの地域とのトランスナショナルな連合なり空間における分権に変わっている。これまでイギリス国内でとられてきた辺境の社会的排除（Social Exclusion）に対する，ヨーロッパ次元での地位の回復の動きである。こうして近年の分権は，EU域内で国家を媒介にしないで地域間交流を促進するための手段なり方法としての性格を深めている。

　かくしてEU加盟国の地域間では，研究・技術交流等の促進が盛んである。代表的なものに「技術革新を目指す猛虎連合」（Technological Tigers）と呼ばれるものがある。これはバーデン・ヴュルテンベルク，ロンバルディー，カタルーニャ，ローヌ・アルプスの四つの地域が，技術協力，合同研究開発，文化的かつ市民的サービスを交換し合うことである。ウェールズ省もバーデン・ヴュルテンベルク政府とのあいだに1990年3月，協定が成立し，ウェールズ大学とチュービンゲン大学のあいだでアカデミックなスタッフの訓練や学生の交換，さらには，市の職員どうしでも土地の再利用計画や交通過密対策などの研究を行なっている。ウェールズはこれまで技術革新の激しい競争分野には入り込めないできたが，このような「地域間連合」（Inter Regional Link）は，ロンドンに依存しなくても産業を復興させる可能性をもたらしつつある［Jones,1997,67］。イギリス「国家」が，グローバリゼーションとヨーロッパ化の二つの波の挑戦を受けるなかで，「市民社会」が国境を越えてつながるウェールズ版である。

また,「地域経済政策」(Economic Regional Policy, ERPと略)や「欧州開発部」(European Affairs Divisions, EADと略)などが,ウェールズの経済活動に対して力をもち始めている。EADは,産業の衰退地域の復興やツーリズム,地域的ならびに構造的発展計画のための社会的分野を扱うことになっているが,これは地方当局に直接交渉・助言できる。ウェールズの経済をEUとの関係で考える素地が深まっているのである。同時に,地域どうしの競争も激しくなっているが,それを調停するのも国家ではなくEUである。さらに前述したように1988年以降,「構造基金」を受け取る母体が国家ではなく地域単位となったことも地域主義を促進させた。サッチャリズムで大きな打撃を受けたイギリスの相対的剝奪地域,ウェールズやスコットランドの下位機関が,EUの構造基金を梃に,これまで沈滞していた地域経済の打開策をみいだしていったのである。WDAによる多国籍企業の誘致,グローバル思考の強化,EUをベースとしたトランスナショナルな地域空間の新たな創出等どれ一つをとってもウェールズの利益を守るのは,ウェストミンスターだけとは限らなくなっている。国家の相対化による中央政府の権限の衰退の始まりである。

第6節　イングランド領域へのインパクト
――「地域主義」への拍車――

ウェールズとスコットランドの議会設置は,イングランドにも多くのインパクトを与えている。これまでもイングランドの北部地域の人々は,自分たちをサード・シティズンとみてきた。ロンドンと比較してウェールズやスコットランドをセカンド・シティズンというのなら,いまや議会もない自分たちは取り残された第三身分にすぎないというのである。これは,経済的にばかりか政治的にもである。なぜならスコットランドには立法権が,ウェールズには行政権が与えられても,イングランドには何も独自のものが付与されていないからである。イングランドの議員は,ウェールズとスコットランドの問題に関与できないが,ウェールズとスコットランドの議員は,イングランドの問題・審議に自由に参画できる。

第9章 欧州統合と「地域主義」の台頭

　イギリスには以前から，ウェスト・ロージアン問題というのがあり，この国の分権の非対称制（Asymmetrical Devolution）がしばしば話題になる。これはグラスゴー地区のウェスト・ロージアンの人々は，スコティッシュ・オフィスが認められたときから自分たちのことを自分たちの投票で決めることができるのに，イングランドの人々はウェールズやスコットランドの議員もまじえた議会でしか決められない，その不平等な扱いを指している。イングランドは1536年にウェールズを併合して以来，合同議会となったが，今回その一方のウェールズに議会が認められながらイングランドにないのは，逆差別以外のなにものでもないというわけである。

　こうした理由からばかりではないが，1993年にはイングランド独自の地域開発予算として「単一再開発資金」（Single Regeneration Budget, SRBと略）が設けられた。これは，初めは環境省に地域の開発と経済発展を企図してつくられたものである。また，これもイングランド独自のものとして，94年に「地域政府事務所」（Government Offices for the Regions, GORと略）ができている（現在はGORがSRBを管理）。この目的は，政府や大臣の諸要求に迅速に対応できるようにすること，地域に密着した政策を実行すること，さらに公営・民間が協力して地域開発を果たすこと，そしてEUの地域委員会とも連動することである。これは，EUレベルでの「民主主義の赤字」に対するイングランド側の対応であると同時に，ウェールズやスコットランドの分権化へのイングランドの対応でもある。すでにEUがらみで，イングランド側の地域化（Regionalization）も進行しており，EUの地域振興資金の配分をめぐってイングランド側も各地方自治体が活発なロビー活動を展開しているのである。

　例えば，ノーザン・カウンティでは，1991年にヨーロッパ対策委員会が設けられ，EUの仕事に詳しい専門家を2人，国外から招聘した。そして「カウンティ経済発展ユニット」をつくり，これが中心となって公営，民営を問わず活動を支援している。いわゆる地域におけるガバナンス創出の動きである。カウンティは，イングランド北部議会（North of England Assembly）の構成機関でもあり，北部議会は独自にブリュッセルに事務所をもっている。イングランドでも各地域がEU内に独自の活動団体をつくっているのである

[Goldsmith,1997,224]。

　こうしたイングランドの地域化の動きに拍車をかけているのが，新生労働党による「地域開発公社」(Regional Development Agency，RDAと略）の設置である。ウェールズやスコットランドの分権―新議会の設置という火中の栗を拾った労働党は，イングランド北部住民の欲求不満に配慮するため，同委員会の設置をうたった。地域議会創設のねらいは，「地域にアイデンティティと責任観念」を育て，将来「地域へのさらなる機能の転移を可能」にすることである。いわゆる地域のアカウンタビリティの創出である。そこでウェールズやスコットランド議会に相当するものとしてイングランドのロンドンを除く八つの自治体に，「地域開発公社」(RDA）を設け，ここに地方協議会（Regional Chambers）を置き，その地域の経済・商業活動はもとより，輸送や土地利用計画に関してもEUに資金運用計画を提出できるようにして，地域の利益がいっそうヨーロッパ議会に構造的にも反映できるようにしようというのである。これはすでにスペイン，イタリア，ベルギー，オランダなどが政策決定機関をいずれも地域に移行させた動きに合わせたものである[Sharpe,1997,134]。

　かくしてこのところ，イングランド各地域や都市とEUの結びつきが強化されている。例えば，バーミンガム，マンチェスター，シェフィールド，マージーサイドなどは，直接EUと交渉して「目的1」，「目的2」の対象地域としての資格を獲得し再開発に乗りだしているし，デボンやコーンワルのような剥奪された農村地域は，「目的5ｂ」に分類され地域開発に着手している[4] [Goldsmith,1997,218]。またケント州は，フランスに近いこともあり観光客誘致やツーリズムの促進をINTERREGプログラムでフランスの自治体と結ぶなど，ヨーロッパとの連係が積極的に進んでいる。このためコメット，BRITE＝EURAMなどの企画も盛んである[5] [ibid.,226]。このほか，西・南ヨークシャーやランカシャーなどのかつての石炭地帯では，EUの石炭産業再編計画にのる形で地域起こしが盛んであり，ランカシャー・エンタープライズ・リミテッドなどは，その活動が大いに注目されている。こうしたヨーロッパ間のサブナショナルなパートナーシップは，ウェールズやスコットランドのみならずイングランドの地域化（Regionalization）をも大いに促進さ

せている［Sharpe,1997,133］。

　1999年から欧州議会選挙が地域の比例代表制になり，人々の選挙に対する関心もこれまで以上に高まってきた。欧州議会が，名実ともにEUの議会としての性格を強め機能的になれば，加盟国の地域化も一段と進展するだろう。EUを一つの国家として，地域の代表が選出されることになり，かつ議会はEU地域の代表による行政，執行機関としての性格が強まるからである。イングランドの地域化の動きは，すでにこのような事態を想定しているのかもしれない。欧州議会の実質化とイギリスの「連邦化」への動きは，相即している。

　こうして近年は，ウェールズやスコットランドのみならずイングランドの各地方も，UKの内部でのみ政治を考えるのではなく，ヨーロッパ的視野で考えるようになってきているが，このことが一方で各地の「地域化」を促進させつつ他方では，地域の「ヨーロッパ化」をも促進させている。イギリス各地の「地域化」（Regionalization）と「ヨーロッパ化」（Europanization）が，同時並行的に進行しているのである。イギリスをみる限り，地域はもはや特定の国家のみの構成単位ではなく，地域が国境を越えて他国の地域と結びつくことによって，中央への揺さぶりと，従来とは異なる新しい生活領域，交流空間を創出する方向へと向かっている。サブナショナルな結びつきが，ナショナルな連合を押しのけているのである。これまでの一国単位の国民国家にはもとより，国家単位のインターナショナルな国際関係にもみられなかった現象である。

第7節　イギリスは「分解」するか？
――エスニック・ナショナリズムか，シビック・リージョナリズムか――

　こうしたウェールズ，スコットランドの地域化に拍車をかけているのが，イギリスの場合，中央政界，なかでも保守党の動きである。今やイングランドだけの地域政党と化した保守党は，党首のW.ヘイグがウェールズとスコットランドに分権を認めるなら，イングランドにも議会（English Parliament）を設置すべきだと述べている。もともとイングランドにもウェール

ズやスコットランドのグランド・コミッティに相当するものとして，下院には「イングランド常任地域問題委員会」が設置されているが，1978年以来一度も開催されていない［Bogdanor,1999,267］。これは，イングランドの議員が圧倒的に多いもとでは公正な議論ができないこと，さらにはこれが引き金になってUKのバ・ル・カ・ン・化・（Balkanization）が起きることを危惧してである。労働党ですら副首相のプレスコットの「イングランド地域議会」（Regional Government）の構想にもかかわらず，イングランドの議会に慎重なのは，イングランドにも議会ができれば「連合」は崩壊し「連邦」制になるからである。

　すでにウェストミンスターは，スコットランドと北アイルランドに対し，双方の議会の同意を得ることなく法律を策定することはできない。この先，イングランドにも議会が設置され同様のことが起これば，イギリスは「連合の解体」へと向かうかもしれない。すでに1993年にウェールズは，スコットランドと独自の合同委員会をもち中央政府の合同プランには参加しないことを決めている。スコットランドの分権がウェールズに影響を与え，ウェールズへの議会設置がイングランドを刺激している。以前，ウェールズが遅れている頃は，「ウェールズのためにはイングランドをみよ」（For Wales, See England）が合い言葉だった。しかし分権が盛んになり始めると「ウェールズのためにはスコットランドをみよ」に変わり，近年は，「イングランドのためにはウェールズをみよ」に変化している［Morgan,1999,200］。

　では，イングランド議会の可能性はあるのだろうか。たしかに現時点では，現実味に乏しい。現に大ロンドン議会（Greater London Assembly）にもそれほど多くの権限は与えられていないし，イングランド議会となるとさらに多くの制約を伴う。それは，現在でもイギリスの国会議員は659名中529名までがイングランドの選出議員である。これは議員の80％を占める。ここで事実上UKの動向を決めておりながら，さらにイングランド独自の議会をもつということは，ウェールズ，スコットランドさらには北アイルランドを含めた地域との勢力関係のバランスを失するおそれがある。

　イギリスは，基本的に「連合国家」ではあってもドイツのような「連邦国家」ではない。イングランドが，人口においても議員数においても圧倒的に

大きいもとでは，ウェールズ，スコットランド，北アイルランドとの連邦といってもそもそもなじまない。また地域主義は，ドイツのような「連邦国家」にはある程度機能的であっても「連合国家」には，かえって地域間での摩擦を高め機能障害を起こしかねない。ドイツでは，憲法が中央と連邦の摩擦の調停ルールを決め，また各連邦も国益とそう対立するものではない［Bogdanor,1999,263］。しかし，スコットランドとイングランドの関係はそうではない。そのため，スコットランドとイースト・アングリア地方で農産物をめぐり対立が生じた場合，EUに調停が直接もちだされる可能性がある。その場合EUでは，国レベルで本来解決すべき問題が提出されることで，イギリスに何らかの制裁を課すことになるかもしれない［ibid.,281］。

　こうした多くの問題を残しながらも今回，分権が通ったのは，1935年以来という177票にも及ぶ労働党の全野党への圧倒的な勝利［ibid.,201］とウェールズ省の成長である。79年には，ウェールズ出身のキノックのような有力議員も分権に反対だった［ibid.,165］。今回も労働党に反対の議員がいたが，それを察知するとブレアは間髪を置かずに選挙にうってでた。反対派には，運動を組織するゆとりすら与えなかった。そのため分権に伴う問題が，下院で十分に審議されたとは思えない。むしろ上院の方が，起こりうる問題に関しては慎重であった。それゆえ分権の実行段階で，思わぬ障害がでることも予想される。

　分権とは，ブレアもいう通り「独立」ではなく，新しい相互依存関係の強化の方法であったはずである。しかし，連合王国の強化へ向かうのか「分解」に向かうのかは，予断を許さなくなっている。現在，世界中のどの国でもグローバリゼーションによって国家の垣根が衰退し，市民社会どうしの結びつきが強化されている。すなわち「市民社会の脱国家化」なり，「市民社会の多元化」の進行である［斎藤,1998,174］。イギリスは，このような世界的なグローバリゼーションの動きに加えてヨーロッパ化の動きによる地域の分権化，ガバナンス，中央の官僚制化に対決するアカウンタビリティなどの問題を考える上でも格好の見本を提供している。諸国家の連合のままのヨーロッパにとどまるのか，諸地域の連合からなるヨーロッパにまで進むのかを問う意味でも，目の離せない状況が続いている。

注

（1） サッチャリズムの特徴としては，①雇用の創出よりインフレ抑制の重視，②政府の役割を縮小させ経営者を中心とした民間業者の参入促進——これには政府傘下の国営事業や公的サービス部門にも市場原理を導入させたことなども含まれる。③土地や資本に対する規制緩和と市場原理の導入，④福祉部門の市場化による福祉依存型の打破，⑤ウェストミンスターを中心とした伝統的な中央集権体制の再構築などがあげられる。これら一連のことは，ウェールズやスコットランドのような国家を梃にした雇用創出が頼みの周辺部にとっては，すべてが市場や住民の自助努力にゆだねられ，権力だけが国家に奪われたとうつる。ウェールズやスコットランドなどの周辺部から，地域主義運動が起こりサッチャリズムに対する強い抵抗が生まれたのもゆえなきことではない。

（2） 確かにセンターについての評価はいろいろある。維持費がかかり，スタッフもよく変わるので効率が悪いこと，ブリュッセルのヨーロッパセンターとウェールズの利害を追求しようとするウェールズ省とがいつも仲良くやれるわけでもないこと，さらにウェールズの地方当局が，ヨーロッパの地域（Regional）および地方自治体（Local Authority）と勝手に交渉することも禁じられていることなどである。ウェールズ省が，自由にウェールズの利益を追求することも禁じられている。このことは，EU委員会が自由にイギリスの諸地域当局と交渉することもできないことを物語る［Jones,1997,67］。

　また，EUの地域区分とイギリスの地域行政単位が異なることも合従連衡を生み，新たな対立の火種となっている。例えば，バーミンガム市とその他のウェスト・ミッドランドやヨークシャーとハンバーサイドとのようにである。これらの地域のなかには，ともに活動するのを避け別々にブリュッセルに事務所をもっている自治体もある［John,1997,244］。しかしこうした限界はあっても，ウェールズの産業をEUベースで思考するには，ウェストミンスターから距離をもつ必要があり，そのためにも分権が不可避になっている。

（3） サブシディアリティの原理とは，もとは教会関係で芽生えた思想で，民衆の生活に密着した教区単位で決定すべきことを，国家や中央権力が決定することの非民主制，非現実性から生まれたとされる。そこからEUが拡大する過程で，地域の政策をEUが決定するのではなく，地域の自治を尊重しつつ統合を強化し，地域とEUとの相互協調，補完のあり方をさすようになった［詳しくは，八谷,1998,参照のこと］。

（4） 構造基金は，地域の開発の度合いや主産業の性格の違いに応じて五つに分けられている。目的1は後進地域の職業訓練，雇用の促進，技術移転や中小企業の支援に向けられるもので，目的2は，産業衰退地域の職業訓練，雇用支援，失業者への技術訓練や技術移転を促進するものである。また，農業政

策は目的5でa，bがあり，aは，EUの農業構造化政策の採用であり，bは，農業衰退地域での職業訓練や失業中の人々への技術移転のための資金である［Field,1998,43］。
（5）　コメットとは，Community Action Programme in Education and Training for Technologyの略で，1987年に企業と大学間でのデータバンク，研究会，セミナーの相互交流を促進させるために創設されたが，1995年からレオナルド・プログラムに吸収された。INTERREG（Inter Regional）プログラムとは，本文でも紹介した国を越えた地域間の経済発展，輸送協力，観光開発等に関する相互支援策のことで，BRITE＝EURAM（Basic Research in Industrial Technologies for Europe, European Advanced Materials）とは，1985年以来の研究プログラムで，特に中小企業の新企画・生産開発支援に力を入れており，航空産業の資材改良支援策などを重視している［Bainbridge,1995,20］。

文献

青山吉信編，1991『イギリス史・先史——中世』Ⅰ，「世界歴史大系」山川出版社

Bainbridge, T., 1995　*The Penguin Companion to European Union*, Penguin Books.

Bogdanor, V., 1999　*Devolution in the United Kingdom*, Oxford University Press.

Field, J., 1998　*European Dimensions—Education, Training and the European Union*, Higher Education Policy Series 39, Jessica Kingsley Publishers.

Goldsmith, M., 1997　British Local Government in the European Union, in; ed. by Bradbury, J. and Mawson, J., *British Regionalism and Devolution*, Atheneeum Press.

John, P., 1997　Sub-National Partnerships and European Integration: The Difficult Case of London and the South-East in; ed. by Bradbury, J. and Mawson, J., *British Regionalism and Devolution*, Atheneeum Press.

Jones, B., 1997　Welsh Politics and Changing British and European Contexts, in; ed. by Bradbury, J. and Mawson, J., *British Regionalism and Devolution*, Atheneeum Press.

Mathias, H., 1996　*Wales and Britain in the Medieval World*, Hodder & Stoughton.

Morgan, K. O., 1999　Welsh Devolution: The Past and the Future, in; ed. by Taylor, B. & Thomson, K., *Scotland and Wales: Nations Again?*, University of Wales Press.

斉藤日出治，1998『国家を超える市民社会』現代企画室

Sassen, S., 1996 *Losing Control?: Sovereignty in an Age of Globalization*, Columbia University Press. 伊豫谷登士翁訳『グローバリゼーションの時代──国家主権のゆくえ──』平凡社，1999年

Sharpe, L. J., 1997 British Regionalism and the Link with Rigional Planning. A Perspective on England, in; ed. by Bradbury, J. and Mawason, J., *British Regionalism and Devolution*, Atheneeum Press.

八谷まち子，1998「善意の専制主義を超えて」，宮島喬編『ヨーロッパ社会論』人文書院

第10章　グローバリゼーションとフランス
——ネオ・リベラリズム批判——

第1節　三つの「グローバリゼーション」と二つの「国際化」

　いささかの語義詮索からはじめることにしたい。フランスでは，英語表記 globalization は，mondialisation と訳されており，その初出は1953年［*Le Robert*,1987,V.6,538］，また地球規模でものを考えるという視角としては，1931年のポール・ヴァレリー「現代世界への眼差し」［Defarges,1997, 3-6］が嚆矢とされている。日本においては，globalization は一時期「国際化」や「世界化」，「地球規模化」などと訳されていたこともあるが，今日では「グローバリゼーション」で定着したようである。1970年代の「グローバリゼーション」は，「環境問題としてのグローバリゼーション」であり，国民国家の領域性を越えて，地球規模で環境，貧困，民族紛争，難民問題など「地球的問題群」を捉えようとするものであった。「グローバルに考え，ローカルに行動する」とか「宇宙船地球号」（運命共同体としての世界市民）といった表現に，それはこめられていた。しかし1990年代に入ると，「経済問題としてのグローバリゼーション」が一躍脚光を浴びるようになる。1990年のヒューストン・サミットでは「グローバリゼーション」がキー・ワードとされ，「市場開放」，「経済の自由化」が強調され，「メガ・コンペティッション」（megacompetition）が喧伝されるようになる。その後の世界経済は「カジノ資本主義」［ストレンジ,1998,6］の奔流に見舞われ，「グローバリゼーション」は「ホットマネー」の地球規模での利潤追求運動，その波及現象を意味するようになった。

　ところで，グローバリゼーションの定義に関しては，さまざまな主張が錯綜しているが，筆者はひとまず三つの側面を区別する必要があると考えてい

る。その一つは,「現象としてのグローバリゼーション」である。つまり,物(商品,資本,労働力,技術など),サービス,人,情報の国際的移動の急速な増大という現象である。その結果,地球の裏側で起きた現象でさえも,場合によっては,われわれに死活的な影響を直ちに与えかねない状況が生まれている。環境汚染,大災害,人口爆発,民族紛争,難民問題,労働力の移動などをあげることができよう。つまり,「現象としてのグローバリゼーション」とは,地球上の各国,各地域の相互依存性の深まりを意味している。いうまでもなく,その推進力となったのが情報通信技術の飛躍的発展である。ネットワーク化された情報通信網を通じて情報や物が,瞬時にしかも絶え間なく世界を飛び交っている。その結果,地球は時間的・空間的に確実に縮小している。こうして世界の領域性はその隔壁を打ち砕かれ,世界システムに一体化・統合化・均質化されるかに見える。しかしこれとは逆に,「ニュー・リージョナリズム」も同時に噴出していることを忘れてはならない。その二は,「政策的対応としてのグローバリゼーション」である。こうした歴史的趨勢に対して従来の領域性の単位である「国民国家」や地域がとろうとする適応か抵抗か,あるいはその中間かといった政策的対応,反作用としてのグローバリゼーションである。この「政策的対応としてのグローバリゼーション」は,「必然」でも「宿命」でもない。「国民国家」や地域による政策選択であり,特定の「政治的意志の産物」[ブルデュー,2000,138]である。それが証拠に,この「現象としてのグローバリゼーション」への各国の対応は多様である。「ワシントン・コンセンサス」の下,グローバリゼーションの舞台監督をつとめるアメリカ,「一人勝ちのアメリカ」に追随し,「金融ビッグバン」「世界市場競争」「グローバル・スタンダード」に適応しようとする日本,また日米に対抗し「ヨーロッパの復権」をもくろむとともに「中道左派政権」によって一定の抵抗や手直しを試みようとするEUなど,その対応はさまざまである。そこでは「国民国家」,「福祉国家」,「大きい政府か小さい政府か」,「官か民か」,「公正か効率か」,「民営化」,「規制撤廃」,「自由化」といった政策的選択が争点となっている。こうした特定の「政策的対応(ないし政策選択)としてのグローバリゼーション」を,あたかも歴史的必然や「世界の常識」の名の下に,「現象としてのグローバリゼーション」に

すりかえる論調が横行しているだけに，この両者を区別する必要がある。今，問題となっているのはこの第二の「政策的対応としてのグローバリゼーション」なのである。そしてその三は，「イデオロギーとしてのグローバリゼーション」である。いうまでもなく「市場原理主義」を理念とする「ネオ・リベラリズム」というイデオロギーである。つまりそれは，「民主主義」と「市場経済」を「普遍的原理」として既存の世界システムの再構築を目ざし，「市場原理」による世界の均質化と統合化をはかろうとするイデオロギーである。

　さらにこうした「グローバリゼーション」を一つの「国際化」の流れとすれば，これとは出自を異にするもう一つの「国際化」の潮流が存在する。それは，「インターナショナル」という理念である。1864年創立の「インターナショナル」(international) の伝統である。いうまでもなく「インターナショナル」は，労働者による「国際的連帯」の思想をさす言葉であり，いわば「下から」と「横から」労働者などの利益を守り前進させようとする国際的な団結へのよびかけであった。「グローバリゼーション」が「市場経済化」による「上から」のそして「外から」の「国際化」の攻勢であるとすれば，この「インターナショナル」は「下から」の「抵抗」と「連帯」をめざす「国際化」の運動だといえよう。後述するピエール・ブルデューの立場はこうした流れを引き継ぐものである。

　さて，以下本章では三つの「グローバリゼーション」のうち，主として「イデオロギーとしてのグローバリゼーション」，つまりネオ・リベラリズムとそれへの批判をとりあげ，検討をくわえることにしたい。

第2節　日本におけるグローバリゼーション批判

　まず日本における，ネオ・リベラリズム批判を見てみよう。二宮厚美は，日本における「新自由主義」の擁護者たちの主張を次のように紹介している。田中直毅（21世紀政策研究所理事長）は，「マーケットメカニズムに依存した経済運営こそが，日本経済の活性化につながる」のであり，「市場化による規律をこえる基準の策定は，市場メカニズムが見いだされて以来の歴史を

経て今日に至るも,なおむずかしい」。したがって,「われわれが資源配分上依存できるのは市場化による規律しかない」というのである。さらに,中谷巌(前・一橋大学教授)は,「これからはマーケットに情報をすべてさらけ出して,マーケットが誰が勝利者であり,誰が敗者であるか,あるいは何が善であるか悪であるかを判定すべき時代になった」と主張し,「市場評価依存」のイデオロギーを声だかに叫んでいる。そして伊藤元重(東京大学教授)は,「市場メカニズムの貫徹と深化は,必然的な現象である。もはや,だれもこの流れから逃れることはできない。私たちは市場と向き合って生きていかなかければならない」と述べ,「市場原理主義」の到来を歓迎する[二宮,1999,22-25]。まったく無邪気な「市場原理主義」の礼賛というほかない。この論者たちは,国民経済の運命を「市場のメカニズム」という「神の手」に安んじて任せよ,という点で一致している。

　さらに,二宮は「日本型新自由主義」の特徴を指摘する。それは,要するにアメリカ追随であり,外圧を利用した「福祉国家政策」の解体路線であり,「競争原理」のあらゆる領域への導入,拡大路線である。しかし,1997年のアジア通貨危機は事態を一変させた。翌1998年の論壇では,グローバリゼーション批判が一斉に火を噴くようになる。しかし周知のように,「不良債権問題」「金融破綻」に直面すると,「護送船団方式」の放棄を語り,「市場原理主義」を高らかにうたい上げていた「日本型新自由主義」は,一転して「公的資金導入」を主張しはじめたのである。彼らの一貫性の無さ,無節操ぶりは悲惨というほかない。「日本型新自由主義」は自らのイデオロギー性をこうして暴露してしまったのである。つまり,弱者には過酷な「競争」を説き,強者には「支援」の手を差し伸べようというわけである。二宮によれば堺屋太一は「規制緩和」を語りながら,他方で「公共事業」拡大策の維持を主張し,中谷巌は「金融機関の自己責任の徹底,市場競争を通した選別・淘汰」の口をぬぐう間もなく「公的資金60兆円投入を正当化」したと批判する[二宮,1999,86-87]。しかし変わらないのは「福祉国家」への攻撃であった。

　さて次いで,金子勝の「反グローバリズム」論を見てみよう。氏は,不毛なイデオロギー対立,すなわち「市場原理主義」と「中央計画型社会主義」の対立(そのコロラリーは周知の「小さい政府か大きな政府か」,「効率性か

分配の公平性か」,「競争か平等か」の二元論)を越える「第三の道」を,「国民国家」の上方と下方に張りめぐらされる「セーフティーネット」によって構想している［金子,1999①,14］。その当否は措くとして,筆者がここで紹介しておきたいのは,金子の「グローバル・スタンダード」批判である[4]。氏は「グローバル・スタンダード」＝「アメリカン・スタンダード」であるとした上でその危険性を指摘する。例えば,金融分野で導入された「自己資本比率(BIS)規制」と2001年以降実施が予定されていた「ペイオフ制度」は,結局中小金融機関の倒産をもたらすことにしかならない。アメリカでは,ペイオフはきわめて稀なケースであり,P&A(健全資産・負債の譲渡・継承)が主流であるという。またヨーロッパでは,「ペイオフ制度」は導入されていない。さらに企業会計分野において導入が予定されている「国際会計標準」は,①企業資産の取得原価(簿価)主義から時価主義への転換,②子会社との連結決算・連結納税,③キャッシュフロー(現金収支)表の作成(短期収益型会計＝アメリカ型,投資家のための情報開示を主たる目的とする)を含んでいる。その影響は極めて重大である。つまり,こうした企業会計制度が導入されると,企業は常に単年度で利潤をあげていることをマーケットに証明しなければならなくなる。にわかに「三つの過剰」(「過剰債務,過剰設備,過剰雇用」)が叫ばれるようになったのはそのためである。しかも手っ取り早く企業の収益性を上げる方法は,「雇用リストラ」であり,こうした所謂「スリム化」は人員整理に拍車をかけ,失業と不安定就労を増やすことにつながる。しかしヨーロッパでは,こうした会計方式は導入されていない。それを「国際会計標準」といわしめる根拠は希薄であり,文字通り「アメリカン・スタンダード」なのである。金子はこう喝破する。「皮肉なことに,グローバルスタンダード論への安易な追随こそは,これまでのキャッチアップ型思考から抜け出られない現われなのである。事実,アメリカのルールに従わないと,国際的な資金調達が困難になるのではないかという恐怖心が,こうした傾向を煽っている。貧すれば鈍するである。ヨーロッパのように,独自のルール作りに基づくグローバル戦略を失っているのである」［金子①,1999,6-7］。

　さて,「グローバル化した資本主義」とは何か？　これに対して金子は,

次のように指摘する。資本主義のグローバリゼーションを高めている主役は、「巨額の国際短期資本」であり、これが1992年の「欧州通貨危機」、1994年のメキシコと1995年のアルゼンチンの通貨危機、1997年夏の東・東南アジア諸国の通貨・経済危機、1998年のロシアから中南米諸国、アメリカへと伝染した国際的通貨危機をもたらしたのである［金子,1999①,9］。こうして人々は確実に「自己決定の領域を失いつつある」と指摘する。津波のように押し寄せる「巨額の国際短期資本」の襲撃に、各国の政府も国民も打つ手が無い状況に追い込まれたのである。その原因は？　アメリカ政府が政治的に設定する「高金利政策」による「ドル高」、その結果世界中からの「資金流入」が生じ、未曾有の好景気に沸くアメリカに「消費拡大」がもたらされ、こうしてアメリカの貿易赤字（経常赤字＝3000億ドル）と対外債務（1.4兆ドル、GDPの20％）が蓄積されたからである。つまり、アメリカはこの貿易赤字をファイナンス（賄う）するために、基軸通貨であるドルを大量に発行し、その結果、ドルの過剰流動性が生じ、このドルがホット・マネーと化し、その結果、世界は「カジノ資本主義」（S.ストレンジ）に突入したのである。すなわち、「グローバリゼーションの本質は、市場が世界規模で広がってボーダーレス化するといった表面的現象にあるのではない。冷戦終了後も冷戦型のイデオロギーの残像に寄り掛かりながら、なおアメリカが強引に覇権国であり続けようとする『無理』が、今日のグローバリゼーションをもたらしているのである」［金子,1999①,27］。いわゆる「ドルの垂れ流し」がドルの過剰流動性を高め、これを原資とする「マネー・ゲーム」がその元凶だというのである。また、「情報技術革命」と「金融工学」の飛躍的発展がこれに拍車をかけたのである。したがって、「グローバリゼーション」とは、ホットマネーの利得獲得チャンスの地球規模への拡大にほかならない。

　さて最後に内橋克人の「グローバリゼーション」批判を見ておこう。内橋は「グローバリゼーション」を、「虚の経済」が「実の経済」を支配するに至った「歴史の必然ではない『剝きだしの資本主義』」であるとしている。それは、「市場原理主義の世界化」である。彼もまたその本質を、ホットマネー（国際短期投資資金）の利益追求としている。この事態は、地球上に流通しているドルが300兆ドルにのぼるに対して、貿易決済上、本当に必要と

されるのは8兆ドル，すなわち約2.6%にすぎないことからも明らかである。1997年から98年にかけての通貨危機は，経済破綻に陥った国に「IMFプログラム」の実行，すなわち「経済活動への政府介入の排除」，「市場原理の重視」，「財政・金融の規模縮小」，「国有企業の民営化」，「規制緩和」，「関税障壁撤廃」を支援の条件として強制した。それはつまり，市場開放であり，「アメリカ金融資本にとって」「豊かでひろいお刈場がひろがる」ことを意味していた［内橋,2000,114-121］。

しかし同時に，内橋は「グローバリゼーションへの抵抗」が世界中で広がっていることも指摘する。例えば，「アメリカ〔クリントン政権〕が秘密裏にすすめてきた多国間投資協定（MAI）」，つまり外資にフリーハンドを与える国際協定は，1997年1月世界の市民運動の知るところとなり，「結局成立に持ち込めなかった」。このMAIは，「資本主義・市場経済における市場の国際ルールをアメリカ主導によって世界に普遍化しようとするもの」であった［内橋,2000,125］。また内橋は，「規制緩和万能論」がいかなる結果を生み出すかの事例をあげている。すなわち，アメリカが航空関連の「規制緩和」を実施した十数年後において，「航空運賃は年率25%ずつ急騰」する事態を迎えている。「競争」の果ての「独占」状態，つまり航空事業「上位5社による独占は80%近くに達し，大手10社では95%を超える独占状態が生まれている」［内橋,2000,132］。これを見れば，「グローバリゼーション」が歴史の必然でもないし，「市場原理主義」が「消費者主権」の確立でも「消費者利益」につながるものでもないことは明らかであろう。また市場は，「神の手」によって操られる「衡平」かつ「普遍的」な原理ではなく，「市場の国際ルールをアメリカ主導」でつくろうとしたMAIを見れば分かるように，まったく「人の手」によってつくられたものであることは明白であろう。

以上，日本におけるネオ・リベラリズム批判を見てきたわけだが，二宮，金子，内橋の共通点は①1990年代を支配した「グローバリゼーション」の潮流が，「国際短期投資資金」（ホットマネー）の地球規模での利潤獲得運動にほかならないこと，②ネオ・リベラリズムの掲げる「市場原理主義」が欺瞞的なイデオロギーでしかないこと，③「経済問題としてのグローバリゼーション」は，「歴史的必然」などではなく，一つの政策選択であること，④日

本以外の国々では,「グローバリゼーション」路線への抵抗が起きていることが指摘されていた。

第3節 トゥレーヌのネオ・リベラリズム批判
——中道左派の戦略——

　ヨーロッパ連合（EU）諸国では「グローバリゼーション」への抵抗運動が，日本での立ち遅れに比べ，一定の広がりを見せている。すなわちこの間，EU15カ国のうち13カ国でいわゆる「中道左派政権」が誕生している。それは，「ネオ・リベラリズム」路線一辺倒からの軌道修正を意味しているといえよう。これは，この路線がもたらした「福祉政策の後退」（緊縮財政，労働法制の改悪など）や社会的「格差の拡大」への反撃が，一定の影響を与えたものと思われる。不思議なことに，こうした一定の手直し路線に直接，間接に影響を与えているのがヨーロッパの著名な社会学者たちなのである。イギリスのブレア=「ニュー・レイバー」（新生労働党）政権には，アンソニー・ギデンズ［ギデンズ,2000,260］が，またフランスのジョスパン「左翼連合」政権にはアラン・トゥレーヌが影響を与えたとされている。ギデンズとトゥレーヌは，ネオ・リベラリズムでも旧来の福祉国家路線でもない「第三の道」を主張し，「中道左派政権」に支持ないし期待を表明している。ここでは，トゥレーヌのネオ・リベラリズム批判を見ておきたい。

　トゥレーヌはその近著 Comment sortir du libéralisme?（『いかにして自由主義から脱するか？』）の冒頭で，次のような二者択一を求めている。「経済的諸力の抗いがたい支配を信じるなら，社会運動の可能性を信じることはできないであろう。……そうした考え方は，出口なきペシミズムや，歴史を『支配する』，あの有名な (fameuses)『科学的』諸法則の探求に向かうほかなくなるであろう」。この立場を認めるなら，「支配され，疎外された民衆は，政治的指導者となった知識人の介入（l'intervention）に依存するほかなくなるであろう」。これに対置するトゥレーヌの立場は，「行為は可能であり，この行為は社会組織の必然的〔必要〕であるとともに有効な変動をもたらす」というものである［Touraine,1999,10］。そうした「行為」を担うのがトゥレ

第10章　グローバリゼーションとフランス

ーヌの「新しい行為者」（acteurs nouveaux）であり，「新しい社会運動」である。同書の基調は，この「新しい社会運動」に依拠してリベラリズムからの脱却をはかろうとするものである。こうした主張の根底には，「社会運動」に対するトゥレーヌの独特な見方が存在する。つまり，「社会運動は，システムの内的矛盾の表現であり，客観的な苦しみと悲惨の表現である」。また「犠牲者は同時に行為者であることを認めねばならない」［Touraine,1999,10］とする見方がそれである。したがって，この犠牲者たちの周りに「社会運動」は形成されるのであり，システムの矛盾は克服できると言うのである。ここに主体主義的哲学の影響を見ることは容易であろう。

　さて，トゥレーヌは「グローバリゼーション」をどう捉えているのだろうか。彼は，「グローバリゼーションの本当の名前は，資本主義の攻勢（offensive）だ」［Touraine,1999,13］としている。さらに「グローバリゼーション」に対する三つの命題を提示する。①「グローバリゼーションは，諸傾向の総体であり，この総体が市場によって支配される，また国家政策の介入を許さない一つの世界社会をつくるというのはまったくのイデオロギーである」。②「これに対する最良の異議申し立ては，社会を変え，経済を社会的にコントロールする新しい形態を作り出す集団的可能性を信じることであり，そうでなければ袋小路に陥るであろう」。③「この再建作業は，社会的行為と政治的介入の——相互の緊張と対立をともなう——相補性を前提としている」［Touraine,1999,14］。つまり，彼は「グローバリゼーション」の生みだす諸傾向に対抗する社会運動の必要性を説いているわけである。今フランスの社会と政治を揺るがしている問題は，「失業，不平等と排除の拡大であり，国家よりも強い経済的力に直面したことによる無力感である」。ここでとりわけ重要なのは，人々が「国民国家（l'Etat national）の終焉に対して不安を抱いている」点である［Touraine,1999,18］。しかし，国民国家の終焉に不安を感じる必要はない。それは，「国家による管理経済から市場経済への移行」にすぎないのであり，この「移行は，近代化（modernization）の形態における変化を意味している」のだ。トゥレーヌに言わせれば，社会主義と資本主義の違いは，「近代化の形態の違いであって，社会類型の違いではない」。資本主義は市場によって管理された「近代化の形態」であり，社会主義は国

家が支配的役割をもった「近代化の形態」にすぎない。フランスはこの20年来,「国営企業(クレディ・リオネ,エール・フランス)の失敗」や「官僚主義的非効率性」,「官僚のエリート主義的採用」を問題にしてきた。しかしこうした論調が行き過ぎて,「社会的・政治的規制をまったく受けつけない経済というおとぎ噺」をつくりだしてしまった。つまり,市場原理主義へと傾いてしまったと言うのである。さらにもう一方の行き過ぎに,トゥレーヌは警告を発する。それは,「グローバリゼーション」=「アメリカニゼーション」という命題によって,「国民国家の擁護と再建の要求」に走ることである[Touraine,1999,18-23]。要するに,「市場」に対する無防備か,「国家」への依存かの両極に行き過ぎたことを問題にしているのだ。これを見れば,トゥレーヌの「第三の道」が何かは予想しうるであろう。また,彼は「グローバリゼーション」は,何ら恐れるに足らないと断言する。「金融資本の過大な発展が不可避だとする考え」には根拠がない。それが証拠に「ヨーロッパでは,生産的投資に多くの資金が戻ってきているではないか」と言うのである。われわれが恐れるべきなのは「経済のグローバリゼーションでも,新興工業国の出現でもない。それは,世界における資本移動の自由化である」。なぜなら金融の自由化を規制しているチリと中国では,問題が起きていないからである[Touraine,1999, 25]。つまり,ホットマネーを元凶とする「グローバリゼーション」には,「社会的・政治的規制」によって十分対処できるのであり,しかもフランスの経済は健全だというわけである。

　トゥレーヌは,ネオ・リベラリズムからの四つの「脱出口」を提示する。すなわち①「後ろへの脱出口」である「国民国家」に依存した「共和主義的」な守旧主義,②「上への脱出口」である技術革新と経済成長によるグローバリズム路線,そして③「下への脱出口」である「ポピュリズム」路線である[Touraine,1999,40-62]。これら三つの「脱出口」はどれも使い物にならない。1995年12月の「国鉄労働者」らの運動は,「国家のプチ・ブル」が「既得権を擁護」しようとしたものであり,「後ろ向き」の運動であった。この「共和主義的精神(エスプリ)は,長い間,文化的権利の要求,マイノリティと差異の擁護,つまり人権の文化領域への拡大に抵抗してきた」元凶であった[Touraine,1999,40]。またブルデューらの教育問題への解決策は,「『ポジテ

ィブな』隔離」政策,アメリカ流に言えば「アファーマティブ・アクション」に過ぎないであり,教育の「犠牲者を行為者」として扱わねばならないと,トゥレーヌは論難する［Touraine,1999,45,50］。また②は,「経済成長」にすべてを託して「社会」をないがしろにする誤りに陥っている。そして③FNやコミュニストの「ポピュリズム」路線は,「代議制度の拒否」と「告発」に終始するものであり,分散的で無力な「反抗」でしかない。ポピュリズムは,「排除」への告発だけでなく「政治的・経済的・文化的生活への参加」を求める建設的な「新しい社会運動」に転換してこそ展望が開けると,トゥレーヌは忠告する［Touraine,1999,57,60］。したがって,トゥレーヌが期待をかける④「前への脱出口」は「新しい社会運動の形成」にほかならない。この路線は,「この20年来,フランス人が信じてきた社会保障政策と世界経済システムの両立不可能性」に終止符を打った。それは,「社会進歩と経済的リアリズムは両立可能である」とするものであり,フランスの「中道左派政権」である「ジョスパンは社会的目標と経済的手段をむすびつけ,世界経済に参加する意志」を表明した。「その結果,フランスはヨーロッパ諸国のトップに押し上げられたのであり,ヨーロッパ諸国はこの数年来,この結合が可能だということを証明した」と言うのである［Touraine,1999,64-65］。そしてこの「左翼政権に圧力」を加え「第三の道」を推し進めることが,「国家」と「政党」から独立した「新しい社会運動」の任務なのだ。さらに,この運動が力点をおくべき課題は,「社会的権利の領域から文化的権利の領域」［Touraine,1999,69］に今や移行しており,「マイノリティの文化的権利を承認」［Touraine,1999,115,123］させることにある。つまり「多様性と差異の承認」こそ,今や重大な課題とされる。こうしてトゥレーヌの場合,従来の労働者の権利擁護といった課題は,相対的には軽視されることになる。だから彼は,「雇用者と賃金労働者の対立は,確かに重要だとはいえ,もはや社会的・政治的生活の中心ではない」［Touraine,1999,12］と主張するのである。また,ネオ・リベラリズムとの関係でいえば,トゥレーヌの「第三の道」は「より少ない国家とより少ない市場」［Touraine,1999,112］である。しかしこの路線は裏返せば,中途半端な「ネオ・リベラリズム」批判と少しばかりの「福祉国家的政策」の擁護に陥る可能性をもっていると思われる。それは,

トゥレーヌの主張がジョスパン政権の礼賛に終わっていることからも容易に推測しうるところである。

　このように社会民主主義者は，「福祉国家」でも「市場原理主義」でもない「第三の道」（トゥレーヌの場合は「第四の脱出口」と言うべきであろうが）を選ぼうとするわけである。その第一の問題点は，この路線では「グローバリゼーション」に真っ向から対決することができない点である。それは，彼らが「市場の効率性」という表現の下で「市場原理主義」を事実上容認しているからである。第二に，「第三の道」は自らが左右の両極をどう規定するかに縛られるため，その政策選択の幅が狭いという点である。彼らは，間違っても「福祉国家」の再構築とは言えないのであり，悪くいえば「隙間的な政策」を選ぶことになる。右も左も言わないことを際立たせることになる。トゥレーヌの場合，それは旧来の「左」が取り組んできた「労資の対立」や「社会的権利」ではなく，「マイノリティの文化的権利の承認」であり，ギデンズの場合，それは従来の左翼が不得意とする「環境」と自由主義が忌避する「多文化主義」であった［ギデンズ,1999,31,33］。

第4節　ブルデューのネオ・リベラリズム批判
―――新しいインターナショナリズムと国民国家の復権―――

　さて最後に，トゥレーヌのこうした不徹底で両義的な「ネオ・リベラリズム」批判とはまったく異なるピエール・ブルデューの主張を見てみたい。ブルデューは，「ネオ・リベラリズム」が代表するのは「株主，金融の操作者，産業家，保守的政治家あるいは自由放任（レッセフェール）の安穏な無責任に転向した社民政治家，さらには……財政官庁の高級官僚」［ブルデュー,2000,155-156］の利益であるとする。

　その上で第一にブルデューは，こうした「ネオ・リベラリズム」の攻勢を「保守革命」（la révolution conservatorice）であると規定する。「ネオ・リベラリズム」は，「数世紀にわたる社会闘争，労働者の人間的尊厳を守るための知的・政治的たたかいの成果」，「文明のもっとも高貴な成果の一つである社会的既得権益（acquis sociaux）」［ブルデュー,2000,104］を破壊しようとす

る攻撃であり，「一つの文明の破壊」［ブルデュー,2000,50］をもくろむ「保守革命」［ブルデュー,2000,66,94］である。ここでブルデューの言う「社会的既得権益」とは，いわゆる「過剰民主主義」や「たかり民主主義」［二宮,1999,19］と揶揄される類いの「特権」ではなく，「教育，健康，文化，研究，芸術に対する権利，労働に対する権利の共和主義的な平等という『文明』」［ブルデュー,2000,50］であり，「労働法や社会保障制度」［ブルデュー,2000,105］のことをさしている。この「文明」の「社会的獲得物」を，「既得権」に胡座をかく「保守〔守旧〕主義」だとか「時代遅れ」［Touraine,1996,175］だとか言って非難する者に対して，ブルデューは反論する。いったい「カントやヘーゲル，モーツァルトやベートーベンのような人類の文化的既得財産の擁護を保守的だとして断罪する者がいるでしょうか？」［ブルデュー,2000,105］と。ブルデューの顰に倣っていえば，「8時間労働制」や「健康保険」制度の擁護を，「保守的」だ「時代遅れ」だと言って非難する人は誰もいないであろう。このような人類が一歩一歩社会的闘争を通じて獲得してきた「文明」の成果を，一挙に葬り去ろうとしているのが「グローバリゼーション」を口実とした「保守革命」なのだ。

　第二にブルデューは，こうした「保守革命」と真剣にたたかおうとしないヨーロッパの「社会民主主義者」を批判する。現在「ヨーロッパの権力についている民主社会主義者は，通貨の安定と緊縮財政の名の下で，過去2世紀にわたる社会闘争の最良の獲得物である普遍主義，平等主義，国際主義を解体させることに貢献」している。「さらに，社会主義的理念やその理想の本質そのもの——大雑把に言えば，経済的力によって脅かされる団結を，集団的・組織的行動によって守るという理念や理想——を解体させることに貢献」［Bourdieu,1999,1］していると，ブルデューは厳しく批判する。しかし，EU諸国に次々と誕生した「中道左派」政権は社会主義的理念と理想を掲げ，ヨーロッパの「民主化」に貢献する政策を実施し，成果をあげているのではないか。だがブルデューに言わせれば，その路線は肝心の政策を欠落させており，グローバル化した凶暴な経済的力に対する妥協以上のものではない。つまり，「民主社会主義者たちは福祉 welfare の社会的獲得物を破壊する過程を阻止する手段を手に入れようとしなかった」のである。その手段とは

「例えば,ヨーロッパ規模での,とくに(合理的スライド制のある)最低賃金,労働時間,若者の職業教育などに関する共通の社会的基準を設定することなど」[Bourdieu,1999,16]である。こうしたいわゆる「社会的ダンピング」を阻止する政策を,フランスの民主社会主義者たちはEUレベルで実施しようとはしなかった。また彼らは,「(民主社会主義者の選挙公約が,かつて主張していた)資本に対する課税の創設や,諸経済部門間の関係の安定性を確保できる金融システムの再編のような集団的方策によって『金融市場』をコントロール」しようという意志もないのである。これとは反対に彼らが,「金融市場」の機能をたかめるために結集しているのは,驚くべきことである。そしてさらに許しがたいのは,「教育,健康,社会保障の分野における……公共的な大計画に投資すること」[Bourdieu,1999,16]を断念していることである。EUを「通貨と市場の統合」に矮小化してしまうこうした「中道左派政権」の路線は,「文明」の破壊に手を貸すことにしかならない。ヨーロッパ諸国の貿易の中でその約4分の3〔70%〕[ブルデュー,2000,109]を占めるのが,ヨーロッパ域内の貿易だとすれば,ヨーロッパ諸国の政府はヨーロッパ域内での競争(とりわけ,「社会的ダンピング」)がもたらす有害な結果を少なくとも制限することを狙いとした,また集団的な抵抗を非ヨーロッパ諸国との競争に対置する共通政策を用いることができるはずである。そうすれば,国際競争を口実として,1970年代中ごろから経営者たちが絶えず主張してきた「退行的な」(régressif)政策,すなわち「公的介入の削減」,「労働者の移動性とフレクシビリティ」,「労働者の身分の不安定化と人減らし」,「労働組合法の改悪」,「解雇条件の規制緩和」などを阻止できるのである。要するに,フランスの社会民主主義者たちは,それを実現するための手段をもっているにもかかわらず,自分たちが表明した政策のためにはほとんど何もしないことによって,自分たちがかつて表明した政策を本当は望んでいないことを暴露したのである[Bourdieu,1999,16]。「経済」だけを統合するヨーロッパ統合は,「社会」を置き去りにし,「社会的ダンピング」,「不安定化戦略」,「フレキシビリティによる搾取」によって労働者に「苦しみ,ストレス,不安」[ブルデュー,2000,133-142]をもたらすのである。

さて第三に,こうした「ネオ・リベラリズム」=「保守革命」の攻勢と

第10章　グローバリゼーションとフランス

「中道左派政権」の日和見主義的政策に抗して，ブルデューが提起する「新しい社会運動」＝「新しいインターナショナリズム」を見てみよう。「保守革命」への対抗戦略は，「少なくともヨーロッパという規模での新しいインターナショナリズム」［ブルデュー,2000,75］の創出にある。各国の枠内に止まりがちな従来の「国民的な組合主義」を脱した「ヨーロッパ組合主義」の構築が急がれねばならない［Bourdieu,1999,16］。そのためには，組合はつぎのような旧弊との「断絶」が必要である。①国民的，すなわちナショナリズムの個別主義との断絶。それぞれの国民国家の限界内に常に閉じこもる組合的伝統からの脱却。この伝統は，組合の存在にとって必要不可欠な資源の大部分を国家に期待し，国家が彼らの賭け金〔係争点〕や要求と行為の領域を規定し，画定していることから生じる。さらに，②融和主義的志向との断絶。融和主義は，平の組合員の批判的な思想や行動を信用しない傾向をもっており，組合指導部への服従を受け入れさせようとする。そして，③経済的宿命論との断絶。「グローバリゼーション」や金融市場の支配力は，どうすることもできない必然だとする政治的メディアの論調だけでなく，社会民主主義政府の政策がこの経済的宿命論の旗振り役をしている。社会民主主義政府は，保守政府の政策の本質的部分を延長し，継承することによって，その政策が唯一可能なことだと見せかけている。また④「不公平な労働契約」を変えようとしない「ネオ・リベラリズム」との断絶。政府は「資本－労組と政府－労組」の力関係を維持しようとする傾向をもっている。最後に，⑤経営者の要求の強化に役立つ規制撤廃政策に傾く政府の「社会自由主義」との断絶である［Bourdieu,1999,16］。

　こうした「断絶」によって革新された「ヨーロッパ組合主義」は，①ヨーロッパ規模での「最低賃金制」，②「社会的ダンピング」を阻止する政策，③ヨーロッパ「共通の社会的権利を規定した法律の制定」，④「全体の利益に適った共通投資政策の策定と実施」を要求する［ブルデュー,2000,114-116］。また，それは社会の周辺に追いやられ，「排外主義」の犠牲となっている「移民出身の若者」たちを「参加させる」運動でなければならない［Bourdieu, 1999,16-17］。

　さらに，こうした政策は当面は「国民国家にたいして，また国民国家を通

しての働きかけ」によって実現されるほかない。なぜなら、「国民国家」は今のところまだEU全体の利益にもとづいて行動するには至っていないからである［ブルデュー,2000,113］。この点は、「国民国家」に期待する（「後ろへの脱出口」）な、とするトゥレーヌと決定的に違う点である。これはブルデューの独自な「国家論」にもとづいた主張である［Bourdieu,1994,99-135］。つまり、「国民国家」が「両義的な実在」［ブルデュー,2000,64］であるとした上で、「国家の役割」つまり国家の「自立的側面」、「普遍的側面」である「福祉国家の役割」［ブルデュー,2000,106］を強めさせようとする戦略である。この点は、「国民国家」を「支配層の掌中にある道具だ」［ブルデュー,2000,64］とする立場とも、またギデンズの「コスモポリタン民主主義は、ガバナンスを世界的に統合する上方拡散のみならず、ローカルな地域への、権力の下方拡散をも目指す」［ギデンズ,1999,242］路線とも対立する。しかもこれは「社会運動」の力によって下から「国民国家」に強制するという方法によってのみ可能となる。なぜなら、「社会政策は、これを認めさせる〔押しつける l'imposer〕ことを可能とする社会運動なしには、存在しなかったことを社会史は教えている」［Bourdieu,1999,16］からである。

　第四に、「ネオ・リベラリズム」のイデオロギーを支えている経済理論に対する批判を見てみよう。この「ネオ・リベラリズム」の経済理論は、その理論的根拠を「純粋で完璧な市場という」まったくの「数学的フィクション」においている［ブルデュー,2000,155,153］。それは、ワルラスの誤謬の再生産であり、「狭い合理主義」、「個人の合理的計算に依拠する数学的抽象」であると、ブルデューは批判する。その結果、「この途方もない抽象は、個人的合理性と同一視された、合理性に対する狭くて窮屈な見方によって、合理的性向が実行されるための条件である合理的性向の経済的・社会的諸条件と経済的・社会的諸構造を括弧に入れることによって成り立つものである」。例えば、「教育システム」が除外されている。つまり、「教育システム自体が、生産者の生産と同様に財とサービスの生産において決定的な役割を果たしている時代なのに、全く考慮されていないのである」。また、この経済学的原理の全ての欠落や逸脱は、「純粋理論」のワルラス的神話にある最初の誤謬に起源があるのだ。また、この最初の誤謬は自らが生み出した恣意的な対置、

第10章　グローバリゼーションとフランス

つまり「競争と効率性に基づいた固有に経済学的論理と公平のルールに従う社会的論理の対置」に，その存在から来る宿命によって固執している [Bourdieu,2000,10]。ブルデューがこれに対置するのが，こうした諸条件や諸構造を考慮に入れた「幸福の経済学」[ブルデュー,2000,116] にほかならない。つまり，「ネオ・リベラリズム」の経済理論の弱点は，①個人主義，すなわち経済行為の主体として家族，諸集団，地域共同体を考慮に入れていないこと，従ってそこで問題となっている利害も極めて狭いものになっている点にある。また②短期的な金銭的利害だけを問題にしていることである。金子が批判して止まない「国際会計原則」，つまり「キャッシュフロー経営」がその典型である [金子,2000,48-72]。ブルデューの言う目先の金銭的利益しか眼中にない「会計士的世界観（昔なら「食料品屋的(エピシエ)」と言うところだが）」[ブルデュー,2000,167] にほかならない。それは長期的な利害を度外視し，もっぱら単年度での金銭的収益性だけを問題にする経済学である。それは③経済の再生産を可能とする社会構造や社会的条件を考慮に入れない経済学である。こうした要因を「残余範疇」とする「狭い合理主義」である。

さて最後に，ブルデューらの「多文化主義」批判を見て終わりとしたい。アメリカにおける「多文化主義」(multiculturalisme) は，「黒人(ノワール)の引き続く排除と『すべての人に機会を』という『アメリカン・ドリーム』の国民的神話の危機」を隠蔽する役割を果たしている。こうした事態は，アメリカの公教育システムの危機，すなわち文化資本をめぐる競争の激化と階級的不平等の恐ろしいばかりの増大に対応している。つまり，「アメリカの『多文化主義』は，〔この事態を〕隠蔽する言説である」[Bourdieu et Waquant,2000, 78]。こうした「多文化主義」は，国民的思考に次の三つの欠陥をもたらすことになる。①「集団主義」(groupisme)，つまり国家の官僚制によってもたらされた規範的な社会的分割を，政治的認知と政治的要求の原理に物象化 (réifier) してしまうのである。すなわち，国家が分断した民族的諸集団を承認してしまい，その上で集団ごとの文化的承認を求めているのである。②「ポピュリズム」，つまり支配のメカニズムと構造の分析を，被支配者の文化と行為の原理にまで高められた「視点」(point de vue) の礼賛にすり替えてしまうのである。すなわち，マイノリティの視点，下からの「視点」を礼賛

することに自己満足してしまうということである。③「道徳主義」，文化的「アイデンティティ」の承認をめぐる果てしない，また埒もない議論に終始するのである。その一方で，「悲惨な現実」は等閑視される。これはまさに，「マイノリティの文化的権利の承認に努めているのが，社会民主主義だ」[Touraine,1999,123]と誇示するトゥレーヌの主張を念頭においていると思われる。したがって，こうした「道徳主義」は「健全な合理的唯物論（sain matérialisme rationnel）を社会的・経済的世界に適応する妨げ」となるのだ。こうして哲学者たちが，博識ぶって「文化的承認」を楽しんでいる一方で，「被支配階級や被支配的民族の出身の子どもたち数万は，席がないからという理由で学校から押し返されているのだ（今年〔2000年〕，ロサンジェルス市だけでも，それは2万5000人に及んでいる），また大学キャンパスにいる若者の10人に1人は，年収1万5000ドル以下の家庭から来ている。その一方で，年収10万ドル以上の家庭出身の学生が94％に及んでいるのである」。まさにこうした事実を隠蔽するのが，「アメリカ的多文化主義」の実際上の役割なのである。こうしたマイノリティの「文化的承認」だけを強調する「多文化主義」を，ブルデューらはこのように厳しく批判している。

　要するに，ブルデューの「グローバリゼーション」への対抗戦略は，「国民国家」の「普遍的」側面を媒介とする（当面はヨーロッパを舞台とした）「新しいインターナショナリズム」の構築にあるといえよう。ともあれ，「グローバリゼーション」と「インターナショナリズム」の対抗が，新世紀の一大争点となることは間違いない。

注
（1）　Hettne et al., *Globalism and the regionalism*, Macmillan Press, 1999.
（2）　「ワシントン・コンセンサス」については，John Williamson, "The Washington Consensus Revisited", L. Emmerij (ed.), Economic and Social Development into the XXI Century, IDB, 1997.を参照。また，コロンビア大学教授ジャグディシュ・バグワティは，その主体を「ウォール街＝〔アメリカ〕財務省複合体」と呼んでいる（ジャグディシュ・バグワティ「資本の神話」，『週刊ダイヤモンド』1998年5月23日号）。

第10章　グローバリゼーションとフランス

（3）　正式な名称は「国際労働者協会」(International Working Men's Association) である。ロンドンで1864年9月28日創立。
（4）　金子の構想が，実際上は自ら批判する「セーフティーネット例外論」や「使い分け論」［金子,1999②,64-68］に陥らないかどうかは，筆者には速断しかねる問題である。
（5）　その間の事情については，高田太久吉「岐路に立つグローバル金融システム」（『経済』2000年10月号）74頁を参照されたい。
（6）　ブルデューはこれに関連して，次のように述べている。「被支配者は国家を，特にその社会福祉的側面を，擁護しなければならない，と私は考えています」［ブルデュー,2000,74］。「断っておきますが，一部の者たちが私たちに信じ込ませようとしていることとは逆に，国家は必ずしも古臭い時代遅れの制度ではありません」［ブルデュー,2000,93］。

文献

ブルデュー，ピエール，2000『市場独裁批判』加藤晴久訳，藤原書店
Bourdieu, Pierre, 1999 "Pour un mouvement social européen", *Le monde diplomatique*, no.543.
―――, 1994 *Raisons pratiques, sur la théorie de l'action*, Éditions du seuil.
―――, 2000 "Sortir du néolibéralisme", *Manière de voir*, no.52, Le monde diplomatique, juillet-août 2000.
――― et Wacquant, Loïc, 2000 "La nouvelle vulgate planétaire", *Manière de voir*, no.53, Le monde diplomatique, septembre-octobre 2000.
ボワイエ，ロベール，1998『世界恐慌』井上泰夫訳，藤原書店
Cassen, Bernard, 1996 "Et maintenant.... démondialiser pour internationaliser", *Scénarios de la Mondialisation, Manière de voir*, no.,32, Le Monde diplomatique.
コーテン，デビッド・C，1998「グローバル資本主義が人類を貧困化させる」『世界』岩波書店，1998年8月号
Defarges, Philippe Moreau, 1997 *La mondialisation*, P.U.F.
ギデンズ，アンソニー，2000『第三の道――効率と公正の新たな同盟――』佐和隆光訳，日本経済新聞社
金子勝，1999①『反グローバリズム』岩波書店
―――, 1999②『セーフティーネットの政治経済学』筑摩書房
―――, 2000『日本再生論』日本放送出版協会
二宮厚美，1999『現代資本主義と新自由主義の暴走』新日本出版社
Touraine, Alain, 1999 *Comment sortir du libéralisme?*, Libraire Arthème Fayard.
―――, 1996 *Le grand refus*, Libraire Arthème Fayard.

第3部　グローバリゼーションと国民国家

内橋克人，2000『浪費なき成長』光文社

第11章　グローバリゼーションと労働の未来
　　　　──ドイツの経験を参考にして──

はじめに

　グローバル化の進展のなかで，私たちが暮らしてきた福祉国家体制が大きく揺らぎ，深刻な再編を迫られつつある。まさに世紀の転換といってよい変化である。
　この福祉国家は経済的には資本主義を基本とし，かつ，政治的には民主主義をその原理としてきた。それは国民国家と社会的パートナーによる「協調」により支えられ，国家介入をとおして経済成長と完全雇用をはかり，人びとの社会的格差を解消してその平等の実現を目標として追求してきた。マーシャルは資本主義と民主主義の両立可能性を理論的に考究しつつ，シチズンシップを市民的権利，政治的権利，そして社会的権利の三つの側面からとらえているが，この福祉国家の骨格をなすのが社会的権利としての労働の権利（right to work）である。
　しかし，周知のように，オイルショックを契機に新自由主義の政策のもと福祉国家における社会的権利にたいする厳しい批判をとおしてその改革がはかられる。くわえて経済のグローバル化のもと社会の転換ともいうべき大きな変化をうける。とくに，グローバルコンペティションにうち勝つために労働の柔軟化（flexibility of work）がめざされ労働の権利はその変容を迫られている。そこで重要なのは経済的危機により失業が増大するという事態ではなく，むしろ，完全雇用政策を意図的に放棄し，戦後の支配的体制であった福祉国家の制度的基盤を自ら掘り崩したという事実である。こうしたなかで失業者が増大するばかりではなく，正規労働にかわってパート労働，契約労働などの非正規労働，あるいは二重労働など雇用の多様化がすすんでいる。

社会的貧困の増大および富と貧困の二極化が進行しつつある［OECD,1999］。

このように21世紀を迎えるいま，社会は大きな転換期にある。経済のグローバル化，国民国家の相対的位置低下など枚挙にいとまがない。戦後の社会を主導してきた福祉国家の基本原理や制度の再構成が求められている［Mishra,1999,1］。戦後の資本主義が国民国家を前提としつつ民主主義との両立をはかってきたとすれば，「完全雇用の彼岸に民主主義はいかにして可能であろうか」［Beck,1999,5,76］ということが深刻に問われねばならないだろう。[1] 本章は，ドイツを中心とする欧州の現段階の社会の転換のなかに，新世紀社会の展望を探るところに課題がおかれる。

本章では，まず，グローバリゼーションとは何か，それが国民国家の枠組みをいかに変えつつあるのか，福祉国家体制をいかに変えつつあるのかをとらえる。次に，その転換の核としての福祉国家における労働の権利の解体が何をもたらしつつあるのかをとらえたい。最後に，このグローバリゼーションのもとにおける変化のなかで，どのような民主主義と新世紀社会の可能性があるのかを労働の近来像をとおして展望したい。

第1節　グローバリゼーションと国民国家

1　福祉国家パラダイムとその変容

福祉国家（ドイツでは社会国家という）は，失業や貧困など資本主義体制がもたらす社会的諸問題への応答として制度化されたものとして理解される。その主要パラダイムは，社会主義体制に対抗し成長してきたものであるが，それは国民国家を前提とし，その内部での社会保障，年金システム，地域政策，社会資本政策，財政政策，税システム，労働組合の組織化された権力との雇用をめぐる協調，などを内容としている。

この福祉国家は内容を変えつつもたびかさなる危機に直面してきたが，その自明性が疑問に付されつつある。[2] その主要な批判は，第一に，主要パラダイムが明らかに国民の社会的諸権利に強調をおき，それと対照に国家の義務を措定しているが，その結果社会的権利の拡大が逆に経済的葛藤を惹起した

だけではなく，市民の依存と脱政治化をもたらしてきたことに向けられる。つまり，市民は国家が保障する社会的サービスの受け手であり，そのサービスの提供にあたっては専門家や官僚が大きな役割をはたすことが想定されている。「権利支配的福祉国家の制度化のリスクの一つは，参加をめぐる道徳的感覚の浸食である」[Roche,1992,31]。

　第二に，シチズンシップに固有に内在する問題であるが，それが人びとの間に存在する不平等を正統化し，「二級市民」を生みだすリスクである。後にも触れるが，社会的権利を享受するのはパン代を稼ぐ労働組合に組織された常勤労働をする男性であり，母でありかつ家庭を支える女性がこれに依存するという性的分業が福祉国家レジームを支えてきた[Rohe,1999,32-34]。このジェンダーバイアスに対する批判である。

2　グローバリゼーションとは何か

　グローバリゼーションとは何か。それは福祉国家の基本的構造にどのような影響を及ぼしつつあるのか。ベックはここで三つの関連する概念を区別する。

　まず，グローバリズム（Globalismus）であるが，これはグローバル化の多様な側面から経済的側面のみを抽象して，世界市場として一面的に強調する見解であり，世界市場支配のイデオロギー，新自由主義のイデオロギーとしてとらえられる[Beck,1997,26]。もちろん，経済的側面を捨象することはできないが，それは政策と経済との間にある基本的相違を消し去り，利潤を最大化する条件をもとめる資本の論理を正統化する経済帝国主義にほかならない[Beck,1997,27]。ミシュラが，グローバリゼーションを「政治やイデオロギーに主導された経済的現象である」[Mishra,1999,1]と言うときの含意であろう。

　これに対して第二のグローバリティ（Globalität）とは，異質性，多様性，社会とは統合されえない，「統一のない多様性」（Vielheit ohne Einheit）としてとらえられる世界社会（Weltgesellschaft）を意味する。これは一般に国際化（Internationalisierung）として使われるものであり，この国際化は国民国家を前提とした相互依存の関係であり，それは大きな開放性をもつにもかか

わらず国民的なものの拡大の過程としてとらえられる。

これに対してグローバリゼーション（Globalisierung）とは国民経済の終焉を意味する。国民国家の自律性の喪失である［Mishra,1999,4］。つまり，トランスナショナルな行為者，力関係，志向，アイデンティティやネットワークによって国民国家やその主権が解体され，人びとが横に結びつけられる過程を意味する。それはトランスナショナルな社会的空間や結合をつくりだし，ローカルなものの文化の価値を高める過程として，この意味でもグローバリティとは区別される［Beck,1997,28-30］。

今日的な新しい質とは，文化的・政治的・経済的・軍事的次元における相互的な地域的・グローバルな関係のネットワークなどの相互的結びつきを拡大することに見られる。例えば，それは国境を越えた日常的な人びととの生活という実体的側面ばかりではなく，トランスナショナリティー意識，グローバルな環境の危機意識など現実をとおしてつくられる側面にも見てとれる。グローバリゼーションとは，世界国家でも，トランスナショナルな企業がその数を増大させることでもなくて，世界社会がつくられる過程としてとらえられる［Beck,1997,32］。

3 グローバリゼーションと二つの近代

21世紀を直前にして私たちは世界史的転換をその目で目撃してきた。それは資本制社会のオルタナティブとして存在してきた社会主義体制の崩壊である。周知のように，福祉国家が1960年から70年代にかけて成長・成熟する契機として，カウンターパワーとしての社会主義体制の存在を欠かすことはできない。とすれば，福祉国家体制の最終的危機を惹起したものが社会主義体制の崩壊であることも理解することはたやすいであろう。もはや資本は正統性問題に直面しないわけである。

ベックは社会の転換を第一の近代から第二の近代への移行にともなう質的転換のなかに見る。そこに見られるのは「社会における変化ではなくて，社会の変化」であり，より正確には，「近代社会全体の基礎に影響をあたえる変革である」［Beck,2000,19］。つまり，第一の近代が国民国家と福祉国家を基礎とし，国民国家社会としてとらえられるのに対して，この移行は，労働

組合,国民国家や福祉国家の足枷からの資本の解放を意味する［Beck,2000, 19］。もはや対抗するものをもたない資本にとって公正の問題に関わるインセンティブは弱まらざるをえない。労働市場,収入,雇用におけるさまざまなタイプの安全の権利として制度化されてきたものが破棄される。労働組合の権力,専門家の権力,政府の規制,そして福祉国家そのものが国民的労働市場の効果的機能の障害物とみなされる［Mishra,1999,165］。これによって従来,国民国家的な近代を統合し正当化してきた市場経済,国民国家と民主主義という三位一体が解体する［Beck,1997,24］。

　こうした近代社会そのものの移行についての理解からグローバリゼーションと国民国家の関連を整理しうる。第二の近代における特徴は,国家と社会との結合が解かれ,国民国家社会がグローバル化のなかで空中分解をとげることに見てとれる。こうして経済,労働,生活は国民国家という枠組みや地域性を越えて営まれるとともに,それらの内部的地位をかえつつある［Beck, 1999,28］。つまり,世界経済化と個別化のはざまで国民国家はその主権を失う。

　とくに「資本はグローバルに調整され」,労働はローカルに個別化される。生産の国際化のもと,企業の戦略は税率の低い国へ移動し,資本家はもっとも美しく高い生活水準を享受しうるところに居住しようとする［Beck,1997, 17］。ジーメンスやBMWの巨大でトランスナショナルな企業はもはやドイツに税を納めようとはしない［Beck,1997,21］。生産と生活とは地理的に分離し,グローバリゼーションの勝者と敗者はもはや同じテーブル（国民国家）につくことはない［Beck,1997,23］のである。

　こうしてグローバリゼーションは第一の近代の基本前提,すなわち「方法的ナショナリズム」を疑問に付しつつある［Beck,1997,46］。しかも国家と社会との新しく多様な結びつきや人びとの横断的結合をつくりだしつつあるということは民主主義にその新しい可能性を切り拓くことを意味する。世界的企業も世界的公共性の圧力のもとにある。グローバル化のもとで人びとは機能的なネットワークへ参画するとともに直接的に政治的過程へも参加するようになる［Beck,1997,124］。

第2節　グローバリゼーションと「労働の終焉」

1　労働社会の構成

　福祉国家において労働は特別な位置を占めてきた。周知のように，国民国家に基礎をもつ福祉国家の目標は完全雇用にあり，その政策は社会的パートナーの「合意」をえて追求されてきた。また，それは社会的権利の核として市民的権利，政治的権利を支える，つまり，完全な国民として人びとを経済的だけでなくアイデンティティをも社会的に包摂する社会的基礎でもあったからである。この意味で労働こそは「ほかに選択肢のない近代社会における価値と統合の中心」[Beck,1999,17] にほかならない。

　しかし，改めて指摘する必要があるのは，福祉国家における「労働の権利」はジェンダーにより分断され，近代と封建社会との合作として構成されてきたということである。つまり，その権利を常勤労働／家族賃金／社会保障として享受できたのはドイツ人の男性であり，ドイツ人とはいえ女性には家事労働や介護労働などのシャドーワークと，せいぜい部分労働（パート労働など）への進出だけが対応してきた。イデオロギー的には，男性には労働の権利の道徳的重要性が強調される一方で，同時に，女性には家族の養育・介護・家事労働の義務が当然視されてきた。つまり，人びとを社会的に包摂するプロジェクトとしての福祉国家には女性の依存をつくりだし，社会的排除を生みだす機制が内在していたのである。

2　西欧のブラジル化

　しかし，グローバリズムによる福祉国家レジームへの攻撃によってこうした福祉国家における労働社会の構成に大きな転換が迫られつつある。IMFやOECDも共謀しての「労働の柔軟化」の強制によって，標準化された労働から労働の個別化・多様化がすすめられている。

　労働の柔軟化には，賃金形態の多様化，雇用の柔軟化，その労働力の編成と関わる機能の柔軟化という三つの形態がある。雇用の柔軟化を見ると，

1980年から1995年に常勤は80％から68％へとおよそ12ポイント減少している。失業率の増大とその恒常化がすすむとともに，派遣労働・契約労働・有期雇用・裁量労働など雇用の不安定化と多様化が深化している。くわえて統計的には150万人の自営業者がいるが，しかし，このなかにはマルチ雇用（malti-employment）が多分に含まれていた。それはブラジルの行商人・小売人などさまざまな領域の活動をくみあわせつつ就業する形態と類似しており（欧米ではMC jobとなっているが），雇用労働と自営的労働の複合としての性格をもつ。つまり，恒常的で，不安定な半失業労働者が常態となりつつある[3] [Beck,2000,85]。これは，国民国家間の調整の問題として見ると，グローバル化のなかで西欧も非西欧の現実や標準を受け入れることが強いられる，西欧諸国の労働におけるブラジル化という事態としてとらえられる。これが現段階の労働の状況にほかならない。

　ベックによれば，これはグローバル化による「脱標準化され，断片化された多元的半就業システム」への転換，「標準化された安全から脱規制的リスクへの転換」［Beck,1999,80］としてとらえられる。グローバリズムの圧力のもといまや貧困も質的転換を経験しつつある。国民経済の繁栄は，国民の繁栄との結びつきを失い，つまり，多国籍企業を中心に未曾有の利益を上げる一方で，国民は失業と貧困のなかに取り残される。

3　労働の女性化

　こうして経済競争の国際化のもとでのアメリカのバイアスをともなった労働市場の柔軟化，それによる新しい貧困，富と貧困との両極化が進行しているが，これをジェンダーの視点から見れば「労働の柔軟化をとおしたグローバルな（労働の）女性化」(global feminization through flexible labour) としてとらえることができる。

　一般に「労働の女性化」とは，福祉労働など特定の産業セクターの雇用における女性の集中の意味で使われるが，より詳細に見ると，この労働の女性化には三つの意味がこめられる。第一に，男性労働の女性労働力による代替である。第二に，先の意味で伝統的に女性が中心となってきたセクターの市場の拡大としての女性化である。第三に，パートタイム，臨時雇用，インフ

ォーマル労働など女性に特徴的だった雇用形態の男性労働市場への浸透である (Gregory,1999,45)。先の事態を見たように，ここでの女性化として重要な新しい側面は，男性世界への失業と雇用における非正規労働の拡大や，賃金の柔軟化による男性労働者の家族賃金の掘り崩しによる収入の低減など，不安定化の男性労働者への広がりに見ることができる。

　ベックは，やや皮肉混じりにこれを「生活形態としての民主主義」(Demokratie als Lebensform) と表現しているが，ここでの「民主主義」とは，第一に，いまや不安定さが男性女性を問わず「標準化された労働」のあり方となるということである。第二に，しかもそれはある階級や階層という集団の運命ではなく，人生を横切る形ですべての人びとが経験しうる運命として一般化され，標準化される。このことをとおして失業という危機は，国家や経済の危機から個人への危機として知覚されるのであるが。

　もちろん，労働市場における男女の格差は依然として小さくないが，グローバリズムに主導された労働の柔軟化のもとで福祉国家が温存してきたジェンダーによる労働の分断，すなわち，男性の常勤労働／安全／家族賃金と対称した女性の家庭労働・非正規労働／不安定／低賃金という境界が曖昧になりつつある。とすれば，「教育における女性化」が社会的平等を意識化させ，家庭と職業世界との関係を少しでも変えてきたように，「労働における女性化」は性により分断された両者の関係を別の角度から疑問に付し，それを変革する契機となろう。それは新しい社会を展望する上で重要な意味をもつ。

第3節　労働社会の彼方に
―― 社会的包摂の戦略 ――

1　新世紀の課題

　これまで見てきたように，社会主義体制の崩壊により，ドイツでは旧東ドイツの統合を契機として，その対抗勢力をもたなくなった資本主義は大きな質的転換をとげる。グローバル化が喧伝されるなかで規制緩和と社会的再配分政策の放棄により福祉国家の基礎そのものが解体する。トランスナショナ

ルな統合と，知識と資本による労働の置き換えによる社会的不平等の拡大がすすむ。ここで重要なことは，その不平等の質そのものが劇的に変化しつつあることであろう。つまり，かつて福祉国家のもとにおける連帯として社会保障や所得再配分政策があったとすれば，富んだ者のグローバル化と貧困のローカル化のなかで，もはや勝者は容赦なく，敗者に責任をもつことはなく，その富をひとり享受する。

他方で，ドイツではシュレーダー社会民主党政権のもと労働組合との「協調」の維持が強調されてはいるものの，「労働のない資本主義」が出現し，変革の主体である組織された労働者が消滅［Beck,1997,164-168］するかのような状況が生まれている。こうした労働の終焉を迎え，かつ，ケインズ主義の介入をとりえないとすれば，どのような政策的対応が可能であろうか。最初の問いに戻れば，国民国家が保障してきた完全雇用社会が解体したなかで，いかに生活し，それだけではなく民主主義を維持し，そして発展させうるのか。

2　「基礎収入保障」論

ドイツ，そしてヨーロッパの社会政策的対応として重視されているのは，労働の柔軟化としてのさまざまな形態のワークシェアリングである。周知のように，欧州では一層の労働時間の短縮，時間外労働の削減，退職年齢の引き下げ，学歴の向上による労働市場へ入る年齢の引き上げなどの諸政策がはやくからとられてきた［Mishra,1999,176］。こうした方向性をもちつつOECDの社会政策の施策としてとられているのがライフコース・アプローチである。

OECDではすでに1970年代初頭の社会政策・教育政策としてリカレント教育が提唱されてきたことはよく知られている。このアプローチは，ライフコースを教育（継続教育を含む），失業，退職，そして非雇用活動とに柔軟に配分し編成しようという戦略である［OECD,1999,83］。人口学的要因もその基盤となる。OECDの報告によれば1960年から今日まで平均寿命の延びは67歳から74歳へと7歳のびているにもかかわらず労働期間は46年から37年に短縮している。労働以外の人生をさまざまな社会的諸活動と交互に組み合わせることをとおして，柔軟に市場の需給を調整しようというのである。

容易に察知されるように、こうした方法に対する懸念は、雇用をとおした収入の減少により人びとの経済的基盤の解体が生じることであろう。そこでこうした労働と生活の再統合の基礎として欧州で議論されているのが、すべての市民の最低限の収入を保障する「市民収入」(citizen income)、あるいは基礎収入保障 (basic income gurantee) という新しい社会的権利の創造の提案である [Beck,1986,154＝邦訳,248;Mishra,1999,179]。つまり、国家が収入にかかわりなく、ただ障害の程度や年齢、子どもの養育などの状況に応じて給付額を配分するという普遍的シチズンシップの構想である。

しかし、これには当然いくつかの難点がある。第一に、このアプローチは国家によるその保障を前提とした議論であるが [Mishra,1999,184-185]、経済的危機と財政赤字のなかでとうてい維持しえない要請でもある。第二に、それは生産や労働と関わらない無条件の権利として構想されているが、つまり、そのことは権利にもとづくアプローチとして市民の社会的義務について何もふれていないわけであり、これも従来の福祉国家に対する問題点であった受動的シチズンシップであるという批判である。したがって、ミシュラは労働との関連を考える必要があることを指摘する [Mishra,1999,181] のであるが、第三に、しかしながら、労働に対する給付という戦略では社会的格差を温存することにつながることになろう。こうして私たちは抜くことのできないジレンマに陥ることとなるが、このアポリアをどう解決しうるのか。

3　生涯学習論

もう一つ、このライフコース・アプローチでも重要性が指摘され、いまや国際的な最重要戦略のひとつとなっているのが教育への投資である。グローバリゼーションへの政治的応答として教育への投資が重視される[4]。つまり、それは「労働福祉政策」(workfare policy) として労働能力のあるものに雇用を探す努力の条件をつくること、労働倫理、労働への市民の社会的義務を強化する意味をもつ [Mishra,1999,128]。

個人の能動性・創造性が今日ほど求められる時代はない。ベックによれば、リスク・レジームにおいては、勝者と敗者に明瞭な断絶はない。この境界はますます不明瞭となり、個人がつかみにくいものとなりつつある。だからこ

そ，学習が必要とされる［Beck,1999,85］。このため，特定の労働への結びつきを解き放ち，養成過程をとおしてその能力をより広範な領域に適用しうる「鍵的資格」(Schlüsselqualifikationen) が経営者にも研究者にも注目される。社会の転換の不透明性やパラドックスと関連して社会的能力，チーム労働能力，文化的理解力，ネットワーク的思考などの養成がめざされる［Beck, 1997,231-232］。しかも生涯学習においては学習は生活と結びつけられ，狭い学習の観念から解き放たれることが強調される。

　しかし，現実にこの教育はどのように機能しているだろうか。実証的データを紹介する余裕もないが，結論からいえば，いまや資格は労働市場への包摂や所得保障を自動的にもたらすものではなく，ぜいぜい労働市場をめぐる競争へ参加するパスポートにすぎない。実際に創出された仕事は単純な熟練・未熟練のサービス業が中心であり[5]［Mishra,1999,22］，教育は労働市場への編入において実際的な効果があるとはいえない。しかし，同時に，ベックとともにこうも言えよう。「個人的上昇志向が効果的に機能するのは，『教育による社会的上昇』が幻想であることが明らかとなり，教育が社会的に没落しないための手段として形を変えて，その価値を下方に修正した場合である」［Beck,1986,98＝邦訳,154-155］。いま，生涯学習や資格制度に熱い眼差しが注がれるゆえんである。

4　「市民労働」(Bürgerarbeit) 論

　私たちはいまグローバリゼーションによる福祉国家レジームの解体によって不安定のただなかにある。しかも，それは労働の権利をとおして実現してきた労働民主主義の危機でもある。こうしたなかで政策的に展開されている継続教育は人的資本への投資をとおしてより高い労働能力と能動性を調達しようと志向している。しかし，それは雇用対策として効果が薄いだけではなく，経済的危機という社会の問題を資格の欠如という個人の能力の問題に還元するように機能する。他方では，社会的権利としての「基礎収入保障」論が構想されている。しかし，それは受動的シチズンシップとして国家への国民の依存を再生産するジレンマに陥ることを意味する。

　労働社会の彼方にあるのは，完全雇用の復活ではない。しかも，男性の安

定的な常勤労働／女性の不安定な非正規労働との対称を復活させることができないとすれば，いかにこの危機のなかに新しい社会の構想を見いだすことができるだろうか。しかも，ベックが問うように，労働の柔軟化や「安定の欠如がいかに社会的創造性の開花に転化しうる」[Beck,1999,75] のだろうか。

このアポリアを解くためにベックが提示するのが労働社会から「二重活動社会」(eine duale oder plurale Tätigkeitsgesellshaft) への転換である。これは家族労働と公共的市民労働の置き換えであり，家族労働，クラブ活動，ボランティア活動などと労働との自由な結合 [Beck,1999,126] の機会としてとらえられる。つまり，賃労働と市民労働との交替可能性，あるいは新しい編成 [Beck,1999,148] である。

この市民労働の意義として三つのことを指摘できよう。第一に，グローバル化のなかで人びとの生活は経済的にも不安定化しつつある。これは基礎所得保障と結びついて経済的な基礎をつくることとなることであろう。ここで重要なことはその公益的な活動が単なる活動ではなくて，労働と呼ばれていることであろう。つまり，それは一定の収入を得ることのできる労働でなければならない。ひとつの職の給与をあげる戦略から，一つひとつは低い収入ではあってもそれを組み合わせることによって安定化させ，しかも，雇用を創出することを可能とする戦略への転換である。

第二に，それは福祉国家が前提としてきた性にもとづく家庭と職場への労働の配分，社会的活動における性による格差をとりはらい，個人の能力と志向による柔軟で多様な活動の選択と編成を可能とする。この斬新な構想のなかで，否定的にあらわれる労働時間の短縮，労働の欠如は，豊かな生活時間の基礎であり，低成長率は自己活動の推進力となる。

第三に，それが民主主義の復権をはかる戦略でもあるということである。労働社会では「活き活きとした民主主義は賃労働への活き活きとした参加を前提とする」[Beck,1999,19] 労働民主主義が支配的であり，市民とは労働する市民（Arbeitsbürger）と見られてきたが，これにたいして市民労働（Bürgerarbeit）のもとでは民主主義は人間の生活の価値は労働の権利ではなく，市民としての地位と市民参加とむすびつくことになる [Beck,1999,146]。しかも，労働社会における国民国家内の民主主義から，これをとおして「諸個

第11章　グローバリゼーションと労働の未来

人の政治社会,能動的市民社会,ローカルでもトランスナショナルでもあるヨーロッパの市民民主主義を強めること」[Beck,1999,12] を展望しうる。

　つまり,個別化のもと失業は構造の問題ではなく個人の運命となっているが,この試みは,集団的運命にもう一度組みかえることをとおして社会性を付与するプロジェクトである。しかも重要なことは,こうした新しいモデルがドイツでは失業対策の試みをとおして具体的な形をみせつつあることであろう [Beck,1999,15]。例えば,フォルクスワーゲンの週4日労働制というワークシェアリングの社会的実験であるが,この社会的実験では家族生活と趣味的活動への積極的参加がみられている。さらに指摘しておく必要があるのは,IBM,オペル,フォードなどのドイツ内におかれた事業所では労働時間の柔軟化がすすめられているが,私たちはここでも裁量労働時間制や労働時間の自己管理の浸透に,生活における選択の自由の拡大の基礎をみることができる。

　もちろん,実質的な物質的なロスを生みだすことなく,複数の活動領域を交替するためには,いくつかの条件が満たされねばならないだろう。第一に,労働の権利の再構成がはかられる必要がある。就業を中断する権利,労働時間を選択する権利などをとおした自由,安全,責任の三つの原理の再構成 [Beck,1999,7] である。第二に,重要な点は,市民労働にたいして財政的な支援をすることである。ここで重要なことは,その公益的活動が単なる活動ではなくて労働と呼ばれていることであろう。つまり,それは一定の収入を得ることのできる労働でなければならない。これが社会的連帯により給付される市民貨幣（civil money）である。この市民貨幣の利点は先に指摘した基礎収入保障の構想とは違い,ワークシェアリングをはかるなかで未熟練労働者の長期失業の克服をめざし,継続教育や市民労働への参加のために時間を使うことの奨励をとおして同時に経済的貧困を防ぐとともに,官僚主義的貧困対策の問題を避けうる [Beck,1999,144] 措置である。

　ベックによれば,大切なことは,市民貨幣だけが自己のことについては自らが責任をもつ能動的市民社会というドイツの共和国の理念を達成することを可能とする,「新しい政治的創造性の回復」[Beck,1999,144] のプロジェクトである,ということである。

おわりに

　私たちは新世紀を迎えたが，国によって大きな違いはあるもののこれまでの人生を過ごしてきた福祉国家体制を後にしようとしている。いや，もうすでにそれは過去のものとなったのだろうか。20世紀は民主主義，多元主義と社会的シチズンシップを享受する福祉資本主義が支配的であったとすれば，21世紀はいかなる体制となるのだろうか。いま進みつつある経済のグローバル化は私たちに何も約束してくれない。ただ，どん底への競争（race to the bottom）の歩みを速めるだけなのだろうか。

　これまでグローバル化のなかですすみつつある社会転換のなかで労働がいかなる変容を遂げつつあるのかを確認してきた。ベックによれば，それは「標準化された完全就業システムから柔軟で多様な部分就業システム」への質的転換である。新世紀を展望するとき，いくつかのシナリオがあろうが，現在のメガトレンドである自由主義の批判であっても，福祉国家に郷愁をもち，その復権をとおして完全雇用を再度実現しようという試みはドンキホーテでしかない。とすれば，残された道はその危機の本質を認識し，そこに内在する新しい方向を展望することであろう。

　市民労働論が描く社会像を実現するにはあまりにも大きな困難があることは想像に難くない。欧州ではオランダ・モデルやデンマーク・モデルなど限定的ではあるがそうした方向での施策がすすめられている［Beck,2000,123］。しかも，それが福祉国家から福祉社会への移行における市民セクターへの注目という政策と歩調をあわせるものであるとすれば，ありうべき労働，より正確には諸活動の柔軟な組み合わせをとおして民主主義を再興しようという野心的な社会的実験は，新世紀に現実のものとなりうる可能性をもつ。

注
（1）　民主主義や参加などの概念は，国民国家を前提とした国民という社会的存在と結びついてきたし，福祉国家のなかで実際に実現するであろうということが想定されてきた。いまやグローバル化のもと，そうした「国民」社会そ

のものが虚構となりつつある [Hirsh, 1995＝邦訳]。
（２）　質的変化とは，こうした制度そのものが自明ではなく，疑問に付されつつあることである。完全雇用，性別分業，自然を搾取しての限界なき成長などが問われつつある [Beck, 2000, 24]。
（３）　労働の柔軟化を推進する論拠としてアメリカの雇用の奇跡が喧伝される。しかし，アメリカの労働の大多数はフルタイムであっても低賃金で，およそ４分の１が不安定なパートタイム労働だといわれている [Beck, 1999, 110-121]。これは新しい雇用分野として期待されている先端的ハイテク産業でも同じであり，parmanent temporariesとして働くのが現実である。
（４）　OECD [1999] および OECD, *Lifelong Learning for All*, Paris, 1996, を参照。
（５）　こうした政策はヒルシュの多国籍企業の空間的配置をめぐる国家政策の側面からも理解することができよう。つまり，国家は「技術的革新過程と体系的合理化過程のための最適な前提を整えることができるように，その経済的・社会的環境を発展させる」ことを強いられる。その重要な要素の一つが資格付与による「国民的競争力の体系的改善」[Hirsh, 1995, 98-99＝邦訳, 120-121] である。
（６）　さらにいえば，ベックは市民労働をとおして得られる社会的プライドと認知が重要性をもつという。これも欧州で試行されていることであるが，失業者を福祉労働者として雇用することをとおして失業のスティグマをとりさり，アイデンティティの再確立に寄与している。この社会的有用感こそは，市民労働がつくりだすもっとも重要な「資格」となろう [Beck, 2000, 147]。

文献

Askonas, P. (ed.), 2000　*Social Inclusion: Possibilities and Tensions*, Macmillan Press.

Beck, Ulrich, 1986　*Risikogesellschaft: Auf dem Weg in eine andere Moderne*, Suhrkamp Verlag. ウルリヒ・ベック著，東廉・伊藤美登里訳『危険社会――新しい近代への道――』法政大学出版局，1998年

――, 1997　*Was ist Globalisierung?*, Suhrkamp Verlag.

――, 1998　*Democracy Without Enemies*, Polity Press.

――(hrg.), 1998　*Politik der Globalisierung*, Suhrkamp Verlag.

――1999　*Schöne neue Arbeitswelt Vision: Weltbürgergesellshaft*, Campus Verlag.

――, 2000　*The Brave New World of Work*, Polity Press.

Esping-Andersen, G., 1999　*Social Foundations of Postindustrial Economics*, Oxford Unversity Press. エスピアン・アンデルセン著，渡辺雅男・渡辺景子訳『ポスト工業経済の社会的基礎――市場・福祉国家・家族の政治経済学

第3部　グローバリゼーションと国民国家

　　　──』桜井書店, 2000年
Gregory, J. (ed.), 1999 *Women, Work and Inquality: The Challenge of Equal Pay in a Deregulated Labour Market*, Macmillan Press.
Hirsh, J., 1995 *Der Nationale Wettbewerbsstaat*, ID-Archiev. ヨアヒム・ヒルシュ著, 木原滋哉・中村健吾訳『国民的競争国家──グローバル時代の国家とオルタナティブ──』ミネルヴァ書房, 1998年
Mishra, R., 1999　*Globalization and the Welfare State*, Edward Elgar Publishing.
OECD, 1999　*A Caring World: The New Social Policy Agenda.*
Percy-Smith, J., 2000　*Policy Responses to Social Exclusion: Towards Inclusion?*, Open University Press.
Roche , M., 1992　*Rethinking Citizenship: Welfare, Ideology and Change in Modern Society*, Polity Press.

第12章 社会知における個別性・多様性・普遍性と学問や民族・国家の領域意識

第1節 問題の所在

　E.デュルケームは社会的分業の異常形態の一つとして無規制的（アノミー的）分業をあげ，一例として，科学が細分化されて一個の連帯的な全体を形成しない状態に言及している。それは，「それぞれの個別科学はある絶対的価値をもつのであって，学者は，それが何に役だつか，どこに向かうのかを知るために心を砕く必要はなく，もっぱらその特殊研究に没頭しなければならぬ」といった説が広く流布する事態である［デュルケーム,1971,345］。ここでは諸々の専門分野相互が横にかみ合っていかないことが問題視されているが，P.ブルデューの次のような指摘を踏まえると，研究者以外の人々や世界（そしてそこにある諸課題）との縦の有機的なつながりをも問題にすべきだといえよう（縦の学問アノミー，学問と社会とのインターフェイス問題）。

　「いずれにせよ，『専門家の権力』や『専門的能力』の独占が社会学の領域以上に危険で，許しがたい領域は，おそらくはない。いわんや社会学が専門家だけに任された専門知識でなくてはならないとしたら，それは一時間の苦労にも値しないだろう」［ブルデュー,1991,7］。

　某大学の大教室，法学部の老教授による授業の場面。下を向いて，ノートを読みつつ判例解説をしているらしいが，マイク使用にもかかわらず，よく聞こえない。裁判官出身の偉い先生なのだが，300人ほどいた学生は，一人消え，二人消え，エスケープしていく。そうしてついに，学生が一人もいなくなってしまうが，老教授はボソボソと講義を続けている……。こんな笑い話が現実味をもつのが今日の日本の大学の一面である。

　よく考えてみると，社会的行為やコミュニケーションがかみ合わない，形

式合理性だけが一人歩きする,という事態は,教室だけではなく,夫婦や親子の関係,職場など,あちこちにあるといえよう。それが人命にかかわる重大事故につながることもあるし,ささやかなすれ違いで終わることもある。人間の社会的行為の連鎖は,決して多くの部品がきっちりとかみ合って機能する機械仕掛けの時計のメカニズムのようなものではない。不満やたゆたいを表す無回答もあるし,関わらないという関係の仕方も,待つという方法もある。だから,すべてをベッタリと実質合理性で塗り替えようなどとは望まない。しかし,かみ合うことを追求すべき領域が確かにあると思う。社会学系の大学教育は,まちがいなくそういう領域の一つである。

　大学で学生を相手に社会学を教えていると,喜怒哀楽,いろいろな思いを抱く。むなしさを感ずるのは,反応がないときである。逆にこちらが教えられるような,刺激的なアイディア・理論・調査・議論が学生から出てくることもある。教師冥利につきる瞬間である。

　本章では,夢想と一蹴されるかも知れないが,こちらが教えられるような学生の作品が,教員のファイリング・キャビネットに死蔵されるのではない状態を想像してみる。すなわち,卒業後も彼らが調査し研究し発表し議論していくという展望である。そこにはもう単位認定も教師／学生の区別もない。こうして,多様なトピックスやイッシューに関心のある人々（学生経験がなくてもいい）が,職業や性別や年齢や民族や国籍や宗教等々を越えて交流し議論する「公共圏」のようなものが形成され,プロの研究者たちもそこで役割を発揮するような状態である。本章は,そのような想像上の展望を可能にするような知識論を模索する。

第2節　「社会知」の積算効果

　「知」という言い方はなんとなく面はゆい。だが,「知」という言い方にはメリットもある。「知」も「知識」も英語にすれば同じなのであろうが,現在の日本語のニュアンスでは,「知」の方が動的かつ人間主体的で,個人がさまざまな場面や状況に直面しながら考えつつ発言し行動するという相を指示している。これに対し「知識」の方は静的かつ客観的で,認識活動の成果

として蓄積されていくストックの方を指示する場合が多い。「知」には，このストックを活用しながら新たな経験に突入し課題に挑戦し，結果として既存知識を豊富化し変容させていくというイメージがある。学者・研究者だけではなく，「未開人」であれ職人であれ，誰にでもある活動相を指示するのである。

　さて，必ずしも一般的に広く使われている用語ではないが，社会諸科学や人文科学による人間社会についての研究から，マス・メディアが報ずるニュースや論説，さらに世間の人々がもつ社会についての自生的な知・常識・暗黙知・実践知・想像力までをまとめて，「社会知」と呼びたいと思う。英語ではsocial knowledgeであるが，一番広い意味のsociologyとしてもよいであろう[1]。日本社会に社会科学を根付かせることに意を注いだ故内田義彦は「社会認識」と呼んだが，やはり「認識」という語は堅い。社会経験や社会意識，社会感情のような不定形の，非結晶的な潮流的なものまでをも含めたい。

　社会学や社会思想，社会理論などの学問的知見も，学者・研究者以外の人々に伝わっていくことにより，人々の社会知の一部分になっていく。学者・研究者の専門的な社会知も，仲間内での交流だけでなく，彼らの社会経験や時代に対する問題意識などを前提にしており，社会の一般の人々の経験や問題意識に通じている。もしも知にもレベルの高さや深さがあるとして，ごくわずかの人間だけが非常に高くあるいは深い社会知に到達したとしても，おそらくは理解されず，孤立した社会知の島にとどまり，社会それ自体に反作用して社会的機能を発揮することにはつながらないだろう。逆に，2世紀3世紀前の社会知や中程度の高さ深さの社会知が広く普及することが，大きな意味をもつかもしれない。このように，一個人の社会知を見るだけではなく，むしろ高さ深さやベクトルがさまざまに異なる社会知が人々の間で社会的に分有されていると考えてみよう。そうした分有の仕方を積分的にとらえ，社会知の機能や作用という問題を展望することにより，町や村や，日本社会や人類社会など，様々な範囲の人間社会の動く方向が見えてくるのではなかろうか。

　高等教育の大衆化，女性の進出，国際化，インターネットの普及など，社

会知を取り巻く環境・権威・文化・技術は大きく変動している。

第3節　人類史の変化の加速度と危機的問題

　まもなく21世紀という秋の東京の電車内で,「地球市民学科ができます」という清泉女子大学の吊り広告を見たとき,私はほんとうにびっくりした。「何というネーミングだろう！　何でもありとはこのことだ」。このネーミングには問題があるが,今日のわれわれの課題をそれなりに映し出しているといえないこともない。

　原始地球ができてから今までを1年で表すと,人類の誕生は,12月31日午後8時,文明を持ち始めたのは,大晦日が終わる1分前,自然科学の誕生は2秒前,進化学の誕生は1秒前であるという。また,人類の誕生を今から400万年前とし,そこから現在までを100メートルの線分で表すと,「火の発見」が現在から50メートル前,「原人,火の利用（自ら火を起こして使う）」が12.5メートル前,「新人類の登場」が75センチ前,「ピラミッド,古代都市などの文明の登場」が25センチ前,キリスト誕生が5センチ前,「ルネサンス」が1.4センチ前,「産業革命」が6ミリ前,「第二次世界大戦」が1.4ミリ前であるという。

　文明の登場,あるいは産業革命以降の人間生活の変化スピード（加速度）はすさまじい。幾何級数的である。そのことは,たとえば私たちが50年前のどこかの風景や暮らしぶりの写真を見て現在の様子と比べてみるだけで,直感的に理解できるだろう。

　人類史の99％以上の期間,人類は狩猟採集の生活をしていた。石器をはじめ,技術や文化は発展していくが,文明以降に比べると停滞的に感じられるほど,変化はゆっくりしていた。人間社会は,鬱蒼と茂る森や草,そこに生きるさまざまな生物たちといった,自然の圧倒的な豊穣さの中にあり,地表の分厚い生物層にポツンポツンと隠れるように浮かぶ小さな「泡」のような,はかなくか弱い存在だったに違いない。木や岩に宿る精霊をあがめ,強い鳥や獣を自分たちの守護神とし,周期的におこなう宗教儀式や祭りやおどりがもたらす集合的沸騰と強烈な共同感情の恍惚が,その弱い集団を励ましたで

あろう。現生人類は，その後いくつかの生物学的な「人種」と文化的・社会的な「民族」「国家」に分かれていくが，「ホモ・サピエンス・サピエンス」（賢明なヒト，の意）という単一の種に属する。

　今日では，人工衛星から地球の表面に広がる文明の光を確認できる。人類はもはやはかない泡ではなく，地表近くの空間を我が物顔で往来している。人類の活動が自然の景観と生態系を破壊した例（砂漠化など）はかなり以前からあるようであるが，とりわけ産業革命以降の，そして20世紀の近代文明は，多くの生物種を絶滅の縁に追いやり，水と空気を汚染し，地球規模の環境破壊を深刻化させつつある。化石燃料の大量消費に支えられた「豊か」な現代社会は，人口爆発と食糧問題，地球温暖化問題，ゴミ問題，核の脅威といった問題に直面している。今日では小学生でも口にする「宇宙船地球号」「地球市民」といったグローバルなまとまり意識は，地球規模の危機的問題がもたらしたといえる。

　しかし，アメリカ合衆国において公然とした人種差別が改められるのが1960年代半ばまでの公民権運動によること，オーストラリアの白豪主義転換が1970年代半ば，南アフリカのアパルトヘイト廃止が1990年代であることが例証するように，人種の壁は過去のものではない。民族，宗教，国家，体制，イデオロギー，文明などの間の深刻な対立もなくなっていない。平和を実現するという課題も，人類はずっと背負っている。　こうしたいろいろな課題は，「自然対人間」の課題と「人間対人間」のそれに分けることができる。人間社会が自然に対して大きく・強く・「賢く」なりすぎたのが前者で，後者は，さまざまな線引きでくくられた人間集団同士が対立し殺し合う出来事がつづいているということである。

第4節　ワット・タイラーの乱と "society"

　「社会」という言葉は，今日では，社会科，新聞の社会面，社会主義，社会問題，男社会，情報化社会，日本社会などと使われ，ありふれた日常語である。しかし，その定義は簡単ではない。多様な意味を重層的に発展させ担ってきたからである。塩原［1993,591］は，社会概念を①社会の本質を指示

する抽象概念，②集団や社会制度といった個別的に与えられる社会的結合（地域社会，政治社会など），③包括的な全体社会，④情報社会，高齢化社会など，社会類型としての社会，の四つに分類して説明している。

　生物，とりわけ動物にも社会がある。通常，同一種に属するいくつかの個体群や，群から離れて放浪する個体が，生活・交尾・子育てといった社会関係を展開していく（異種生物の混群や共生・寄生という現象も見られる）。霊長類の類人猿にも社会がある。類人猿がヒトに進化することをヒト化，人類化成，ホミニゼーションという。アフリカの大地溝帯あたりに人類が誕生したとき，類人猿には見られない直立二足歩行，音声言語，人間家族という三つの特性を示すが，社会を成して生活しているという点は類人猿と共通する。

　やがて人類は地表のあちこちに散らばっていき，相対的に近くに住む人々とだけ婚姻を繰り返すことにより，気候風土に適応した生物学的特徴をもつ人種や，言語，宗教，生業といった文化面と地縁的ないきさつにもとづく，民族や国家というまとまりを形成した。人間，仲間，家および家族，部族，民族，都市国家，宇宙，世界などを表すことばが，人々の生活の中で使われた。しかし，人類の誕生から長い間，社会ということばはなかった。人々は社会をなして生きていた。しかし「社会」ということばがかなり新しいものだとは，一体どういうことだろう。

　英語の society と community は，ともに英仏百年戦争（1339－1453年）中の14世紀後半にフランス語経由でラテン語から導入された。(3) 1381年，人頭税導入に反発した農民たちが，煉瓦工ワット・タイラーと説教僧ジョン・ボールに率いられて，農奴制廃止，労働と取引の自由，地代の減額などを要求しロンドンに進軍，数日間制圧，国王と直接交渉した。タイラーらの乱は鎮圧され指導者は殺されるが，その後も一揆は続発し，農民たちは身分上の自由を勝ち取っていく。農民たちは，自分たちにとって疎遠で否定的な，regnum と呼ばれる，王家中心の中世的な政治的秩序を嫌い，直接的で肯定的な，庶民の自生的な社会秩序，同輩の仲間からなる積極的結合を指示するために，society や community という語を導入したのである。額に汗して働く個人と個人の，対等平等で互恵的な（その意味で経済的な）関係を，身分

的権威や軍隊による抑圧的な政治的関係から区別したかったからである。societyやcommunityが「良いもの」というニュアンスをもつのは、こうした事情が背景にある。この平等主義と連帯の精神は、さしあたりイングランドをめぐって抱かれた観念であるが、論理としては、民族や国家の境界を越えていく性質をもっているといえる。

　後の社会契約論、とりわけジョン・ロックの「労働にもとづく所有」「自由の完成としての社会状態（市民政府）」「革命権」などの主張の中に、こうした気分と考え方の明確な思想的表現を見ることができる。ただし、ロックはまた、「他人に十分残す限り」「無駄に腐敗させない限り」「自分の労働で獲得した限り」所有権が認められるとする「所有権の三つの制限」を主張しながら、「貨幣は腐らない」「土地の私有、囲い込みは生産力を増大させ、社会全体のためになる」という論法で、結果として無制限の所有権と不平等な私有財産制度を擁護している点は、注意しなければならない。これは、自己増殖をめざし国民国家をも越えていく「資本の論理」につながっていくのである。

　こうして、図式的にいえば、自分たち家族で生産し、所有し、対等平等な市場での所有物の売買により欲望を交換していくという、自己労働にもとづく自己取得の独立小商品生産者からなる「市民社会」が形成される。しかし、儲けを資本とし、規模を拡大し、他人労働を導入していくことによって、それは資本主義に転化していく（「領有法則の転回」）。

第5節　日本語の「社会」の問題

　日本語の「社会」は、東京日々新聞主筆の福地源一郎（桜痴）が1875年に英語のsocietyの訳語として用いたのが始まりといわれ、明治10年頃に日本語に定着した［柳父,1982; 厚東,1991,24-40; 蔵内,1966,3-12］。柳父が詳しく説明しているように、西欧語の「社会」を意味する語は、なかなか翻訳しにくかった。societyには、大きく分けると、(1)「仲間の人々との結びつき、特に友人同士の親しみのこもった結びつき、仲間同士の集まり」、といった狭い範囲の人間関係の意味と、(2)「同じ種類のもの同士の結びつき、集まり、交

際における生活状態，または生活条件。調和のとれた共存という目的や，互いの利益，防衛などのため，個人の集合体が用いている生活の組織，やり方」といった，個人を単位として作られた広い人間関係を指示する，社会契約論につながるような意味とがある。幕末から明治初期の頃，交わる，集まる，仲間，寄合，集会，会社（クミアイ），交際，社友（シャチュウ）など，(1)の狭い人間関係を表すことばは日本にもあり，西欧語の「社会」のこの意味は訳すことができた。しかし，(2)の意味では，人々が身分として存在する「国」「藩」はあっても，対等平等な個人が共同して大きく広い関係を作り上げるという現実がなかったために，福地の訳語が定着するまで，「人間交際」（福沢諭吉）「仲間連中即ち政府」（中村正直）などと苦労して訳したのである。

　柳父が指摘するように，「社会の公僕」「世間の娘っこ」といった対比に見られるように，社会は高尚で何かしら良いもの，世や世間は俗っぽく金儲けや色恋などの欲にまみれたもの，と使い分けられる。翻訳語が定着すれば，機械的に訳せるようになる。翻訳語は宝石箱（カセット）のように，よくわからないが何かいいもの高尚なものを担っているものとして使われていく（カセット効果）が，彼我の現実の相違という大事な問題にはこだわらなくなってしまう。柳父はその本の第1章を「社会――societyをもたない人々の翻訳法」と題することで，かつてsocietyに対応する現実が日本になかったことをえぐり出し，現代の日本にそれがどこまであるのか，と改めて問いかけたのである。

第6節　「意識とことば」における「伝統と革新」

　ことばや出来事の正しい解釈は当該集団やその時代の視点からしかできない，という考え方がある。個別的具体的なものを強調する考え方ともいえる。いわゆる「サピア＝ウォーフ仮説」は，異なる言語は異なる「世界の見方・切り取り方」をもっていることを，語彙や文法を例に挙げて強調する。また，T.クーンの科学革命論では，基本的に時系列的に継起する諸パラダイム間の共約不可能性が説かれる。同じ用語も，準拠するパラダイムが異なれば帯

びる意味が異なってしまうことを強調するのである。さらに，バターフィールドのホイッグ史観（勝利者史観）批判論は，後知恵的なものの見方や語用論を過去に投影して現在の枠組みから解釈することを批判する［バターフィールド,1967］。流布されている人物像，歴史像を解体し，その時代における姿と意味を復元することが目指される。宗教と科学の闘争史，科学者ニュートンといった見方は，わかりやすいが，歴史的に間違っていることになる。

　たしかに翻訳や共約は簡単ではないが，一人の人間がこうした二つの世界をまたぐ経験をする例（異文化体験や一種のゲシュタルト・チェンジ）を考えればわかるように，その二つの世界の違いは，それなりに説明し橋渡しできると考えられる。コミュニケーションを同一言語共同体内部や単一パラダイム共有集団内部にしか認めない考え方は間違っている。解釈系そのものが，固定的なものではないのである。背景文化の相違，帯びるニュアンスの確認が可能であり，相互に認識枠組みが変容しうるのである。過去の人間や時代を理解する場合も，安易な後知恵的解釈は避けねばならないが，その時代状況の忠実な再構成により，現在が違う時代になっていることを理解できる。神秘主義や神学をも含む知的探求であったニュートンの仕事が，今日いうところの「近代科学」だけに注目して語られるのは，私たちの社会が宗教色を薄め世俗化し科学に特権的な地位を与える傾向をもっているからなのだった。むしろこうした議論を，現在の知を相対化し反省する「知についての知」として用いていくべきなのである。現代の科学観の転換，新しい「知の知」は，まだ十分にその人類史的意義を理解されていないうらみがある。

　知というものは意識および社会と密接な関係にあり，ダイナミックな動的過程にある。意識の中に知が含まれる。「英語の consciousness は，接頭辞 cum と scire（知る）の過去分詞 scius とからなるラテン語 conscius を語源とする。cum は一般に共同的な含意を作る語であるから，con-scius は，(1)ある知識をだれかと共有したり，共犯関係にあること，あるいは(2)ある行為や思考，感情などに，それについての知，すなわち自己意識が伴っていることを意味していた。(3)その際，その自己意識が欺瞞を含まない限り，それは〈良心 conscientia〉と呼ばれてよいであろう。スコラ哲学では，この用法がしだいに重きをなしていったといわれている。この conscientia が英語の

conscience（良心）やフランス語の conscience（意識）になるわけである」（『平凡社世界大百科事典』の「意識」の項より）。

　生物は，膜によって外界から隔てられた身体をもち，生き続けようとする。感覚器官が察知する周囲世界の変化は，生存にとっての価値付けにより分節化される（身分け）。ここにすでに意味が発生している。生きていく主体なしに，意味は存在しない。脳の発達した高等生物になると，生存に意味のある事態そのものではなく，ベルの音といったシンボルを事態と結びつけて分節化することも可能になる（こと分け）。人間はこのシンボル（ことば）による世界の認識と身体操作を高度に発達させた生物である。人間の生存活動の基礎になるのが意識であって，医学的には脳の，目覚めている状態を維持する覚醒機構と，外界の情報を受容・認識して適切な行動を起こす能力（認識能）とからなる。

　人間の意識は，自己意識としてあるとともに，中核的部分ではことばの機能の流れに乗ってあり，ことばと切り離せない。意識は流れとしてあり，記憶や自己意識や新たな知覚情報を一つのまとまりに求心的・有機的に組織していく統覚と呼ばれる機能を機軸にしている。こうして，人間の意識は，行動の中でいろいろな経験をし，知り，感じ，理性的に考え，意志を固めて新たな行動を起こす，という一連の行為を支えている。

　ことばを用い，ことばを発達させつつ人間は歩んできた。「石」とか「走る」とか「一つ」といった単純なことばにも，たくさんの個別具体的なものを，ある性質に注目してひとくくりにするという一般化・抽象化が見られる。こうしておびただしく多様な世界の具体相が，多様性を大幅に縮減されて意識の中に取り込まれ，思考過程で操作される。このひとくくり化は，生成発展の局面を忘れられて固定化されると，国家中心主義や自民族中心主義の場合のように，ステレオタイプ的に機能してしまう危険性をはらんでいる。だが，他方，さまざまな石の種類を区別しそれに名前を与えるといった，概念の分化，認識の豊富化も起こる。知は，ことばの意味を用いながら動いていく過程であるが，そこには伝統と革新のダイナミズムがある。G.タルド流にいえば模倣と発明のダイナミズムである。一般化・普遍化の作用と個別化・具体化の作用が交互にあらわれる。この二つは粒子のような別個の存在では

なく，裏表の，あるいは入れ子の関係にあるのである。意味は実体性よりも関係性としてあり，テキストは不変であるとしても，解釈者の世界や経験は変化するので，解釈される意味は変化していく。意味の分化は社会の拡大や分化と相関している。意味は，言語共同体の集合意識によって一義的に決まるというものではなくなっていき，個人がそれぞれ異なる経験をし異なる世界に注目するといった事態が発展するにつれて，新しい差異性が気づかれ，提起され，意味は複雑に分化していく（意味の個人化・主体化）。個人化された新しい意味が，コミュニケーションを通じて理解され模倣されていく回路も働いていく。

また，ことばや思考は，世界を反映し記述する対象反映性だけではなく，主体の願望を表現したり，眼前に存在しないもの，現実的でないものを想像したり創造したりする働き（主体反映性）ももつ。特に後者では，ことばに囚われるという面と，ことばで解放されるという面がある。神や神話と文学の創造である。文字が生まれ，哲学や医学や天文学や数学が生まれ，書記のような社会管理の階層も生まれる(5)。

「社会学者の数だけ社会学はある」ということが，自虐的に，否定的にだけ語られるのは間違っている。社会知は，当然多様なものになるはずである。

第7節　動的意味論と学問分類論

「知の知」は，古代の中国やインドなどでも開始されたが，古代ギリシャ以来の哲学の伝統の中で彫琢されてきた。真理，論理，理性などについての議論の流れがあり，その先端に今日の科学哲学や科学論・知識論がある。それらを学ぶとき，私たちは，いくつかの系譜が複雑に絡み合っていることを知るし，また，理性の理解一つだけでも，多くのいろいろな考え方があって，「ただ一つの正解」がないことに気づく。そこに見いだすのは，人間の知の性質についての，本章のような，個人化されたさまざまな提案の流れなのである。

ここで，悟性的判断について，あるいは弁証法と形式論理の関係について少しだけ触れ，学問分類論に議論をつなげたいと思う。

通常，悟性にとってもっとも一般的・基本的概念である「範疇」は，アリストテレスでは，実体・量・質・関係・場所・時間・位置・状態・能動・所動の10項目，カントでは，量（単一性・数多性・全体性），質（実在性・否定性・制限性），関係（実体・原因性・相互性），様相（可能性・現存性・必然性）の４項12目とされている。そして，論理的に思考するとは，同一律（「AはAである」），矛盾律（「Aかつ非Aでない」），排中律（「Aまたは非A」）という根本的論理法則に従って思考することとされる。こうしてAと非Aの境界線がクリアーに引かれる。また，ある概念を明確に定義して用いることも論理的に明晰な思考の条件とされる。定義の定義は，ある概念の内包を構成する諸属性のうち，本質的な属性を挙げることにより，他の概念から区別しその内包を限定することであり，普通，「人間とは理性的動物である」という人間の定義に見られるように，当該概念（人間）の最近類（動物）と種差（理性的）を挙げることである。こうして概念は集合論におけるベン図のような閉じた図形の包含や重なりの関係として表され，クリアーな境界線をもつ。

　実際，学生に社会調査のアンケートのワーディングをさせるとき口を酸っぱくして叩き込もうとしているのは，こういう思考である。たとえば，アンケートの質問にあらかじめ用意された（プリコードの）選択肢は網羅性を備えていなければならない。「はい」「いいえ」「わからない」の三つだけですべての回答を網羅できる，あるいは満足度の尺度を構成して答えさせるという風に，隙間や矛盾がない。隙間や矛盾があるワーディングを指摘し，あるいは「ａという意見とｂという意見がありますが，あなたは賛成ですか」といった二つの論点を含む質問（ダブルバーレル質問）は回答がどちらの論点についてのものかわからないから集計しても無意味であるとして，論点ごとに質問を分けるよう指示するのが，教師の仕事となる。対象者すべての意識が，ことばで記入させる自由回答を除くと，選択肢１とか２とかのコードや左右対称な尺度上の数値に変換され，数え上げられることになる。

　アンケート調査は，ある時点（厳密にいえば一定の幅があるとはいえ）における対象者の意識の分布を，悟性的判断を駆使して明らかにするものである。対象者の意識は変動するが，ある一定時点の断面としてとらえる。質問

した項目について，回答をもとにこの断面にタイルを敷き詰めて埋めていくようなイメージでとらえられる。

ところがこうした悟性的思考は，「知の知」の歩み自体に対して100パーセントは適用できない。それは，時間という要素が入るからであり，隙間があり，関係が不明確な部分があり，きっちり敷き詰めることができないからである（論理と歴史の対立）。分類する，定義するということから出発しながら，「知の知」は矛盾や対立や異説を含み，意味を革新しながら成長してきたからだ。また，ポパーの反証可能性論のように，知の現場の実際の動きとは相容れない論理学的フィクションが金科玉条のように流布したり，物理学のような特定分野の一時的経験が不当に一般化されてモデルとされ社会科学の現状が慨嘆されるといったような，「知の蒙昧」が見られる。それは一種の取り違えであり，タルドの言う「無意味な模倣」である。「知の知」も人間活動なので間違った信念・権威や錯誤にもとづく誤謬が入り込むのである。

知ないし知識は，学知／実践知，科学知／暗黙知，科学知／技術知／社会知，など，さまざまに分類される。科学ないし学問には，事実科学／規範科学，法則定立科学／個性記述科学，精密科学／文化科学，縦断科学／横断科学のほか，おなじみの人文（科）学／社会科学／自然科学，といった分け方がある。[6]

生物の分類も，断面としてとらえれば悟性的で境界線が明確なものになるが，発生的に，時間という要素を入れてとらえれば，むしろ系統樹のようなイメージでとらえられることになり，当然，ある種が分化して別の種になるということを認めるのであるから，境界線をまたぐといった，根本的論理法則に違反する事態が生じてくる。

科学（science）ということばは，実証的自然科学に限定せず，語源通りの「知ること」と理解する方がいい。特に自然科学をモデルにしながら，ストックとしての知識の増大を煉瓦積みのようなイメージでとらえることがおこなわれてきた。しかし，知は，産物を生むにせよ，特定の個人や集団が社会的行為の連鎖の中で，経験と思索を組み合わせて，従前の意味（生物体のような実体ではない）を踏まえつつ新しい意味を紡ぎだしていく動的過程なのだから，その分類を悟性的にのみおこなうのは不適切である。既知と未知

の境界線（知の前線）が進んでいく、という単純なイメージではないのだ。対象と方法をそれぞれ定義して、全ての学を面的または三次元的に分類しつくすなどということはできない（学者を網羅するという実務上の動機からは、それなりに分類はできる(7)）。

　学問名称が揺れ動いたり（人類学と民族学、など）、別名称の学問内で同じことをしていたり、物理学者がノーベル化学賞を受賞したり、「マルクスの社会学」などと当人が帰属意識をもたない学問でくくられたり、『社会思想事典』（中央大学出版部）が社会学を無視していたり、と、学問やその名称を実体的にとらえると奇妙に感じることがたくさん起こる。学問を擬人化したり、実体としてとらえたりせず、人間のさまざまな知的な社会的行為に便宜上名前が付いていると考えた方がいい。事態を完璧に説明する類推はないが、通路が地下に張り巡らされていてところどころに行き止まりや空間があるような蟻の巣のイメージ、それも固い岩盤ではなく、ゴム状あるいはゼリー状の材質でできているそれが、ある程度妥当するだろう。複数の異なる通路から同じ空間に入れたり、別々の空間が実はつながっていたり、めくり返しが起こったり、枝分かれしていた空間の壁がとろりと消えてなくなり大きな空間になったりするのである。知の普遍性とは、このように通路や空間がつながっているということであり、ここで通路や空間にたとえられているのは言説による意味である。人間が言語能力をもち、文化内容は異なっていても、衣食住といった一般化できる文化形式をもつから、知が人間にとって普遍的なのである。

　自民族中心主義を生み出すのも（不十分な）知であるが、それを越えていくのも知の働きである。グローバリゼーションや衛星通信技術の発展の延長線上に、娯楽ソフトだけでなく、物理学や医学や経済学や社会学のスタンダードな教科書のような形で、高等教育におけるコンテンツすらアメリカや英語圏中心のものに塗りつぶされていく傾向が現れているが(8)、人類における一般性・普遍性という面ではいろいろな国や言語や文化圏からも、人類共有のコンテンツ構築に貢献できる。他方、民族・地域・国・文化圏などに固有で独自な文化や知も、人類の豊かさと多様性のために発展させなくてはならないのである。

第12章　社会知における個別性と民族・国家の領域意識

第8節　知識の場の分類

　知識や情報には，経済財と同様，生産（研究），流通，消費の過程がある。生産と消費は，同一の社会的過程に含まれる意味連関を概念的に区分して呼んでいるものであり，実際には別の過程なのではない。生産が既存の知識・情報の消費の上におこなわれ，新知識・情報は一方で論文や書籍などのようにモノ化され商品としてやりとりされ，他方そうした商品を使いながら教育の場で教師を通じて伝達される。ここでは，それらを理解享受するリテラシーや人格そのものを形成する点で重要である。知識・情報の生産と発信の研究者や文化人などによる独占は，高等教育拡大やパソコン，インターネットの普及により後退し，文化的な権威の構造は変化しつつあるが，誰もが情報発信できる条件がそろいつつあることにより，流通する知識・情報の品質管理や批判的理解力があらためて社会全体の課題になっている。

　消費の過程は，the use of knowledge，われわれの主題にとっては the use of social knowledge であり，いくつかのタイプに分類できる。図1は，知識・情報の消費の主体が個人であるか組織・集団であるか，を縦軸に，使用価値享受であるか，業務であるか（さらに，価値生産，公共性，各種特殊価値という志向を区別）を横軸に取り，ａ．プライベート消費，ｂ．自営消費（以上，個人主体），ｃ．私企業消費，ｄ．官消費，ｅ．団体消費，ｆ．同人消費に分類したものである。これは，知識・情報，あるいは社会知が用いられ社会的機能を発揮する場面の分類と考えてよい。

　方法論的個人主義の立場からいえば，組織・集団による消費も，成員各自の個人の消費の積算とみることもできる。消費の目的や動機・権限などは個人ではなく集団に属するが，消費の質という点では，成員各個人の能力に依存する。また，消費と生産が裏表であることを考えれば，「消費」の部分を「生産」に置き換えて，知識・情報生産の場面の分類として用いることも可能である。

　使用価値享受場面であれ業務場面であれ，知識・情報の個人への入り込み方によっていくつかのタイプを図式化することもできる。

図1 「知の消費／知の生産／コミュニケーション」の場の分類

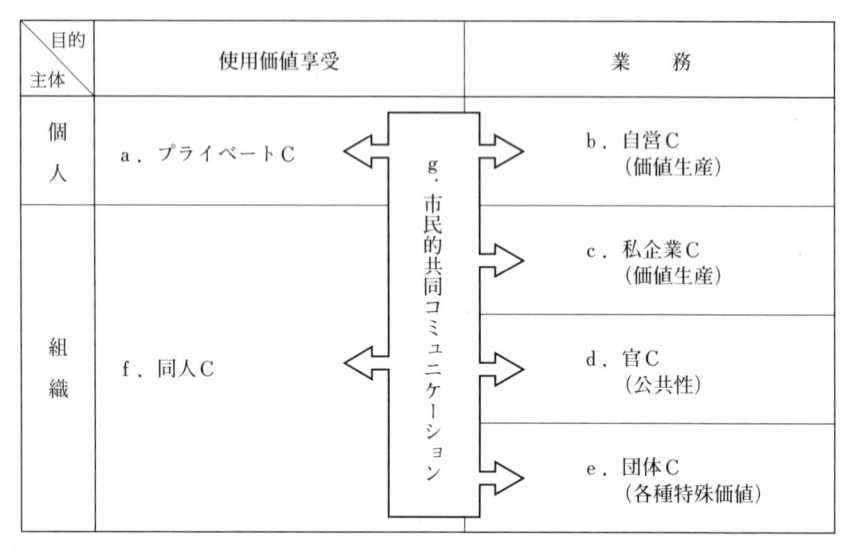

目的\主体	使用価値享受		業　務
個人	a．プライベートC	g．市民的共同コミュニケーション	b．自営C（価値生産）
組織	f．同人C		c．私企業C（価値生産）
			d．官C（公共性）
			e．団体C（各種特殊価値）

注：Cは「消費」「生産」「コミュニケーション」を示す。

(1) 「頭の中に知識・情報が入り込む」＝内面化・教養化され，思想・視座，批判的思考能力，基本的価値志向などとしてその人間の人格に血肉化される。リベラル・アーツとしての知識・情報。
(2) 「頭の上に乗ったり心に響いたりする」＝見せびらかすための衒示的消費，エンターテインメント（娯楽），学び理解すること自体がたのしみであるような知識消費。
(3) 「手にもって道具として使う」＝情報として利用する場合。家庭医学書を読んで自分の病気を推測する，特許ノウハウを買って効率を上げる，など。

業務上の利用は，「他人のための消費」という面をもつ。所属組織・集団の指示に従って(1)の血肉化された能力を動員し，(3)の知識資源を活用しながら処理していくことになる。コンサルタント，医師，弁護士，建築士などは，クライアントの要望に合わせてこうした処理をする。調査会社の場面では，bやcで調査報告書そのものを生産する。eに位置する大学教員や研究所員は，基本的に真理価値にコミットし，研究や調査をおこなって知識・情報を

自ら生産しつつ，a「プライベート消費」の一環として入ってくる学生・院生・市民に対して，そのジャンルのリテラシーを養成し基本的なものを伝達する。aからfは，その学生・院生などが学習を積んだあとの活躍場所も示している。

今度はこのaからfの「消費」の部分を「コミュニケーション」と置き換え，さらにこうした各セクションのコミュニケーションをクロスオーバーするもう一つのコミュニケーションとして，g「市民的共同コミュニケーション」を想定する。大学が幅広い諸個人と討論したり，趣味のサークルが私企業に働きかけてユニークな商品を作らせたり，市民グループが官のあり方を批判したり，といったクロスオーバーする相互作用が，問題を解決し社会を生活意味的に豊かにするのではないか。

このようにみていくと，社会知が活用される場面にはいろいろあることがわかる。私は，個人のプライベートな生活場面でも市民活動場面でも職場でも生きてくるものとして，社会知の一部である社会学リテラシーや社会調査リテラシーを考え，その普及戦略を考えつつあるが，(9) 社会学以外の社会知につながる学問領域でも，その社会的機能や教育の反省が進むことを期待したい。本章では扱えなかったが，大学の社会科学教育や大学以前の社会科教育の改革問題，大学受験生に対する学問の提示の問題（学科名称の混乱）など，社会知を現代の課題の解決につなげていくために具体的に考えなければならないことがらが山積している。

第9節　社会学の役割

社会知の中で，社会学は重要な役割を果たすであろう。私は，社会学の本質，中心目的，基本的価値関心を「市民的共同性」志向ととらえ，この共同性を社会の中で十全に開花させるには，「市民的共同コミュニケーション」の発達が不可欠であると考えている。社会学は，さまざまな科学を人間生活の改善に結びつける構想の中で誕生した（A.コント）。今日の社会学は，多様なアプローチを含んでいる。図2に示すように，共同態と集合態，対自的と即自的という軸を交差させると，（狭義）共同体，コミューン，集列態，

第3部 グローバリゼーションと国民国家

図2 人間の共同性のタイプと社会学の機能

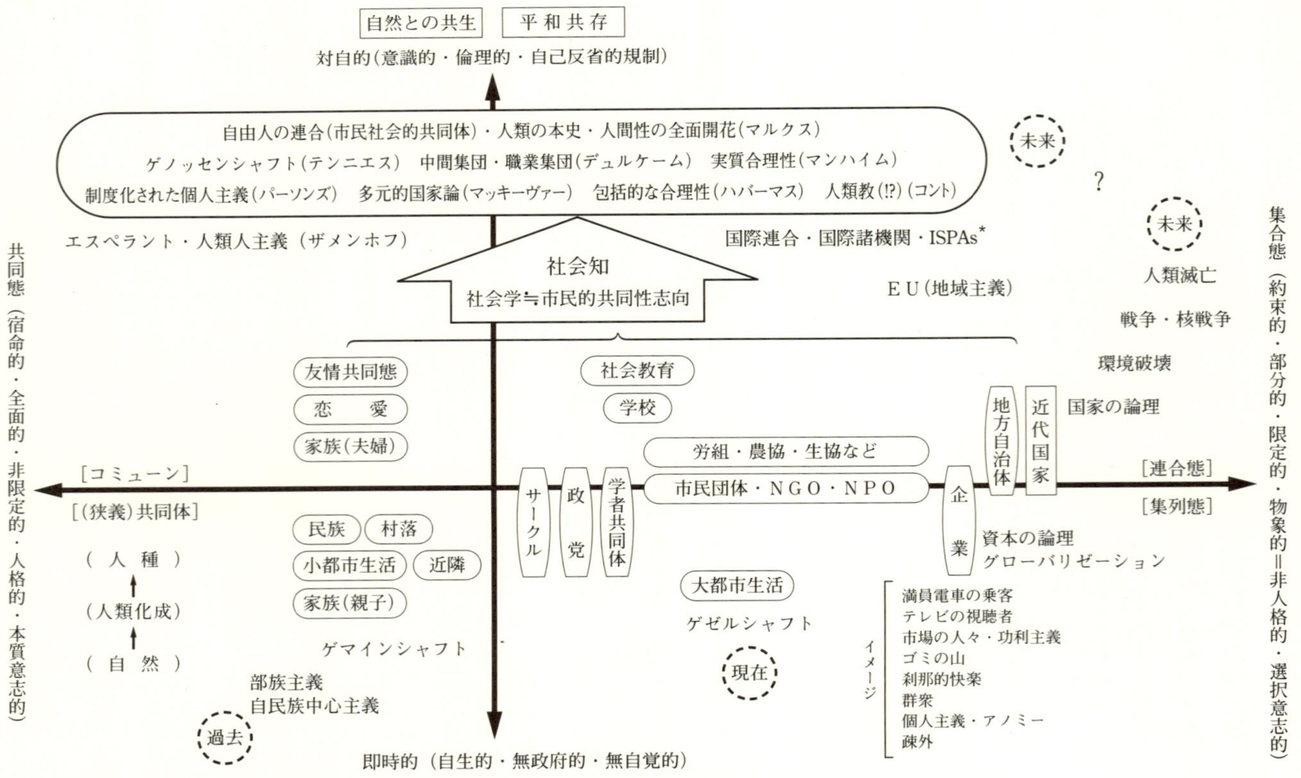

[自然との共生] [平和共存]

対自的（意識的・倫理的・自己反省的規制）

連合態（約束的・部分的・限定的・物象的＝非人格的・選択意志的）

[連合態]
人類滅亡
戦争・核戦争
環境破壊
国家の論理
近代国家
地方自治体
企業
資本の論理
グローバリゼーション

[集列態]
満員電車の乗客
テレビの視聴者
市場の人々・功利主義
ゴミの山
刹那的快楽
群衆
個人主義・アノミー
疎外
イメージ

（未来）？
（未来）

自由人の連合（市民社会的共同体）・人類の本史・人間性の全面開花（マルクス）
ゲノッセンシャフト（テンニエス）中間集団・職業集団（デュルケーム）実質合理性（マンハイム）
制度化された個人主義（パーソンズ）多元的国家論（マッキーヴァー）包括的な合理性（ハバーマス）人類数(!?)（コント）

エスペラント・人類人主義（ザメンホフ）

国際連合・国際諸機関・ISPAs*
EU（地域主義）

社会教育
学校
労組・農協・生協など
市民団体・NGO・NPO
大都市生活
ゲゼルシャフト

サークル
政党
学者共同体

社会知
社会学≒市民的共同性志向

友情共同体
恋愛
家族（夫婦）

民族
小都市生活
村落
家族（親子）
近隣

ゲマインシャフト

（現在）

即時的（自生的・無政府的・無自覚的）

[（狭義）共同体]
（人種）
↑
（人類化成）
↑
（自然）

[コミューン]

部族主義
自民族中心主義

（過去）

共同態（宿命的・全面的・非限定的・人格的・本質意志的）

注：*ISPAsはInternational Scientific and Professional Associationsの略。Evan [1981] 参照。

226

第12章　社会知における個別性と民族・国家の領域意識

連合態の4種の共同性が描ける（見田宗介ほか編『社会学事典』弘文堂，1988年，の「共同態／集合態」の項をヒントにして作成した）。現実の人間の諸関係は，これらが入れ子的に複雑な形で混在しているのである。社会学という知は，この4種の共同性を人間的・自由意志的に反省し，近現代の人間と社会のあり方を批判的にとらえ返し，多様な知の領域をクロスオーバーさせ，個人，集団，民族や国家の壁を乗り越えつつ，同時に，民族や地域や個人の固有のあり方を尊重するような類の知であるといえよう。

注
（1）「social＝sociological」という英語の用法については，ウィリアムズ［1980,356］参照。「社会知」という用語をタイトルに含む書籍としては，次のようなものがある。駒井洋編『社会知のフロンティア――社会科学のパラダイム転換を求めて――』新曜社，1997年。同編著『脱オリエンタリズムとしての社会知――社会科学の非西欧的パラダイムの可能性――』ミネルヴァ書房，1998年。同編著『日本的社会知の死と再生――集団主義神話の解体――』ミネルヴァ書房，2000年。
（2）　1年のたとえは，大岩［1992,8］による。また，100メートルのたとえは，1989年5月1日放送のNHK教育テレビのEtv8「人類誕生400万年(2)――人類の条件――」における江原昭善の説明による。
（3）　ラテン語socio（結ぶ）→socius（仲間／共同の），societas（結合・組合・団体）→フランス語société。また，ラテン語communis（共通の）→communitaten（関係や感情の共有・親交），communitas（共同・全市民団）→古フランス語comuneté。
（4）　英語のsocietyについては，*Oxford English Dictionary*のほか，厚東［1991,41-60］，ウィリアムズ［1980,350-355］など参照。なお，イギリス以外の国々では「社会」という語がいつごろどのように成立したのか，という問題が残る。新明［1954,55-56］は，中世末期の結社partnershipに当たるラテン語societasをもともと契約関係を意味する法律用語とし，この語の意味が拡張され国家をもsocietasと解釈する傾向が有力となり，従来有力だったuniversitasを圧倒して次第に社会の最高概念たる地位に押し上げられるに至った，とするが，厚東［1991,47］はこうした説に批判的である。
（5）　古代エジプトの書記が，炎天下で働く農民やワニに食われるのを恐れながら働く漁民に比べて書記の仕事はずっといいのだから勉強して文字を覚えよ，と息子に諭している［バナール,1966,76-77］。
（6）　人間・社会・自然が三つの別々の存在ではないことに注意されたい。人間

や社会も自然的存在であるが，人為（ノモス）が肥大し，所与であった自然（フュシス）を人為的自然（対象的自然）に変えていき，さらに人間の中の自然を操作し始めている。その未来はさまざまなＳＦに描かれているが，バナール［1972］の第３章「肉体」は特に興味深い。人文・社会科学と自然科学の相違に関しては，中山［1991］の197ページ以下を参照。「認識論的一元論」を主張している。
(7) 日本学術会議は学問領域に応じた七つの部会（文学，法学，経済学，理学，工学，農学，医学）があり，平成13年度文部省科学研究費補助金では，この七つに複合領域と広領域を加えて分類しているが，文学から複合領域まではさらに70の分科，242の細目に分けている。
(8) たとえば日本教育社会学会編『教育社会学研究』第66集（2000年５月，東洋館出版社）は「教育におけるグローバリゼーション」を特集しているが，特に金子［2000］は高等教育について，「希望としての国際化」と「陰謀としてのグローバル化」を区別している。また，財団法人大学基準協会［2000］も参照。
(9) 中山［1995;1997;1999;2001］，社会学教育調査研究会［1999］など参照。

文献

バターフィールド，H., 1967『ウィッグ史観批判——現代歴史学の反省——』未来社

バナール，J.D., 1966『歴史における科学（決定版）』みすず書房

———，1972『宇宙・肉体・悪魔——理性的精神の敵について——』みすず書房

ブルデュー，P., 1991『社会学の社会学』藤原書店

デュルケーム，E., 1971『社会分業論』（現代社会学大系２）青木書店

Evan, William M., 1981 *Knowledge and Power in a Global Society*, SAGE Publications.

金子元久，2000「周縁の大学とその未来——高等教育のグローバル化——」，日本教育社会学会編『教育社会学研究』第66集，41－56ページ

厚東洋輔，1991『社会認識と想像力』ハーベスト社

蔵内数太，1966『社会学（増補版）』培風館

中山伸樹，1991「科学社会学とマルクス主義——コミュニケーション不全へのパラダイム論の積極的応用——」，小林傳司・中山伸樹・中島秀人編著『科学とは何だろうか——科学観の転換——』（科学見直し叢書４）木鐸社，181－226ページ

———，1995「科学のプロフェッション性と社会的責任」『東洋大学社会学研究所年報』第27号，1－54ページ

———，1997「社会学教育の疎外と再生」，東洋大学『21世紀の国際社会にお

ける日本［II］第II部——環境・文明・国際人教育・異文化理解・技術移転交流——（特別研究・特定課題1993－1995年度）』199－225ページ
———，1999「社会学教育と民主主義的市民社会」，東洋大学社会学部『東洋大学社会学部40周年記念論集』193－212ページ
———，2001「資格問題と社会学教育の本質的課題——知識社会学的検討——」，日本社会学会社会学教育委員会『社会調査士（仮称）資格問題に関する検討報告書』4－16ページ
大岩ゆり，1992「分子生物学が開く進化論 現代のダーウィン 進化の秘密」，『アエラ』5月5日，8ページ
社会学教育調査研究会，1999『社会学教育の課題と現状（改訂版）データ集フロッピーディスクつき』
新明正道，1954『社会学史概論』岩波書店
塩原勉，1993「社会」，森岡清美ほか編『新社会学辞典』有斐閣，590－592ページ
ウィリアムズ，R.，1980『キイワード辞典』晶文社
柳父章，1982『翻訳語成立事情』岩波書店
財団法人大学基準協会，2000「大学審議会『グローバル化時代に求められる高等教育の在り方について（審議の概要）』（平成12年6月30日）に対する意見」，財団法人大学基準協会『会報』第82号，2000年10月，172－185ページ

おわりに

　本書は、「社会理論研究会」のメンバーによってつくられた。この研究会は、東北大学に大学院生あるいは助手として在学・在任中に、それぞれの学部に所属しながら、教養部におられた細谷昂先生（現・岩手県立大学総合政策学部長）を囲む研究会で教えを頂いた社会学研究者、教育学研究者、哲学研究者、倫理学研究者によって構成されている。主に関東地方に在住するメンバーが中心となり「社会理論研究会」が発足したのは1982年であるから、かれこれ20年を迎えようとしている。

　研究会が発足した1980年代の前半は、日本と世界の大きな転換期であった。1982年のオゾンホールの発見に象徴されるように地球環境問題が一層深刻化していた。また、少年たちによる横浜での「浮浪者襲撃事件」が人々に大きな衝撃を与えたのは1983年のことであった。人間の生存と尊厳の根幹に関わる事態の深刻化が、人間と社会と自然の深部で進行していた。この研究会は、人間の生存の根本条件を見据えつつ、社会理論の刷新の可能性を探ることを共通の課題としてきた。

　本書の構想が本格的に話し合われたのは、1998年夏のことである。メンバーはそれぞれに研究会のたびに熱心に討論に加わってきた。そのなかで、今回は諸般の事情により執筆に参加されなかった方もおられる。しかし本書の刊行は、これまで4度にわたり文部省科学研究費の助成を受けて継続してきた研究会活動全体の蓄積に支えられている。

　1983年から研究会に参加されていた小山陽一氏が、1992年1月15日、亡くなられた（宮城教育大学教授、当時）。柔軟な発想を尊重しつつ、それでいて対象に執拗について離れないという実に魅力的な学問的態度でこの研究会を終始リードしていただいた。氏のご冥福を心よりお祈りするとともに私たちへのご尽力に改めて感謝を申し上げたい。

　今回、八朔社が本書の出版を引き受けてくださったのは、私たちの出版計画において大きな喜びであった。入稿が遅れがちな仕事を忍耐強く待っていただき、さらに、刊行時期に関するわがままで困難な私たちの希望を入れて

練達の編集手腕で導いていただくことができた。社長の片倉和夫さんと編集部の中村孝子さんにお礼を申し上げる。

 2001年2月

                 編　者

事項索引

ア行

愛	44, 53
アイデンティティ危機	141
アイデンティティの拡散	143-144
アガペー	53
アクションリサーチ	125, 128
アジア的価値観	46, 53
アソシアシオン	92-95
アソシエーション	88, 91, 92, 94-97
アソシエイトした労働	94
新しい社会運動	181, 183, 187
アテナイ	45
アトミズム	43, 60
アノミー	209
アメリカン・スタンダード	177
憐れみの情	53, 55
一切衆生(いっさいしゅじょう)	57-58
イデオロギー	117, 123-125, 130
いのち	41
EU→ヨーロッパ連合	
イングランド地域議会	168
インターナショナリズム	190
新しい――	184, 187, 190
インターナショナル	175
インタビュー	119-120
ウェールズ議会	153
ウェールズ言語法	158
ウェールズ民族党（PC）	158-159, 161
エスニックな運動	156
エスニック・ナショナリズム	167
援助交際	136, 138, 142
欧州連合条約→マーストリヒト条約	

カ行

解釈	121-123
――の解釈	129
科学技術	23, 25-28
家事労働	106-108
家族経営	101, 106
家族労働力	104-109
カタルシス	10, 13-14, 19
ガバナンス	155, 165, 169
関係	125
関係主義	4-5
関係性	43, 51, 117, 122-123
感性的存在	54
完全雇用	193-194, 198, 201, 203, 206
機械	25, 29, 36
――論	25, 28
義務	44, 47-50, 54
共感	51
共産主義社会	92, 95
共時化（synchronization）	65
行政的分権	161
協同組合	91-92, 94-96
――的生産	95
協同組合工場	93-94, 96
共同性	104, 109
共鳴	53
キリスト教	27, 52
議論	120, 125

〈クリスタル〉な感覚　　　143
グローバリゼーション　　152-153,
　　　　　　155, 163, 169, 173-176,
　　　　　　178-182, 184-185, 187,
　　　　　　190, 193-198, 202-203, 222
　イデオロギーとしての――　　175
　現象としての――　　　　　174
　政策的対応としての――　174-175
グローバル・スタンダード　174, 177
クローン　　　　　　　　　　23, 26
経営と生活の一体性　101, 104-105, 107
欠如態　　　　　　　　　5, 7, 16-19
ケルティック・フリンジ　　　　158
個　　　　　　　　　　　　　2, 51
構造基金　　　　　　　　　155, 164
構築主義　　　　　　　　　127-128
合理性
　形式――　　　　　　　　　209
　実質――　　　　　　　　　210
効率至上主義　　　　　　　　4, 19
コギト　　　　　　　　　　　　55
国際短期資本　　　　　　　178-179
　→ホットマネーも参照
国内植民地　　　　　　　　　158
国民国家　　　　　　44-46, 152, 167,
　　　　　　173-174, 177, 181-182,
　　　　　184, 187-188, 194-199, 201, 204
個人中心主義　　　　　　　　43, 46
悟性　　　　　　　　　　　219-221
個体　　　　　　　　　　　　　32
個体性　　　　　　　　　5, 30-33, 36

サ行

殺人賠償金　　　　　　　　　140
サブシディアリティの原則　　　163
サピア=ウォーフ仮説　　　　　216
参与観察　　　　　　　125, 127, 129
死　　　　　　　　　23, 32, 34-36
自我　　　　23-24, 28-29, 30-31, 38, 55
自己　　　　　　　　　　　　　31
自己意識　　　　　　　　　　32-33
自己関係　　　　　　　　　　　12
自己決定　　　　　　　　　　　41
自己決定権　　　　　　26, 41-44, 50
自己保存の欲求　　　　　　　　54
市場原理主義　　175-176, 178-179, 184
自然権　　　　　　　　　　　　44
自然哲学　　　　　　　　　　28-30
自然な状況（natural situation）
　　　　　　　　　　　　　119, 127
自然の加工　　　　　　　　102-103
自然法　　　　　　　　　　　　54
自尊心　　　　　　　　　　　　54
シチズンシップ　193, 195, 202-203, 206
失業　　　　　　　193-194, 199-201, 205
シビックな運動　　　　　　　　156
シビック・リージョナリズム　　167
資本家社会　　　　　　　　　86-87
資本主義社会　　　　　　82-83, 85,
　　　　　　　　　　90-91, 93, 95-96
資本制的生産　　　　104-106, 108, 110
市民貨幣　　　　　　　　　　205
市民社会論　　　　　　82, 85, 87, 89, 97
市民的共同性　　　　　　　　225
市民労働　　　　　　　　　204-206
社会学　　　　　　　209-210, 222, 225
社会知　　　　　　　　209-211, 225
社会的獲得物　　　　　　　　185

社会的既得権益（acquis sociaux）
　　　　　　　　　　　　184-185
社会的ダンピング　　　　186-187
社会的権利　　　193-194, 198, 202
社会民主主義　　　　　　　　190
社会民主主義者　　　　　184-186
自由時間　　　　　　　　　72, 74
受苦的存在　　　　　　　　　6-7
生涯学習　　　　　　　　　　203
小経営　　　　　　　　　104-106
小農　　　　　　　　　　104-106
消費活動　　　　　　　　108-109
情報様式　　　　　　　　146-147
将来社会　　　　　　　　91, 93-95
諸個人の相互性　　　　　 5, 17-18
人格観　　　　　　　　137, 140-141
人格分裂　　136-139, 141, 143, 145, 148
人権　　　　　23-24, 33-34, 36-38,
　　　　41, 44, 52-53, 84-85, 90-91, 97
　――の普遍性　　　　　　　44, 46
人権外交　　　　　　　　　　44
人権思想　　　　　　　　　24, 30
人権宣言　　　　　　　　　24, 43
新自由主義　　　　　　　193, 195
　→ネオ・リベラリズムも参照
神秘主義　　　　　　　　　　59
シンボリック相互作用論（SI）
　　　　　　　　116, 118, 121-122
スコティッシュ・ゲーリック　　159
スコットランド民族党（SNP）158, 161
生
　規定された――　　　　11-13, 17-18
　諸個人の――の二重化　　11-13
　人格としての――　　　　11-14

　――の円環運動　　　　　8-11, 13
　――の自己超出性　　　　　　13
　――のデジタル化　　　7, 12-13, 17
生活の維持　　　　　　105-108, 110
正義　　　　　　　　　　　　47
生産活動　　　　　　　103, 108-110
生産と消費の包括　　103-104, 106-111
生殖技術　　　　　　　　　23, 25
生殖操作　　　　　　　　　　25
精神空間　　　　　　　　145-147
　サイバネティクス的――　146-148
生命　　　　　　　2, 29, 33, 36, 38
生命活動　　　　　　3, 29, 34, 66-67
生命権　　　　　　　　　　　37
生命主義　　　　　　　　　　54
生命循環　　　　　　　　　　33
生命操作　　　　　　　2, 23-25, 60
生命体　　　　　　　　　23-24, 36
生命発現　　　　　　4-5, 7, 12, 15-19
生命法則　　　　　　　24, 26, 37-38
生命＝有機体　　　　　　　30-31
世俗化（Säkularisierung）　　52
世俗主義（Säkularismus）　　52
世代間倫理　　　　　　　　51-52
臓器移植　　　　　　　　　35-36
　――法　　　　　　　　　　34
相互主体性　　　　　　　　5, 7, 18
相互補完　　　　　　　　108-111

タ行

大衆説得　　　　　　　　117, 120
大ロンドン議会　　　　　　　168
互いの関係→関係性
他者危害〔を避ける〕原則　41-43, 47

他者との関係→関係性		**ハ行**	
多就業化	107, 108		
多重人格	141	媒介過程	117, 126
多文化主義	184, 189-190	パターナリズム	50
単一再開発資金	165	パラダイム	216
断片人格	147	バルカン化	168
弾力性	106, 108	汎神論	27, 29
談話世界→ディスコースの世界		反知性主義	141
地域主義	153, 162, 164	非正規労働	193, 200, 204
地域性	103, 109	ヒトゲノム	37
調査倫理	129	病気	32
ディスコースの世界	119,126, 128-129, 145-146	福祉国家	174, 176, 180, 183-184, 188, 193-198, 200-203, 206
テクスト	145-146	プライバシー権	41
典型事例	125	プラグマティズム	53
同期化	68, 75	フランス革命	49, 52
動機の語彙	120	プリンシパルティ	157
同調（synchronization）	67	変成男子	57
他	54	変身	139
トランスナショナルな空間（連合）	152, 163, 196	ホイッグ史観	217
		法（律）中心主義	41-42
		法華経	57
ナ行		保守革命 (la révolution conservatrice)	184-185, 187
内的対話→内的対話		ホットマネー	173, 178-179, 182
内的対話	117, 118, 123	→国際短期資本も参照	
人間中心主義	55		
根	53	**マ行**	
ネオ・リベラリズム	175, 179-180, 182, 184, 186-189	マーストリヒト条約	155, 162
→新自由主義も参照		マルクス主義	154
農家経営	107	未来世代	51
農外就労	105, 107-108	――の権利	51
脳死	23, 33-35	民主社会主義者→社会民主主義者	
		民主主義	193-194, 197,

	200-201, 203-204, 206	立法的分権	161
モラトリアム		リベラリズム	41
新しい――	144	梁塵秘抄	57
――人間	143-144	レトリック	120, 123-125
メガコンペティッション	173	レトリック・アプローチ	123
ヤ行		労働時間	73
		労働社会	198, 200, 203-204
欲望	23-26, 33, 38	労働の権利	193, 198, 203-205
ヨーロッパ地域委員会	155	労働の終焉	198, 201
ヨーロッパ連合（EU）	152, 155,	労働の柔軟化	198-201, 204
	162-167, 169, 174, 180, 186, 188	労働力商品	106, 110
ラ行		ロマン主義	26-28, 30, 59
		ワ行	
ライフヒストリー	125-126		
利潤の追求	105-106, 108	ワシントン・コンセンサス	174

人名索引

ア行

アーレント, ハンナ (Hannah Arendt) 45
アリストテレス (Aristotelēs) 220
イエス (Iēsous) 51-52
石原慎太郎 46
伊藤勇 118
井上達夫 46
イリイチ (Ivan Illich) 145-146, 148
ヴェーバー (Max Weber) 70
ヴェーユ, シモンヌ (Simone Weil) 48-50, 59
ウォーレス, ウィリアム (William Wallace) 157
内田義彦 82
内橋克人 178-179
梅林誠爾 67-69
エリアス, ノルベルト (Norbert Elias) 67-68
エンゲルス (Friedrich Engels) 154
小此木啓吾 143-144

カ行

金子勝 176
柄谷行人 92
カント (Immanuel Kant) 25, 28, 47-48, 50, 220
キケロー (Marcus Tullius Cicero) 47, 50
ギデンズ, アンソニー (Anthony Giddens) 180, 184, 188
クーン (Thomas Samuel Kuhn) 216
グラムシ (Antonio Gramsci) 87
グリンドゥル, オウェン (Owain Glyndwr) 157

サ行

最首悟 3, 50
坂本義和 89
サッチャー (Margaret Thatcher) 154
シェリング (Friedrich Wilhelm Joseph von Schelling) 29
シュレイダー=フレチェット (Kristin Shrader-Frechette) 51
ジンメル (Georg Simmel) 137, 140
スピノザ (Baruch de Spinoza) 27, 29

タ行

タイラー, ワット (Wat Tyler) 213-214
竹内利美 105
田中康夫 141-143
田畑稔 91
タルド (Gabriel de Tarde) 218, 221
デカルト (René Descartes) 25, 28
デュルケーム (Émile Durkheim) 209
トゥレーヌ, アラン (Alain Touraine) 180-184, 188, 190
トマス・アクィナス (Thomas Aquinas) 42

索　引

ナ行

中河伸俊　128
二宮厚美　175
ノヴァーリス（Friedrich Leopold von Hardenberg Novalis）　27-28

ハ行

バーダー（Franz Xaver von Baader）　28
ハウェル（Hywel ap Cadell）　156
バターフィールド（Herbert Butterfield）　217
パラケルスス（Paracelsus）　59
平田清明　85, 90
ビリッグ（Michael Billig）　123
フィヒテ（Johann Gottlieb Fichte）　29
フォイエルバッハ（Ludwig Feuerbach）　4-8, 10-11, 15-17, 20
ブルデュー，ピエール（Pierre Bourdieu）　174, 182, 184-190, 209
ブルーマー（Herbert Blumer）　121-123
フロム（Erich Fromm）　139-140
ヘーゲル（Georg Wilhelm Friedrich Hegel）　30, 32-33, 52
ベック（Ulrich Beck）　195-200, 202-206
ポスター，マーク（Mark Poster）　146-147
細谷昂　92, 105
ホッブズ（Thomas Hobbes）　53
ポパー（Karl Raimund Popper）　221

マ行

真木悠介　69
マザー・テレサ（Mother Teresa）　51
松田博　87
マルクス（Karl Marx）　11, 13, 16, 64, 69, 71-74, 92, 93-94, 96
丸山圭三郎　8-11
ミード（George Herbert Mead）　116, 122
ミシュラ（Ramesh Mishra）　195-197, 202-203
ミノウ，マーサ（Martha Minow）　51
宮台真司　136, 141-142
ミル（John Stuart Mill）　41-42, 47, 53
ムーア，ウィルバート（Wilbert E. Moore）　65
村上龍　141-142
森岡正博　147

ヤ行

ヨーナス（Hans Jonas）　51
吉田寛一　106

ラ行

ラートブルフ（Gustav Radbruch）　48, 50
リー・クアンユー（Lee Kuan Yew）　46
ルウェリン・アプ・グリフィズ（Llywelyn ap Gruffudd）　157
ルソー（Jean-Jacques Rousseau）　26, 53-54, 56, 59
レヴィ＝ストロース

239

(Claude Lévi-Strauss) 54-56, 59
レヴィナス (Emmanuel Levinas) 51

ローティ (Richard Rorty) 53
ロック (John Locke) 50, 52, 215

執筆者一覧

藤山嘉夫（ふじやま・よしお，第1章執筆）
1946年樺太生まれ。東北大学大学院文学研究科社会学専攻博士課程単位取得退学。現在横浜市立大学国際総合科学部教授。著者に『諸個人の生と近代批判の思想』（学文社，2000年）等。

伊坂青司（いさか・せいし，第2章執筆）
1948年三重県生まれ。東北大学大学院文学研究科哲学専攻博士課程単位取得退学。博士（文学）。現在神奈川大学外国語学部教授。著書に『ヘーゲルとドイツ・ロマン主義』（御茶の水書房，2000年），『市民のための生命倫理――生命操作の現在――』（御茶の水書房，2001年）等。

松田〔山﨑〕純（まつだ〔やまざき〕じゅん，第3章執筆）
1950年新潟県生まれ。東北大学大学院文学研究科倫理学専攻博士課程単位取得退学。博士（文学）。現在静岡大学人文学部教授。著書に『遺伝子技術の進展と人間の未来』（知泉書館，2005年），翻訳に，ドイツ連邦議会答申『人間の尊厳と遺伝子情報』（知泉書館，2004年）等。

加藤眞義（かとう・まさよし，第4章執筆）
1964年静岡県生まれ。東北大学大学院文学研究科社会学専攻博士課程修了。博士（文学）。現在福島大学行政政策学類助教授。著書に『個と行為と表象の社会学』（創風社，1999年）等。

北村寧（きたむら・やすし，第5章執筆）
1943年中国・北京市生まれ。東北大学大学院文学研究科社会学専攻博士課程単位取得退学。現在福島大学行政政策学類教授。著書に『現代社会学とマルクス』（共著：細谷昂編著，アカデミア出版会，1997年）等。

小林一穂（こばやし・かずほ，第6章執筆）
1951年栃木県生まれ。東北大学大学院文学研究科社会学専攻博士課程単位取得退学。博士（文学）。現在東北大学大学院情報科学研究科教授。著書に『稲作生産組織と営農志向』（多賀出版，1999年），『イデオロギー論の基礎』（創風社，2003年）等。

徳川直人（とくがわ・なおひと，第7章執筆）
1961年徳島県生まれ。東北大学大学院文学研究科社会学専攻博士課程単位取得退学。現在東北大学大学院情報科学研究科助教授。論文に「共同コミュニケーションのフィロソフィー――G.H.ミード」，小林一穂編著『行為と時代認識の社会学』（創風社，1995年）等。

横井修一（よこい・しゅういち，第8章執筆）
1942年北海道生まれ。東北大学大学院文学研究科社会学専攻博士課程中退。現在岩手大学人文社会科学部人間科学課程教授。著書に『地域社会情報のシステム化』（共著：御茶の水書房，1999年）等。

佐久間孝正（さくま・こうせい，第9章執筆）
1943年東京都生まれ。東北大学大学院教育学研究科教育学専攻博士課程中退。教育学博士。現在立教大学社会学部教授。著書に『イギリスの多文化・多民族教育』（国土社，1993年），『変貌する多民族国家イギリス』（明石書店，1998年）等。

安田尚（やすだ・たかし，第10章執筆）
1948年岩手県生まれ。東北大学大学院文学研究科社会学専攻博士課程単位取得退学。現在福島大学行政政策学類教授。著書に『ブルデュー社会学を読む』（青木書店，1998年）等。

高橋満（たかはし・みつる，第11章執筆）
1954年茨城県生まれ。東北大学大学院教育学研究科教育学専攻博士課程単位取得退学。現在東北大学大学院教育学研究科教授。博士（教育学）。著書に『地主支配と農民運動の社会学』（御茶の水書房，2003年），『社会教育の現代的実践』（創風社，2003年）等。

中山伸樹（なかやま・のぶき，第12章執筆）
1951年神奈川県生まれ。東北大学大学院教育学研究科教育学専攻博士課程単位取得退学。現在東洋大学社会学部教授。著書に『科学とは何だろうか――科学観の転換――』（共編著，木鐸社，科学見直し叢書4，1991年），論文に「科学のプロフェッション性と社会的責任」『東洋大学社会学研究所年報』第27号（1995年3月）等。

新世紀社会と人間の再生
2001年5月15日　第1刷発行
2005年6月15日　第2刷発行

編著者	北　村　　　寧
	佐久間　孝　正
	藤　山　嘉　夫
発行者	片　倉　和　夫

発行所　株式会社　八　朔　社
　　　　　　　　　　（はっ　さく　しゃ）
東京都新宿区神楽坂2-19　銀鈴会館内
振替口座・東京 00120-0-111135 番
Tel. 03(3235)1553　Fax. 03(3235)5910

Ⓒ北村寧他, 2001　　　　　　印刷・製本／平文社

ISBN4-86014-002-8

――――福島大学叢書学術研究書シリーズ――――

サー・ジェイムズ・ステュアートの経済学	田添京二著	五八〇〇円
OPTIMAL CELLS FOR A HISTOGRAM	小暮厚之著	六〇〇〇円
現代世界経済論序説	珠玖拓治著	二八〇〇円
社会保障「改革」と現代社会政策論	相澤與一著	三〇〇〇円
昭和恐慌期救農政策史論	安富邦雄著	六〇〇〇円
地域社会と学校統廃合	境野健兒／清水修二著	五〇〇〇円
夫婦別姓の法的変遷 ドイツにおける立法化	富田哲著	四八〇〇円

定価は本体価格です

――― 八朔社 ―――

菅原伸郎・編著
戦争と追悼 靖国問題への提言
二二〇〇円

大久保真紀著
ああ わが祖国よ 国を訴えた中国残留孤児たち
二〇〇〇円

長崎総合科学大学 長崎平和文化研究所・編
ナガサキの平和学
三三九八円

五十嵐仁著
現代日本政治 「知力革命」の時代
一八〇〇円

神山美智子著
食品の安全と企業倫理 消費者の権利を求めて
一五〇〇円

山川充夫著
大型店立地と商店街再構築
四二〇〇円

定価は本体価格です